大转折

证券投资宏观视野
逻辑与理念

杨　辉◎著

团结出版社

图书在版编目（ＣＩＰ）数据

大转折：证券投资宏观视野逻辑与理念 / 杨辉著
. -- 北京 ：团结出版社，2015.6
　　ISBN 978-7-5126-3681-1

　　Ⅰ．①大… Ⅱ．①杨… Ⅲ．①证券投资－研究 Ⅳ.
①F830.53

　　中国版本图书馆CIP 数据核字(2015)第 130280 号

出　　版：团结出版社
　　　　　（北京市东城区东皇城根南街 84 号　邮编：100006）
电　　话：（010）65228880　65244790
网　　址：http://www.tjpress.com
E-mail：65244790@163.com
经　　销：全国新华书店
印　　装：北京艺堂印刷有限公司

开　　本：170mm×240mm　　1/16
印　　张：18.25
字　　数：334 千字
版　　次：2015 年 8 月　第 1 版
印　　次：2015 年 8 月　第 1 次印刷

书　　号：978-7-5126-3681-1
定　　价：39.80 元

自　序

　　记得一位专家讲过：在空气污染、饮水污染、食品污染的环境中，个人良好的生活习惯对于养生已没有太大意义。如果套用一下：在金融生态恶化的市场环境中，例如 2001—2005 年股权分置改革时期，投资者再努力，恐怕也很难取得令人满意的投资回报；反之，在不断改善的金融生态中，投资者可以分享到改革和发展的红利，例如 2014 年以来的资本市场。因此，必须从大局中审视个人投资可能的成败。

　　被称作史上最伟大基金经理的彼得·林奇讲过，投资要有大局观。在中国，一代红顶商人胡雪岩也讲过："贵乎盘算整个大局势，看出必不可易的大方向，照这个方向去做，才会立于不败之地。"他们都强调了大局观在成败中的作用。

　　强调投资要有大局观，是因为我们正处于大变局中。金融海啸尽管过去数年，但尾部风险依然存在。金融危机提醒我们，现代资本市场已偏离实体经济太远，市场自己正在不断制造危机"魔鬼"；金融危机提醒我们，风险不是独立存在的，而是相互耦合、相互影响，在复杂的金融市场中，"蝴蝶效应"更加明显；金融危机还提醒我们，市场并非完全有效的，现代金融理论、金融模型、套利交易，会遭遇流动性冲击等现实难题。个人理性很可能导致"合成谬误"。金融危机更提醒我们，危机后各国复苏缓慢且不平衡，中央银行正失去独立性，货币战争激战正酣，何去何从尚不明朗。

　　强调投资要有大局观，还因为我国正发生着深刻变化：当前宏观经济从高速增长时期进入中高速增长的"新常态"。中共十八大以来一系列重大改革措施正释放着巨大的"制度红利"。经济改革尤其是金融改革步伐加快，金融市场化、国际化趋势更加明显。同时，各国政策的溢出效应对我国的影响也在加大，汇率问题、资本流动问题更加令人关注。

　　这些变革必然导致投资思维和投资理念的深刻变化，身处变革期的投资者在自下而上制定投资策略时，有必要静心想一想一些宏观和全局性问题。正如毛主席所说："学习战争全局的指导规律，是要用心去想一想才行的，因为这种全局性的东西，眼睛看不见，只能用心思去想一想才能懂得。不用心思去想，就不会懂得。"投资也是如此。

大局观强调要跳出短期纷乱迷局，拨云见日，把握事物发展的趋势和真相。大局观，有时需要潜心钻研而得之；有时需要以史为鉴，吸取前人智慧；有时则可能是一些被淡忘或忽略的常识，需要被人提醒。

作为资本市场的参与者，我经历了金融海啸前后资本市场的波动，到美国进行过交流和讨论，参加过一些重要课题的撰写和研讨，在不同阶段也曾提过一些有一定影响力的观点。

本书记录了金融危机爆发以来，我对一些宏观热点问题，例如金融危机、货币战争、经济转型、金融变革等的持续跟踪与研究；对影响资本价格波动的重要变量，例如汇率、利率、流动性、信用等进行的系统分析和研判；也记录了我对证券投资理念、投资策略等的思考。通过研究，我们比较成功地对资本市场的发展趋势、影响资本市场的一些主要矛盾进行了准确判断，对投资具有较强的指导作用。

过去几年，我们成功地预言了金融危机的传导过程，尤其是向新兴市场国家的传导，并且指出当前仍处于危机新阶段，危机的尾部风险依然值得关注。我们密切跟踪了美元走势，成功地预言了美元短期贬值与中期升值的变动趋势，对国际货币变局始终保持高度警惕。同时，我们提出了货币战争三目标论，指出尽管中国成功应对了几轮货币战争，但是未来的挑战依然很大。

过去几年，我们指出金融发展不能陷入美式"金融繁荣与社会衰落"的局面，强调了金融改革的迫切性；我们从货币化向金融化转变的角度，成功预言了中国金融的拐点和金融市场的繁荣。随着一系列重大金融新政的出台，市场也迎来了爆炸式发展的繁荣期。

过去几年，我们从理论和实证两个角度论证了流动性脆弱性、信用重要性，强调了在资本市场中利率最重要的观点。这些观点在2013-2014年的实践中反复得到验证。2012年中期我们还指出中国面临经济改革、地缘政治经济、金融危机传导等大关，这些难题如果不能得到有效化解，资本市场很难有大的上涨，事实也确实如此。中共十八大以及十八届三中全会以来，顶层设计和改革路线图的明确、一路一带战略的提出，标志着双重转型进入下半场，改革红利不断释放；也标志着中国开始了新的闯关之旅。预期的明朗，使资本市场终于迎来了久违的、气势如虹的大牛市。

在本书中，我们还对中美投资理念差异进行了比较，指出当前宏观经济金融迎来人口周期拐点、房地产长周期拐点、大宗商品周期拐点，以及中国从货币化向金融化发展的拐点，资本市场的成熟和繁荣也必将导致金融资产大类配置从以房地产为主向以证券为主的战略性转移；在证券投资中，投资者的风险偏好将显著上升，对投资理念、投资策略也将产生长期、深远的影响。

上述研究成果有的曾被新华社"新闻采编"录用，有的发表在国内一些报刊和网络专栏中，有的则是最近一段时期的新观点。为了客观、真实地反映不同阶段的思考和观点，对以往研究内容、结论基本保留原貌，尽管有些观点事后来看未必准确。本书的主要目的在于通过回顾、追踪一些热点问题的研究背景、分析思路和分析框架，起到抛砖引玉的作用，供大家参考，如果能对读者的思考和未来的投资分析有所裨益，那将是作者最大的欣慰。

本书中一些报告的写作曾得到过韩冬博士、傅雄广博士、杨丰博士、赵潇潇先生等朋友的支持和帮助，在此对他们的付出表示衷心的感谢。当然无论观点对错，文责由本人自负。限于个人水平，文中肯定存在谬误之处，希望能得到同仁和读者的批评指正。

本书的写作是在异常艰难的环境中进行的。过去两年我深切地感受到爱情的伟大、亲情的伟大和友情的伟大。正是在家人和亲朋好友们的关爱、支持和帮助下，我才度过那段艰难的时光，并完成本书的写作。

因此，谨以此书献给我的妻子、家人和提供过无私帮助的朋友们！

杨　辉

2015 年 2 月 23 日

目　　录

第一章　货币新变局

1.1　危机并未远去

金融海啸爆发之后，在各国政府积极救市措施下，全球经济似乎开始走出危机阴影，并呈现出复苏性增长，投资者的乐观情绪逐渐高涨。在此背景下，2009年底迪拜债务危机的爆发，并未引发投资者的关注；2010年初希腊债务危机的爆发也被认为是一个区域性事件，对全球经济复苏以及资本市场不会产生太大的问题。尽管如此，我们在2010年2月9日的评论中曾明确指出："尽管初期人们对此没有引起足够的关注，但是随着时间的延续，其潜在的严重效果可能会逐步显现。"

近期欧元区主权债务危机的负面影响已经显现，引起全球股市暴跌，美元大幅升值。然而，国内一些研究报告仍认为希腊危机是区域性的、对世界经济复苏以及资本市场的影响仍较小。我们认为可能低估了债务危机的严重冲击，因此对债务危机问题进行了持续跟踪探讨。希望通过分析，能更加深入地探讨主权债务危机的根源，危机未来的演化方向，以及主要经济体未来经济增长面临的问题。本章节就是其中一份研究成果。

一、金融危机转向债务危机：危机仍在延续

2008年以来的金融危机，从性质上讲不仅是严重的流动性危机，而且是一次典型的资产负债表衰退危机。

危机之前，主要经济体都经历了较长时期的低利率政策和宽松的货币融资环境，低利率使私营部门的融资成本降低，在推动实体经济增长的同时，也导致了金融部门和私营部门信用膨胀与高杠杆化，促进了投资和消费，使全球进入了一轮较长的繁荣周期。但私营部门的过度自信、过度的金融创新、高杠杆以及金融监管的缺位，终于形成了严重的资产泡沫，全球房地产价格、大宗商品价格也快速上涨，最终推动经济走向过热，资产价格泡沫和高通胀阴影笼罩全球经济。在

这一背景下，各国央行开始实行紧缩性的货币政策以打击高通胀和资产泡沫。紧缩政策首先导致了流动性收缩、资产价格下跌、融资环境恶化，进而导致了包括金融机构、居民部门等出现了严重的资产负债表严重衰退。危机通过贸易、资本流动等渠道传染到世界各国，世界各国的经济衰退互相影响，最终引发了全球经济危机。

危机之后，伴随着实体经济的萎缩，金融部门去杠杆化趋势明显，金融机构杠杆率低于过去15年的历史平均水平。而随着资产的缩水，主要经济体居民的去杠杆化意愿也增强，例如美国居民储蓄率在明显地上升，个人储蓄占可支配收入的比重从2007年的1.5%上升到2009年的3.1%。同时，私人部门的融资直到2010年5月初仍未恢复到危机前的水平，如图1-1所示。

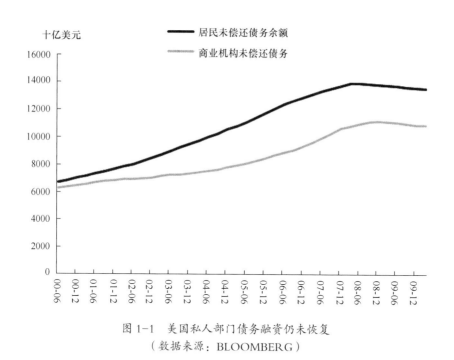

图 1-1 美国私人部门债务融资仍未恢复
（数据来源：BLOOMBERG）

金融部门和私营部门的去杠杆化进一步削弱了总需求的增长，加重了危机的深度。为了扩张总需求拉动经济走出危机，政府部门采取积极的财政政策参与救市。以往的经验表明，在资产负债表衰退中，财政政策比货币政策更有效。本次危机中，主要国家政府开展的大规模救市行动也的确为各国经济复苏发挥了积极作用，避免经济走入类似20世纪30年代的大萧条。

政府救市与加杠杆一方面拉动了经济的复苏，另一方面公共部门债务的不断积累也使政府债务占比不断增加，政府面临的风险不断加大。如图1-2和图1-3所示。正因为如此，2010年以来不断有机构对债务风险进行警告，例如美国太平洋投资管理公司（PIMCO）的格罗斯先生在最近的报告中非常明确地指出要远离英国。据《香港经济日报》2010年2月8日报道，穆迪此前再度警告，若美国不能消减财政赤字或经济没有明显反弹，可能会失去AAA评级。

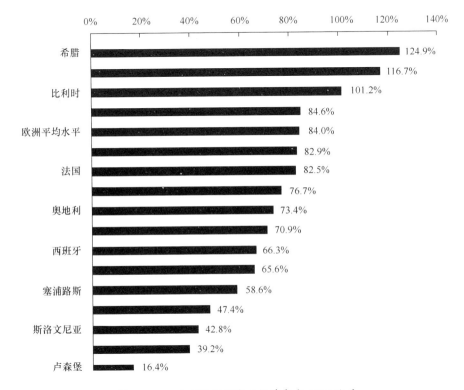

图1-2　2009年欧洲国家主权债务占GDP比重
（数据来源：BLOOMBERG）

这种变化表明，金融危机并未离我们而去，只是变化了存在形式：以政府债务危机的形式代替了原来的私人部门的金融危机。

二、主权债务危机演变：危机再度冲击波

1. 欧洲主权债务危机的根源

次贷危机后，欧元区国家最早爆发了主权债务危机。2009年10月，鉴于希

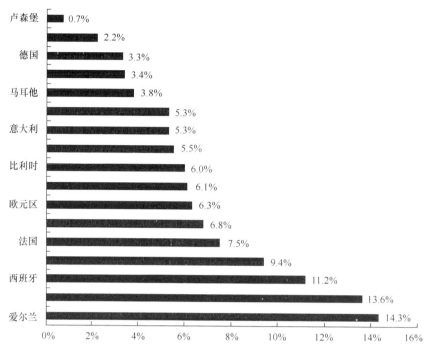

图 1-3　2009 年欧洲国家赤字占 GDP 比重

（数据来源：BLOOMBERG）

腊政府财政状况显著恶化，全球三大信用评级机构惠誉、标准普尔和穆迪相继调低希腊主权信用评级，希腊债务危机正式拉开序幕。希腊主权债信用危机爆发后，债务负担较重的 PIIGS（葡萄牙、意大利、爱尔兰、希腊、西班牙）五国迅速成为重点关注对象，各国的主权信用受到投资者广泛质疑，市场对欧元区国家主权信用风险的担忧迅速扩散，如表 1-1 所示。

表 1-1　希腊债务危机演变过程

时间	希腊债务危机演变过程
2009 年 10 月 20 日	希腊政府宣布 2009 年财政赤字占 GDP 超过 12%
2009 年 12 月 8 日	惠誉评级将希腊主权信用评级由 "A-" 降至 "BBB+"
2009 年 12 月 16 日	标普宣布将希腊长期主权信贷评级从 "A-" 降为 "BBB+"
2010 年 3 月 3 日	希腊政府宣布财政赤字削减方案，该方案将节省 48 亿欧元支出
2010 年 4 月 11 日	欧盟宣布向希腊提供为期 3 年，规模为 300 亿欧元的贷款援助

续表

时间	希腊债务危机演变过程
2010 年 4 月 23 日	希腊请求启动欧盟－IMF 救助计划
2010 年 4 月 27 日	标普将希腊主权评级下调三档至 BB+，降到了垃圾级
2010 年 5 月 2 日	欧盟通过了 1100 亿欧元的援助计划（欧盟承担 800 亿，其余由 IMF 承担），该计划要求希腊执行更为苛刻的赤字削减计划（3 年削减 300 亿欧元），在 2014 年将赤字占 GDP 比重降至 3％以下
2010 年 5 月 3 日	鉴于银行业在欧洲债券（特别是希腊债券）的风险敞口，欧洲银行决定，暂时取消用于欧洲央行和其他银行流动性操作的那些债券在抵押品资格要求方面的最低信贷评级门槛
2010 年 5 月 4 日	希腊工会不满财政削减计划，开始罢工；5 月 5 日罢工升级为暴力形式，导致 3 人死亡和 4 栋建筑被烧毁
	市场情绪依然悲观，希腊 10 年期国债与德国利差扩大至 730BP，欧元兑美元一度跌破 1.29，大宗商品出现了全面下跌
2010 年 5 月 10 日	欧盟批准了价值 7500 亿欧元的巨额救助计划，用于救助那些面临金融困境的欧元区经济体。

　　欧元区国家之所以率先爆发主权债务危机，与其制度缺陷有很大的关系。欧元区自成立起，就存在一个内在的缺陷，即只有统一的货币政策（包括汇率政策），而没有统一的财政政策。欧元区的货币自主权由欧洲中央银行统一控制，欧元区各国国家只能通过财政政策来调控本国经济。而为了避免欧元区各国过度使用财政政策刺激经济的短期增长，欧盟各国同意对各自的财政政策进行限制，即实行统一的财政纪律，以保证和维持欧元的稳定和欧元区经济的发展。这就是各国签订《稳定与增长公约》的背景。理论上，货币区内各国的经济结构相似度越高，经济周期同步性越强，货币区也越稳定。欧盟也希望欧元区的建立将促使成员国经济相似度逐步提高，从而形成良性循环。但由于欧元区各国劳动力市场弹性较差，经济增长有一定的分化，一些国家依然存在利用财政政策刺激经济的冲动，《稳定与增长公约》约束力值得质疑。

　　欧洲央行执行货币政策时考虑的是整个欧元区的经济情况，而由于德国、法国和意大利的经济总量占比较高，欧元区货币政策实质上主要关注德国、法国和意大利的经济情况。同时由于使用统一的货币，一般情况下外汇市场上的欧元汇率也主要根据德国和法国的经济情况波动。在统一的货币政策下，欧元区边缘国家实际上复制了德国和法国的货币政策，而边缘国家劳动生产率相对较低，一方面出口竞争力较弱，出现了大量的贸易逆差；另一方面，不符合本国情况的低利率政策可能刺激资产价格泡沫，给经济造成巨大隐患；相反，过高的利率则限制了本国经济的增长。这种货币政策的不匹配使边缘国经济波动过大。此外，财政政策方面，尽管有统一的财政政策标准，但对各国约束力较弱。同时各国的经济增长率不同，财政收入差异较大，《稳定与增长公约》严格实施起来有一定的困难，相应的处罚也是不可信的承诺，处罚反而会更加恶化一国的财政状况，不利于该国财政赤字的削减。

由于欧元区存在这种先天的缺陷，金融危机前低利率导致了希腊等边缘国家资产泡沫严重；而金融危机爆发后，边缘国家无法通过汇率贬值来刺激出口拉动经济，经济增长的大幅下滑导致债务规模急剧扩张，因此欧元区边缘国率先爆发了主权债务危机。

2. 救市方案治标不治本

近期欧元区主权债务危机有愈演愈烈的趋势：首先，随着希腊危机的爆发，市场环境的恶化使希腊政府的借款成本不断上升，面临无法支付的高额到期债务。除了希腊之外，危机可能进一步蔓延到葡萄牙、西班牙、爱尔兰、意大利等。西班牙债务的评级从 AA+ 级下调一个等级至 AA 级；葡萄牙从 A+ 调至 A−，融资成本也明显升高。其次，由于上述国家的债务主要是被德国、法国和英国的商业银行持有，如表 1-2 所示，因此，如果债务违约，危机是否从主权债务再度转移到金融危机，成为一个新的问题。第三，罗杰斯、索罗斯等金融大鳄再提欧元末日论；顶尖对冲基金大举狙击欧元，赌欧元兑美元跌到 1∶1，这就意味着如果放任债务危机的发展，很可能会对欧元的稳定产生重大的冲击，如图 1-4所示。

表 1-2　欧洲银行外债风险

债务发行方	银行业（10亿欧元）							
	希腊	葡萄牙	爱尔兰	西班牙	意大利	德国	法国	英国
希腊		9.7	8.5	1.3	6.9	45	75	15
葡萄牙	0.1		5.4	86	6.7	47	45	24
爱尔兰	0.8	22		16	18	184	60	188
西班牙	0.4	28	30		31	238	220	114
意大利	0.7	5.2	46	47		190	511	77

（数据来源：中信证券）

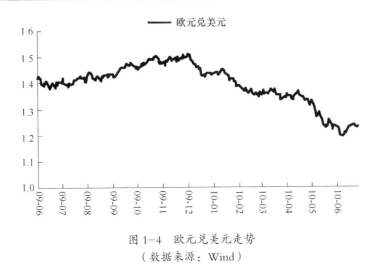

图1-4 欧元兑美元走势
（数据来源：Wind）

为此，其他欧元区国家同意向希腊提供为期三年规模达1100亿欧元的救助，希望藉此帮助希腊修复公共财政、改革经济，并使其可以重新进入国际债券市场进行融资。紧接着在2010年5月10日欧盟成员国财政部长达成一项总额7500亿欧元的救助机制，以帮助可能陷入债务危机的欧元区成员国，防止希腊债务危机蔓延。考虑到欧洲银行拥有大量的风险敞口，主权危机有可能再度导致银行危机；而且风险主要集中在德国、法国和英国。可见欧盟成员国采取救助措施也有利于金融稳定。救市政策推出后，短期内稳定了市场情绪，股票市场有所反弹，CDS利差大幅回落。

但由于市场对救市方案效果存在较多的担心，负面评论不绝于耳，例如"末日博士"鲁比尼认为希腊将预算赤字从占GDP的13%降低到3%，是一项不可能完成的任务。希腊进行的财政紧缩将造成经济衰退，最终仍然可能需要进行债务重组。在接下来几年里，可能会有某个或某几个相对落后的欧元区成员国被迫退出共同货币体系。克鲁格曼认为希腊最终将进行债务重组，并可能退出欧元区。Pimco则担心欧盟和国际货币基金组织宣布的一篮子贷款并未解决希腊的债务负担问题，只是解决了希腊的流动性问题；希腊债务危机问题将向其他国家蔓延，甚至影响美国；希腊债务危机有演化成类似2008—2009年金融危机的风险。

正是由于市场对救市政策以及未来趋势的普遍质疑，市场出现了较大的反复——股市大幅下跌，CDS利差的再度上升，如图1-5和图1-6所示。

市场的担心是有理由的。尽管救市政策能够解决短期的流动性问题，但是仍无法解决各国政府面临的债务偿还问题。长期来看，要实现债务规模的减少需要

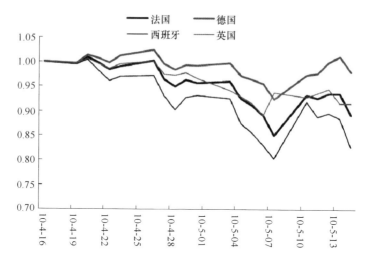

图 1-5　救市方案推出后的主要国家股票市场表现
（数据来源：BLOOMBERG）

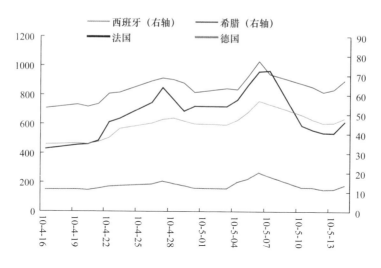

图 1-6　救市方案推出后的 CDS 市场表现
（数据来源：BLOOMBERG）

有一定的条件，如果要保持债务占 GDP 的比重不变，则每年财政盈余占 GDP 的比重需要大于一定的规模，即：

$$\frac{P_t}{GDP_t} \geqslant (r-g)\frac{D_t}{GDP_t}$$

其中 Pt 为每年的财政盈余，Dt 为每年的政府债务规模。在国家融资成本（r）大于经济增长（g），即 r>g 的情况下，每年必须有一定的财政盈余；而如果 r<=g，则每年不需要财政盈余也能保证债务占 GDP 的比重不变甚至减少。

希腊等面临债务危机的国家融资成本（r）相对较高，而固定汇率的限制使经济增长（g）缓慢，未来几年甚至可能为负，因此每年需要一定的财政盈余才能保证债务占 GDP 的比重不变，而财政盈余只能通过削减支出来实现，财政支出减少又导致经济增长放缓，造成恶性循环。

总体来看，主权债务危机也是资产负债表危机，而不是流动性危机，危机的真正解决只能靠经济增长动力的恢复，这将是漫长的过程。

3. 债务危机不仅仅是欧洲人的麻烦

从全球角度看，债务危机不仅是欧洲的麻烦，主要发达经济体都面临相似的困境。根据国际货币基金组织（IMF）2010 年 5 月的研究报告，预测 G20 国家在 2015 年债务占 GDP 比重较 2008 年将增加 39.1%，从构成情况来看：由于危机导致政府收入的减少将导致债务增加 19.2 个百分点，刺激政策、救助金融机构以及融资导致债务增加 11.7 个百分点，融资成本高于经济增长将导致债务增加 8.2 个百分点。一方面，由此，席卷全球的金融危机逐渐演化为了主权债务危机，主权债务风险已经成为影响未来经济增长的非常重要风险。

导致全球债务压力增大的主要原因包括了：

首先，人口老龄化因素将导致政府支出压力在不断强化。随着全球范围内各地区总生育率持续下降，在 2010 年之后全球老龄化将呈现加速的趋势，这就意味着与老龄化相关的财政支出将不断扩大，并导致各国公共债务占 GDP 的比重将不断扩大，债务压力将持续强化，如图 1-7 所示。

其次，救市政策导致的债务膨胀。根据 IMF 的测算，目前发达国家的金融救助方案（包括资本注入、资产收购等）已经总共耗费 GDP 的 13.2%。与此对应，各国财政状况全面恶化，过去三年债务水平上升了 20%—30%。Reinhart 和 Rogoff 的研究表明在一个典型的银行危机三年后，公共债务水平比危机前上升 86%，在危机严重的国家债务水平几乎翻了三倍。目前，几个国家超越了历史平均水平：爱尔兰的公共债务从 2007—2009 年上升了 98%，根据预算计划，到 2011 年英国上升 111%，而美国和西班牙分别增长 75% 和 78%。已有的研究估计，考虑人口因素，欧洲国家在 2050 年前每年需要产生占 2005 年 GDP 大致 8%—10% 的财政盈余才能还清财政债务。

第三、债务扩大与经济增长放缓。政府债务扩大一方面意味着更多的资源用

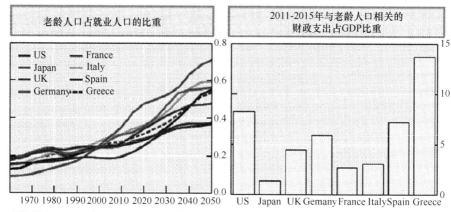

Projected population structure and age-related spending

¹ Working-age population is ages 15-64. ² As a percentage point of GDP.

Sources: IMF, WEO April 2007; United Nations Secretariat; European Commission; US Congressional Budget Office.

图1-7 老龄人口占就业人口比重

于偿还债务，这将直接影响到消费和资本积累；另一方面，债务增多以及信用评级可能降级意味着融资成本上升，导致了资本形成的成本增加，这对于未来的经济增长将形成负面冲击。进一步，如果各国 GDP 不能以正常的速度保持增长，新旧债务必然压制经济增长，这又让偿还债务陷入难以为继的恶性循环，造成债务压力持续强化。

三、主权债务危机的潜在风险

综合上述分析，我们可以判断，主权债务问题不是局部的、短期的问题，而是全局性的、长期问题。

主权债务危机的潜在影响主要体现在三个层面：第一，欧洲危机是否会导致欧元的崩溃。这是最严重也是为恶劣的影响，从目前的情况来看，由于各国的合作以及危机管理经验的丰富，我们认为可能性不大。尽管如此，我们认为未来欧元面临改革的压力，尤其是在引入退出机制、加强财政约束、协调统一的经济政策等方面需要进行深入的改革。第二，从中长期来看，欧洲国家尤其是债务压力最为严重的几个国家面临债务重组压力。这是较为严重的后果。现在来看这种可能性仍是比较大的，这就意味着未来相关国家可能会面临汇率贬值、经济收缩、风险偏好降低，进而对资本市场形成较为严重的负面冲击。第三，从经济层面来看，即使没有上述的负面效应，也将导致全球经济潜在增长的放缓，而这就意味着全球经济的复苏之路仍是缓慢而曲折的。

在此，我们重点从债务危机对全球经济复苏的潜在的负面影响这一角度进行如下分析：

1. 债务问题制约全球经济增长

即使债务危机没有演化为货币危机，持续的高水平公共债务仍将导致未来几年全球经济将面临增长放缓的风险。

持续高水平的公共债务将使资本积累、生产率和长期潜在经济增长率下降。Reinhart 和 Rogoff 的研究表明，当债务占 GDP 的比重达到 100% 的边界时，债务的增长将加速恶化产出。IMF（2010）认为，根据目前可能的政策，发达经济体平均政府的总债务占 GDP 的比例到 2015 年将达到国内生产总值的约 110%。如果公共债务不降低到金融危机前的水平，发达国家的潜在增长率每年可能减少超过 0.5%。

总之，未来几年全球将进入一个去杠杆周期，危机前过剩产能的消化也成为未来复苏的主要障碍。总需求相对不足是未来几年发达经济体经济增长放缓的主要原因。

2. 债务"货币化"的风险

债务占比较高与潜在的去杠杆化意味着需求可能低于供给，并降低了通胀压力。但是，值得关注的风险：财政赤字的货币化是否会推高通货膨胀。理论上，债务的货币化是导致通胀的重要因素。债务的货币化导致货币政策失效，加息反而会加大财务负担。政府有动力通过制造通胀来降低实际债务负担。IMF（2006）的研究表明，与低债务率相比，高债务率的通胀风险更大；同时，债务的通胀倾向在浮动汇率制国家要相对较弱。我们需要指出的是，债务的货币化以及由此导致的通胀更多出现在发展中国家。对于发达国家而言，融资能力较强，是否会形成债务的货币化值得关注。从历史数据上看，美国公债占 GDP 比重从 1946 年的 121.2% 下降到 1974 年的 31.67%。简单分解分析表明，通胀贡献了 52.63 个百分点，实际增长贡献了 55.86 个百分点，联邦盈余贡献是 –20.51 个百分点，说明美国债务比重下降主要是通货膨胀因素和经济增长导致的。英国从 1947 年到 1991 年公债比重下降了 212 个点，通胀贡献了 228 个点，实际增长贡献了 98 个点，而联邦负债贡献了 124 个点，与美国情况非常类似。如果这样，那么对全球经济复苏将产生非常严重的负面影响，即主要经济体有陷入"滞胀"的风险。这也是未来经济走向的一个非常不确定的因素。

3. 危机思维持续与资本市场避险情绪

中长期来看，欧元区内债务压力最为严重的几个国家仍然面临债务重组的压力。未来几年希腊等边缘国家面临着高的融资成本，同时经济将持续低增长甚至负增长。预计希腊的名义 GDP 在 2017 年才能恢复到 2008 年的水平，因此很难寄期望于靠自身经济增长来实现债务的偿还。一些国家主权债务重组可能很难避免。

债务重组有利于减缓希腊的经济和政治压力，但如果希腊政府以损害投资者利益的方式来对其本国债务进行重组，那么金融市场将会面临着与雷曼兄弟破产时类似的风险。投资者信心受到伤害，对其他诸如葡萄牙、爱尔兰和西班牙等也面临着主权债务压力的国家的信心也将同时下滑。债务危机可能在欧洲传染、蔓延，最终影响整个欧元区的稳定。

正是基于这种担心，大规模的救市计划并未稳定市场情绪。尽管救市方案短期补充解决了流动性危机，但出于对欧元边缘国家主权债务重组的担忧，未来几年危机思维仍将主导资本市场，避险情绪很难消退。

4. 基准利率仍将维持在较低水平——货币政策很难退出

由于债务负担沉重，国债供求矛盾导致中长期利率存在上升压力，加之经济增长放缓以及通缩的风险，基准利率的变动受到制约。一方面维持低利率可以减弱中长期利率上升的空间，减少债务成本；另一方面，在通缩的环境下，维持低利率可以促进经济增长，而又不至于会立即引起高通胀。此外，美国的消费增长严重依赖于资产价格的上升，基准利率的上升会对资产价格产生较大的负面冲击，打击消费增长。未来私人部门资产负债表的修复有赖于资产价格的提升，维持低利率有利于私人部门的复苏[①]。

在发达经济体继续维持低基准利率的情况下，新兴市场国家政策退出也会相对迟缓。考虑到政策变动的溢出效应，一国退出战略的实施可能对其他经济体产生溢出效应，一国就某项政策的单独退出还可能引致市场套利行为。因此各经济体在制定和实施退出战略时要加强国际协作与跨境合作，这有利于世界各经济体的经济恢复与增长。

[①] 事后来看，由于发达国家面临严重的经济增长和财政压力，美国、日本、欧洲相继采取了大规模的量化宽松政策和零利率政策，来应对挑战。这一方面在短期弥补了流动性不足的矛盾，增强了投资者风险偏好，使资本市场在 2013-2015 年初出现了大幅上涨；另一方面，将问题延后，如何退出非常规政策操作，也成为相关国家未来面临的又一重大挑战。这一点我们在后面会做进一步分析。

四、主权债务危机对中国的影响

展望未来，我们依然面临不确定的外部环境，发达经济体的低增长使出口很难恢复到前几年高增长的状况。内需上，收入分配差距等因素限制了消费的高增长，而信贷规模限制使投资增速有持续下降的可能。此外，由于地方债务问题以及财政风险问题受到高度关注，连续两年的积极财政政策也接近尾声。未来来自政府的拉动效应减弱，在当前投资和消费保持在高位的情况下，如果主要依靠私人部门，能否拉动投资和消费快速增长，仍有待观察。这些变化意味着未来中国经济增长可能会再度进入个位数增长时期。

外部巨大的不确定性以及国内救市政策的逐步淡出，意味着未来货币政策仍不应过度紧缩。首先，我国缺乏持续的加息压力。如果今年加息1—2次，意味着未来利率风险比较有限。其次，在外需不确定的情况下，数量化调控的密集期在2010年将完成，未来政策进一步趋紧的压力减弱。再次，十大产业振兴和地区经济振兴之后，政策刺激需要新的着力点——例如放开民营资本投资。这就意味着，未来进一步通过深化改革、放松诸多的政策管制，激发经济增长动力可能是一个重要的政策取向。

（2010 年 5 月会议报告材料）

1.2　美国政策再宽松与我国政策选择

近期有一些现象值得关注：一是欧美宏观数据的差异以及由此导致的政策取向由一致走向背离；二是"将对所持有到期的抵押支持证券（MBS）进行再投资，并开始购买美国国债"的声明意味着美联储将启动第二轮的量化宽松政策（QE2）；三是中国宏观经济数据回落与政策支持呼声再起，对此，我国的政策重心是保增长还是调结构？这些"新现象"实际是危机爆发以来反复讨论的"老问题"，但是现在看来，危机所暴露的问题并未解决，反而可能有所加深。

本节希望针对上述变化，尤其是针对美国再度启动刺激政策可能产生的影响这一角度，对我国遇到的问题进行探讨。

一、美国的再平衡之路：扩大出口还是美元贬值与通胀

全球经济失衡是一个老问题了，相关的讨论也很多。全球失衡是2008年金

融海啸的重要原因之一，财政政策不可持续同样是欧洲主权债务危机爆发的主要因素。因此，要评估未来经济发展趋势，首先需要回答的是，未来全球失衡是否会持续以及需要以何种方式进行平衡。下面，我们将重点从美国的角度进行分析。

（一）贸易赤字与美国可能的应对

马丁·沃尔夫曾从美国和债权人两个角度非常详细地讨论了全球失衡是否可持续的问题。经过深入的研究，他认为如果债权人愿意提供融资，失衡可以持续下去，但是赤字的爆发性增长是不会永远持续的。当外部赤字积累起来时，美元将贬值；投资者也会索取更高的回报。一旦外国政府开始削减资金数量，将会呈现一次残酷的"硬着陆"，即美国利率的飙升和美国汇率的贬值。

那么如何调整这种失衡局面呢？一种渠道是依靠拉动出口，减少美国的贸易逆差。2009年11月份美国总统奥巴马曾表示，美国经济要从过去主要以债务推动型增长模式转向出口推动型增长模式。2010年3月奥巴马总统进一步强调，要在五年内将出口提高一倍，创造出200万个就业机会。这是美国在经济危机之后"再工业化"经济战略的一部分。对此，很多经济学家表示质疑。从今年上半年的数据来看，美国商务部普查局发布的数据显示，美国1—6月份累计进出口总值为15172.09亿美元，增长25.1%。其中，出口6117.27亿美元，增长22.9%；进口9054.32亿美元，增长26.6%，逆差2937.56亿美元，增长35%。因此，通过扩大顺差或缩小逆差的方式改变美国失衡局面的难度较大。

除此之外，另一个重要的选择是在全球范围内进行实际汇率调整，以实现资金吸收（或支出）占GDP比例的变化；而实际汇率的大幅变动必将引起名义汇率的变动，这就意味着要么货币贬值国家出现通缩，要么货币升值国家出现通胀，或者两者同时出现。

因此，从美国的角度来看，要实现贸易平衡，无论是通过实现再工业化，推动出口还是通过汇率调整，贬值都是其中一个非常重要的手段。

（二）财政赤字与美国可能的应对

经济失衡的另一个重要表现是发达经济体庞大的财政赤字问题。理论上讲，解决不可持续的公共债务问题有六种可能的办法：第一是财政赤字压缩。第二是违约，例如改变偿付条件；第三是通胀；第四是依靠外部援助；第五是降低公共债务的利率；第六是依靠经济增长。

在上述办法中，经济增长和降低利率不是政策可以有效控制的；财政收缩要求社会协调和政治一致，政治系统能够采取行动压缩支出或者加税；违约几乎是最后的选择。剩下的主要手段是通胀，而通胀手段需要两个条件：一是债务中有大量以本币计价的债务，这是通胀激励的问题；二是有较为灵活、受政治干预少的中央银行，这是通胀能力的问题。这两者兼备的国家基本上只有美国。

美国著名经济学家肯尼斯·罗格夫也一再指出，如果美国的财政赤字持续上升几年，长期利率就会上升，而美国的债务负担就会进一步急剧加重，到那时"用通货膨胀摆脱债务的诱惑是无法抗拒的"。根据相关测试，如果美国通胀率达到6%，只要经过四年，美国的国债余额占 GDP 的比例就可以下降20%。

（三）货币错配与美国可能的措施

上述分析表明，通过本币贬值，制造通胀是美国解决经济失衡尤其是债务问题的非常重要的手段。除了从上述角度分析之外，我们还可以从美国与其他债权国资产负债表的角度进行分析。

对美国而言，美国负债是以美元来衡量的，而美国的金融资产主要是以其他国家货币计价，而且主要是以股权形式存在的资产；对于债权国则恰恰相反，负债是本币，而资产是美元。同时，外国投资者和外国政府持有的美国资产主要是以债权形式存在的，而且是以可能遭受贬值的美元计价，收益率也比较低。这就意味着在货币错配的情况下，美元贬值对本国和债权国的作用完全相反，而且对美国特别有利。根据沃尔夫的研究，1989 年到 2006 年年底，美国用于减少经常账户赤字而吸收的累计净资本流入达到 5.308 万亿美元，而同期美国的净外部负债头寸仅增加了 2.151 万亿美元，实际抵消了 3.157 万亿美元。这一巨大差异，部分是由汇率的变动造成了 2000 亿美元的增项，而主要原因是由于美国资产与美国负债之间有利的相对价格变动，即美国海外资产的价格表现要好于外国投资者持有的美国资产的价格表现。余永定教授也认为，如果美元充分贬值，美国海外资产和投资收入的增长完全可以抵消掉它的债务负担。

二、美联储再度启动量化宽松政策，拉开货币贬值和制造通胀的序幕？

金融海啸爆发之后，全球主要经济体采取了一致的救市政策，例如大幅降息、积极的财政政策等。但是欧洲债务危机爆发后，欧洲与美国的政策开始走向分歧：美国继续坚持原有的宽松政策，但是欧洲已经开始了以减少赤字为目标的财政紧缩政策。

2010 年 8 月 11 日美联储在声明中表示"FOMC（联邦公开市场委员会）将把联邦基金利率维持 0 到 0.25% 的目标区间不变……FOMC 有理由在更长时期内将联邦基金利率维持在极低水平。为了在物价稳定性的环境下为经济复苏进程提供支持，FOMC 将把来自于机构债和机构抵押贷款债券的本金付款再投资于较长期美国国债，从而将美联储所持债券维持在当前水平不变。在所持美国国债到期时，FOMC 将继续为其续期"。这就意味着美联储将再度启动数量宽松政策，而且政策重心在于持续的压低长期利率。从美联储尤其是伯南克当年给日本的建议以及在危机之后联储大幅降息同时采取数量宽松政策的经验来看，伯南克以及联储具有通过宽松政策刺激经济增长甚至制造通胀的偏好。

由于本次再度启动量化宽松政策与第一次量化宽松面临的环境有所不同，因此产生的结果可能也是不同的。

首先，在金融海啸爆发之后，尽管美国大幅降息以及采取量化宽松政策，但是由于其他国家也在大幅投放货币，加之对未来全球经济复苏预期较低，美元发挥了较好的避险功能，因此，美元没有贬值。相反，受到主权债务危机冲击的欧元出现了明显的走弱现象。例如欧洲主权债务危机爆发后，欧元对美元汇率从最高时的 1.6 一度跌破 1.2。

这一次美国再宽松政策是单方面的，而且是在全球经济开始复苏的背景下进行的。这时美元的避险功能已经减弱，而美国经济复苏步伐较为缓慢，美元过剩问题将再度加重，因此，未来美元贬值的压力也在明显加大。在这一过程中，欧元可能会再度被动升值，进而延缓欧洲的复苏进程，达到美国"以邻为壑"的目的。

其次，上一次实施宽松政策是在危机初期，联储投放的货币主要是补充了银行的流动性缺口，没有对产出产生太大的影响，因此也就没有产生通胀问题。而这次是在金融海啸过去两年之后，银行资产负债表已经明显修复，盈利上升的背景下进行的。因此，这次量化宽松和低利率政策的延续很有可能会导致更多的资本流入实体经济，在刺激美国经济的同时，对通胀的影响也可能更大。从伯南克和美联储一贯的理念来看，为了避免陷入通缩，大量投放货币的目的本身就是为了制造一定的通胀，因此从政策意图和可能的传导结果来看，都可能强化通胀风险。

最后，上述分析也表明，美国走出危机的一个重要选择是货币贬值和制造通胀，美国也很可能是通过贬值的方式来刺激出口[①]。当然，上述目标很可能是美国中短期目标。一旦上述目标完成，从中长期来看，美国很有可能通过打压欧元的方式令美元再度走强，重新确立美元的霸权地位。

---

① 格林斯潘在 2014 年出版的新书《动荡的世界》中，指出"美国的中央银行官员们试图在 2008 年危机后推高通货膨胀率，这种壮举几乎史无前例"，也印证了我们当时对美国试图制造通胀的判断。

三、我国经济面临的内外挑战

在危机之后，由于各国经济复苏进程不同，已经由危机初期的大一统时期进入各自为战的"战国时期"，欧洲专注于减少赤字，美国则试图再次启动量化宽松政策，刺激经济。美国是否会通过制造通胀和美元贬值转嫁危机，值得高度关注。

在这一背景下，我国经济面临内外两大挑战：对外，陷入美元陷阱；对内，经济增长回落。

（一）美元陷阱及其风险

2009年4月，保罗·克鲁格曼在《纽约时报》发表了"中国的美元陷阱"的专栏文章，其核心内容是，中国已把自己推向"美元陷阱"，现在不知如何脱身。

中国外汇储备的安全问题一直是国内学者高度关注、甚至是最具争议的问题之一。余永定教授是国内较早关注国际收支顺差问题的著名学者[1]，在一系列文章大声疾呼之后，余教授也无奈地写道，"中国已经落入陷阱，我们在外汇储备为3000亿美元时没有采取行动、在5000亿美元时没有采取行动、在8000亿美元时仍没有采取行动。对于已有1万多亿美元的外汇储备，我们所能想出的办法已经不多了。但是，虽然已晚，亡羊还需补牢"。

由于我们已经陷入"美元陷阱"，目前面临的最大问题不是低收益问题，而是美元贬值甚至违约的风险，正如克鲁格曼所指出，中国在美国投资的最大风险为美元贬值，预计中国遭受的投资损失最终可能高达20%—30%。

外汇储备实际上是我国重要的储蓄形式，只是我国没有将这些储蓄用于国内，而是借给了发达的美国。事实上与发达国家相比，我国的储蓄利用效率有进一步提高的空间，比如将储蓄转换为产能或人力资本储备。在美国，尽管统计意义上的储蓄率非常低甚至为负，但是正如哈佛大学理查德·库珀教授所指出的，一个比较合适的储蓄概念应该包括了对耐用消费品、教育和研发的投资。而最近几年美国这三类投资加起来占到GDP的19%（9%为耐用消费品，7%为教育投资，3%为研发投资）；考虑到这个因素，就不能说美国的储蓄率太低了，甚至可以说美国储蓄的效率非常高。因此，我们借给美国的储蓄，不一定被全部用来消费，相当一部分变成了美国广义上的国内储蓄，而这种储蓄对提高美国长期竞争力具

---

[1] 其相关论文汇集成《见证失衡——双顺差、人民币汇率和美元陷阱》。

有非常重要的意义。

（二）经济增速放缓背景下国内经济政策的重心——保增长还是调结构

1. 宏观数据回落，对政策放松预期再起

对 7 月份的经济数据分析会发现，受到持续的信贷调控、房地产新政、规范融资平台行为、节能减排等政策的影响，中国经济走向过热的势头得到遏制。反过来，有人担心经济面临调控过度的风险：经济已经连续 4 个月出现增长放缓的迹象，尽管 7 月份经济放缓的步伐有所缓解，但整体经济仍面临下行风险；同时，在内需遇冷的情况下，经济环比增长回落较快，而短期外需的平稳以及基数的原因掩盖了增长较快下滑的事实。8 月份之后，我们预计同比增速会继续回落；在经济增长回落的情况下，物价上涨的压力也相应减弱，3 季度 CPI 基本见顶，全年 CPI 控制在 3% 以内的目标能够实现。

由于经济下滑，有人建议放松政策，使经济继续恢复较为快速的增长。因此，我国再度面临保增长还是调结构的选择问题。

2. 需要怎样的政策——我们不能太短视

在危机之后，我们迅速启动了 4 万亿财政刺激政策，配套 10 万亿的信贷政策。应该说我们的救市政策力度很大，积极的财政和货币政策使中国经济率先走出危机，实现了 V 型反转，并对全球经济复苏起到了积极的推动作用。

在看到救市政策积极意义的同时，也应该看到，中国已经是一个经济大国，但是我们仍习惯分析国外因素变化对我们的影响，而不擅长分析中国因素对其他国家的影响。从贸易角度来看，我国进口量对国际商品市场起巨大作用，增长率边际提升导致进口价格上升，进而导致贸易条件变化。北京大学宋国青教授在分析 2010 年 1 季度数据时指出，"从 2002 年以来贸易条件多年恶化。金融危机期间石油、铁矿石、海运价格大幅下跌使得中国贸易条件大幅改善，然而好景不长，现在基本上达到了 2008 年最不利水平，很可能还会继续恶化。而一季度顺差大幅下降的主因就是贸易条件恶化"。根据宋教授的测算，与进出口价格同比不变情况相比，1 季度出口少挣 104 亿美元，进口多花 404 亿美元，合计 508 亿美元或 3468 亿人民币。贸易条件恶化导致的损失占国民收入的 4.9%。这意味着一季度真实收入增长率是 7% 而不是 11.9%，另外国民收入 4.9 个百分点"贡献"给了石油输出国、巴西、澳大利亚等矿产国[①]。由此可见，我们不能仅仅从统计数据的角度来看待政策效果，更应该从实际财富变动的角度来看待这一问题。

---

① 宋国青教授在"CCER 中国经济观察"第 21 次报告会的报告《贸易条件与利率汇率》。

主权债务危机之后，欧美开始分道扬镳。对于中国，应该评估的是，我们需要采取怎样的救市策略？我们的目光不能太短视，快速走出危机是否对中国是最有利的？在当前的环境下，保持较低增长的同时，修正贸易条件、抓住有利的时机进行结构调整是否更好？

四、我国未来可能的政策选择

通过上述分析，我们试图从宏观的角度梳理当前的新现象：在危机之后，由于各国经济复苏过程不同，已经由危机初期的大一统时期进入各自为战的"战国时期"：欧洲专注于减少赤字；美国则试图再次启动数量宽松政策，刺激经济；而且美国是否将通过制造通胀和美元贬值转嫁危机，值得高度关注。这就意味着，尽管从短期美国有陷入通缩的可能性，但是从中期来看，通胀仍可能是潜在的重大风险。

分析表明，当前我们面临内外两大挑战：对内，经济增长回落；对外，陷入美元陷阱。

面对复杂的局势与挑战，我们建议，应采取如下应对思路：以降低经济增长速度缓解潜在的美元贬值带来的通胀风险；以加快外汇储备的实物转换、收入分配调整以及人民币的国际化等措施应对美元陷阱；以结构调整尤其是加快培养战略支柱产业，提高综合竞争力，应对未来可能的更大挑战。

具体而言，针对困境，我们的建议是：

（一）放缓经济增长速度

在当前的经济条件下，降低经济增速有以下几方面好处：一是缓和经济增长与国内生态环境脆弱、资源约束等因素的矛盾，即客观面对潜在经济增速放缓的问题；二是改善贸易条件，提高实际财富。正如宋国青教授所说的："如果中国把经济增长率往下压，把 GDP 增长控制在 7% 不是 12%，资源价格就会下跌，国民收入增长率反而有可能提高到 12%。所以，对于一个边际上有重大影响的经济体，不能简单说经济增长率高了好还是低了好，而需要某种垄断分析思路来探讨[1]。"三是在当前国际形势下，主动降低经济增长，尤其是减少出口，避免形成新的大规模的外汇储备，同时加快结构调整，培养长期增长能力，这种转变能使自己处于一个相对有利的位置。四是根据上述讨论，未来美国可能通过制造通胀的方式来转移危机，货币增长到通胀的传导需要实际需求的变化，而中国需求

---

[1] 宋国青教授在"CCER 中国经济观察"第 21 次报告会的报告《贸易条件与利率汇率》。

是这个载体的重要组成，因此，降低增长速度，减少对国际市场的依赖，也有利于降低未来可能的严重通胀风险，尽量避免"搬起石头砸自己脚"。

根据上述分析，我们认为应该主动调整经济增长速度。在此过程中，可以通过调整产业结构、落实收入分配改革等结构性政策化解经济下滑可能带来的负面影响。因此，当前并不是放松政策的时期，前期的从紧政策，尤其是对房地产的调控政策仍需坚持较长时间，不能因为担心经济增长而因噎废食。当前最主要的任务是抓紧时间进行结构调整，尤其是培育支柱产业。

（二）加快结构调整，培育新的支柱产业，尤其是培育具有竞争力和长期战略意义的支柱产业

本次金融危机不仅暴露了原有经济增长模式和产业结构在快速增长中积累的诸多矛盾，而且也形成了推动产业升级的强大外部力量。

国家发改委主任张平在 2008 年曾强调："大力支持重点产业发展，编制并组织实施钢铁、汽车、造船、石化、轻工、纺织、有色金属、装备制造、电子信息 9 个支柱产业振兴规划，保护和发展好支柱产业、骨干企业、重要产品和重要生产能力。"尽管如此，在现实中无论学者还是政府，很多人将房地产作为国民经济非常重要的支柱产业。正是由于对房地产的依赖很大，导致了房地产市场的畸形发展。从长远来看，房地产支持不起大国崛起，也无法提升国际竞争力。

从其他大国的经验来看，美国现在的支柱产业是航天、信息产业等，因靠这些支柱，美国几乎垄断了全球 GPS、军火工业、客机等市场；日本是汽车、电子、光学和计算机产业；韩国将船舶制造业列入支柱产业，而中国当前的支柱产业缺乏核心技术，因此，中国迫切需要培育新的支柱产业。

从新产业培育来看，经过多年的积累，我们在技术和产业上已经有了较为充分的准备，这为制定和实施产业调整和振兴计划，培育一批新的高技术、高增长产业，实现产业升级创造了非常有利的条件。因此，应尽早出台产业支持政策，进一步落实国家科技发展纲要及配套政策，特别是有关科技投入、税收激励、政府采购等政策。针对一些产业发展初期面临的问题，应采用适度的财税和补贴政策，采取政策扶持与市场激励和筛选相结合的办法，推动新兴产业快速发展。

（三）积极应对美元陷阱带来的挑战

上述我们分析了持有大规模外汇储备面临巨大风险。正所谓知易行难，要化解这个问题却并不容易。这里我们进行尝试性讨论。

1. 从金融投资角度来看，供我们选择的渠道并不多。除了必要的在美元、欧元和日元之间进行平衡之外，可以选择的就是尽量缩短债券期限。同时，应该抓住金融危机的有利时机，增加对外直接投资和股权投资所占的比重，降低债务投资比重。

2. 从购买力的角度来看，我们需要采取综合措施，在保证外汇储备未明显贬值的情况下，尽可能多的将货币转换为实物，尤其是对中国具有重要战略意义的物资。在这个过程中，一方面我们要保持合理的人民币升值预期和升值速度；另一方面，我们应该通过降低经济增长速度，降低对国际需求等方式，使国际主要大宗商品价格有较为明显的回落，而且能够持续一定的时间，利用有利时机，投资和储备我们需要的重要产品。

3. 从储蓄的角度来看，目前贸易顺差过大实际是国内储蓄大于投资的反映。因此要化解外汇储备，尤其是减少增量，一个重要的渠道就是减少国内的储蓄，而国内的储蓄增长主要来自政府和企业，因此，应该通过企业利润分配、减税、收入分配改革等措施，提高居民收入所占比重、完善社会保障体系等方式，提高消费能力，降低储蓄。同时，借鉴美国广义储蓄的概念，我们应该将货币形态的储蓄转化为耐用消费品、教育和研发等方面的投资，为提高长期竞争力进行储备。而这方面的投入，政府和国有大型企业等应该发挥非常重要的作用。

4. 从货币体系的角度来看，我们应该通过人民币国际化的方式，提高人民币国际结算、国际投资的能力，形成人民币对美元的部分替代。过去几年人民币国际化的步伐在稳步推进，尤其是 2010 年 7 月 19 日中国人民银行分别于香港金融管理局和中国银行（香港）有限公司，就香港人民币业务发展签署了两份重要文件。新修订的"清算协议"标志着人民币的国际化迈出了重要的一步。

（2010 年 8 月，曾发表于《中国货币市场》）

1.3　QE2 之后利率与汇率可能的变化

2011 年以来，影响资本市场的主要因素是通胀和流动性波动。尽管上述变量仍有一定的不确定性，但是大致来看，出现超预期冲击的可能性较小。我们认为未来影响资本市场最大的不确定性主要来自外部，尤其是美国货币政策走向。回顾 2010 年 10 月份的情形，国内股市的暴涨以及通胀的加速上行，与美国 QE2 的政策推出不无关系。因此，我们对美联储在 2011 年 6 月份 QE2 到期之后可能的政策选择及其影响做出尝试性预测。

一、关于美国货币政策选择的鹰鸽之争

近期，随着油价的上涨，美国经济的持续好转，要求美国货币政策提前紧缩的声音也开始增多。美联储内部分歧也开始加大，可以大致分为通胀"鹰派"和通胀"鸽派"。

"鹰派"人士主要关注包含原油和食品价格的总体通胀指标，认为美联储注入了大量流动性将不可避免地带来高通胀的压力，现在正是采取行动的时候。而"鸽派"人士主要关注核心通胀率，认为尽管当前美国经济增长好于预期，但产出缺口仍然巨大，失业率仍然维持高位，需要很多年的高增长才能消化失业问题。过早的采取行动可能会阻碍美国经济复苏的势头。从近期的一些表态来看，美联储主席 Bernanke 和纽约联储行行长 Dudley 都属于"鸽派"。而联储中一些分行的行长如明尼苏达联储行行长 Kocherlakota 等的观点偏"鹰派"。

从学理以及政策的逻辑上讲，两派之间并没有太大差异，如果美国通胀高企，那么都会赞同采取严厉的行动。分歧点在于对当前时点上美国的通胀压力、通胀持续性以及所关注的通胀指标的差异。我们认为，由于石油价格和粮价的上涨可能更多的会抑制美国的经济增长，在失业率维持高企、平均每小时工资的增长率仍在低位的情况下，工资—通胀的螺旋上涨通道很难形成，油价和粮价的上涨很难传导到核心通胀水平上。这就意味着未来美国实际通胀风险可能并不如预期那么大，如图 1-8 和图 1-9 所示。

二、美国货币政策将如何退出

1. 认识上的分歧：当前货币政策是否过于宽松

一般认为，美联储目前的政策极度宽松，联邦基金利率从 2008 年 12 月起已经连续 28 个月持续维持在接近零利率的水平。此外，美联储已经在 2008 年 11 月以及 2010 年 11 月两次启动了量化宽松政策。美国的宽松货币政策导致了全球流动性泛滥，先后催生了债券市场泡沫、大宗商品泡沫。

从美国的角度来看，考虑到危机后美国的经济状况，当前的政策似乎也无可厚非。金融危机造成了美国经济的衰退，GDP 绝对值从最高点到最低点下降了 4% 左右，尽管目前 GDP 绝对值已经基本恢复到金融危机前的水平，但产出水平仍大幅偏离潜在增长水平。与巨大的产出缺口相对应的，美国的失业率一度高达 10.1%，目前仍在 8.8% 的高位，核心通胀率也持续维持在 1% 附近的低位。根据

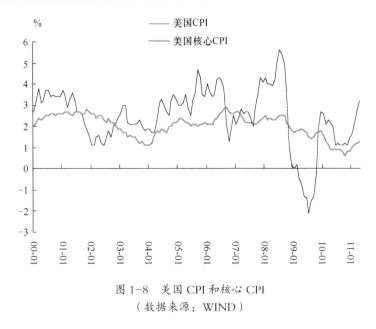

图 1-8　美国 CPI 和核心 CPI
（数据来源：WIND）

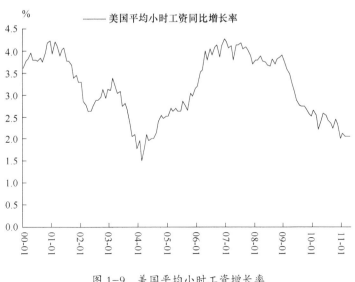

图 1-9　美国平均小时工资增长率
（数据来源：WIND）

泰勒规则估算[1]，金融危机期间以及当前美联储都需要将联邦基金利率维持在负利率的水平，换句话说，零利率仍然太"高"。这也是美联储推出定量宽松政策

———————————
[1] 历史上，泰勒规则对美联储的联邦基金利率拟合程度较好，拟合度高达 92%。

来补充零利率政策的原因。

对于未来的趋势判断，如果按照美联储的预计：2012 年失业率下降到 7.6%，而核心通胀上升到 1.5%。那么按照泰勒规则，即使到 2012 年底，零利率仍然偏"高"，如果单纯地根据这一规则，美联储在 2012 年前都不应当加息，如图 1-10 所示。

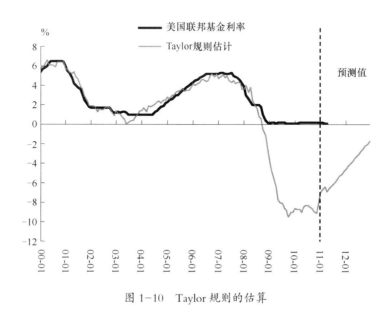

图 1-10 Taylor 规则的估算

因此，尽管美国的宽松货币政策导致了全球资本市场的大幅波动，但是如果美联储关注本国的增长和通胀目标，目前采取的政策不能说过于宽松。这一矛盾也正如周小川行长所揭示的"对于储备货币发行国而言，国内货币政策目标与各国对储备货币的要求经常产生矛盾"。由于受到国际舆论的一致谴责，美国未来在制定货币政策时，不可能只盯住国内目标，尤其在全球普遍进入紧缩周期的过程中，美国很难再推出进一步的宽松政策，尽管如此，美国紧缩周期的步伐可能也不会太快。

2. 美国如何退出宽松政策：历史的启示

历史上，1937 年的经验值得参考。1937 年上半年，美国的工业生产，企业利润以及工资水平都基本恢复到 1929 年大萧条前的水平。尽管失业率仍然维持高位，但比 1933 年的高点低了 25%。1937 年 6 月，罗斯福认为美国经济复苏已经确立，开始降低政府支出以平衡预算。美联储开始上调存款准备金率，导致银行的信贷供给下降，广义货币增长放缓。财政和货币政策的双重紧缩导致了美国经济从 1937 年中开始出现了迅速的下滑，下滑时间总共持续了 13 个月。失业率从 1937 年的 14.3% 上升到 1938 年的 19%，制造业产出从 1937 年的峰值下降了 37%，物价绝对值也出现了下降。如图 1-11 所示。因此 1937 年的提前紧缩政策是对当时经济情况误判的结果。此后，罗斯福不得不继续通过扩大财政支出来提高就业率，以此来刺激商业活动。

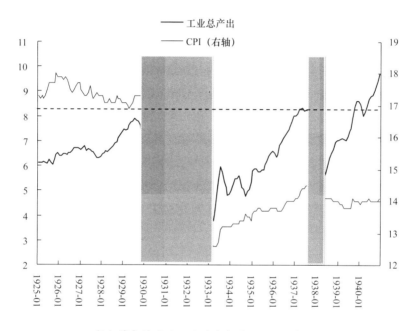

图 1-11　1929-1933 年大萧条前后的工业总产出（1982=100）和 CPI 指数（2007=100）
（数据来源：BLOOMBERG）

　　当前，美国工业总产出基本恢复到金融危机前的水平，尽管失业率仍维持高位，但比峰值也下降了 13% 左右。然而产出缺口依然很大，政策的提前紧缩仍可能会使美国经济重现 1937 年的短期衰退。目前来看，这种风险也不容忽视。由于共和党的施压，今年美国的财政支出可能面临削减。如果货币政策和财政政策双重紧缩，那么美国经济可能会重新出现衰退的风险，如图 1-12 所示。

　　3. 基本判断：政策收紧要在 2012 年之后

　　总体来看，目前美国的经济喜忧参半。尽管经济增长率已经恢复，但产出缺口仍然巨大，就业状况也并不如数据显示的乐观。在高失业率的情况下，核心通

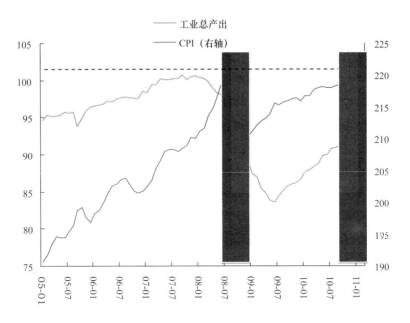

图 1-12　2008 年金融危机前后的工业总产出（1982=100）和 CPI 指数（2007=100）

（数据来源：BLOOMBERG）

胀上升的可持续性较差。因此，在更关注核心通胀指标的情况下，美联储对通胀的担忧仍然不明显。此外，在未来的几年中，美国需要实施至少相当于 GDP 6% 的大规模财政紧缩政策，目前这一紧缩步伐已经开始。尽管财政紧缩在长期有利于经济增长，但在短期内会导致增长放缓。对于以研究大萧条而闻名的伯南克来说，有 1937 年的前车之鉴，货币政策的紧缩步伐可能会较为缓慢。

从路径选择来看，QE2 的政策可能会如期在 6 月份后结束，但美联储仍然会维持资产负债表规模不变，而不是立即收缩资产负债表。利率政策上，加息可能会推迟到 2012 年或更晚。这就意味着，短期来看，今年下半年美联储政策会进入观察期。如果经济增速开始下滑，政策会偏右，继续维持低利率，甚至不排除会推出 QE3。如果经济持续高增长，通胀上行，那么政策会偏左，政策选择上，可能先加息，再收缩美联储的资产负债表。我们倾向于判断，美国在结束 QE2 之后，短期内可能保持政策稳定，从中期来看进入紧缩周期的可能性较大，尤其是在 2012 年之后逐步进入加息周期。

三、QE2 之后，美国国债收益率将何去何从？

3 月太平洋投资管理公司（PIMCO）表示，已经将旗下债券基金所持有的包括国债和机构债在内的美国政府相关债券持有量削减至零。PIMCO 卖空国债的一个重要理由是，QE2 退出后，由于缺乏美联储的替代投资者，长期国债收益率将有大幅度的上行。从当前的投资者结构来看，存量美国国债中有 60% 在国外投资者和美联储手中，40% 在私人部门，如债券基金和保险公司及银行手中。自从 QE2 以来，接近 70% 的新发债券被联储购买，如果美联储退出 QE2，谁来替代美联储的需求。

从供求角度来看，PIMCO 的担忧不无道理。但是，影响利率变动的因素并不仅仅是供求关系，还有市场预期、风险偏好等诸多因素。

美国定量宽松政策的一个主要目的是降低长期债券的收益率，美联储在 2008 年 12 月和 2009 年 3 月分别宣布了长债购买计划，政策宣布后的短期内，美国 10 年期国债收益率都有较大幅度的下行，但此后，收益率又开始快速上升。这一特征在 QE2 推出时也表现明显。2010 年 8 月，美联储宣布对到期的 MBS 进行再投资并开始购买国债以维持美联储的总资产规模不变，并在随后暗示将推出二次量化宽松政策。此后，美国 10 年期国债收益率快速下行。但等到 11 月 3 日美联储真正宣布实施二次量化宽松政策后，10 年期国债收益率反而开始大幅上升。

因此，尽管从 QE1 和 QE2 的经验看，定量宽松政策的确可以在短期内降低长期债券收益率。但实际上，由于预期因素，在政策推出之后，市场对经济增长和通胀的前景发生了改变，从而表现为风险资产价格上升、国债收益率上升。正如 Bernanke 指出的，市场对两次定量宽松政策反应的相似性表明，定量宽松政策已经改变了市场的预期从而对促进就业和刺激经济增长产生显著的支持。

这也意味着，供需仅仅是影响收益率的一个因素。更基本的影响因素是市场对经济和通胀的预期。另外，一些研究也表明，影响收益率的是美联储资产的总量而不是政策变化进度，也就是说，美联储国债购买计划的总体影响在政策宣示时就已经发生。因此当宣布停止购买国债计划但并不改变 QE2 的购买总量时，这一宣布对长期国债收益率的影响有限。这也可以在 QE1 结束时国债收益率的小幅变动的事实中得到验证，如图 1-13 所示。

从这个意义上说，定量宽松政策对国债收益率有两方面的影响：一方面，直接效应上，单纯从市场供需的角度，美联储的长债购买增加了长债需求，降低市场收益率；另一方面，间接效应上，定量宽松政策提高了经济增长和通胀的预期，这又抬升市场收益率。

我们在之前的研究中曾对影响美国长期利率主要因素进行分析，如表 1-3 所

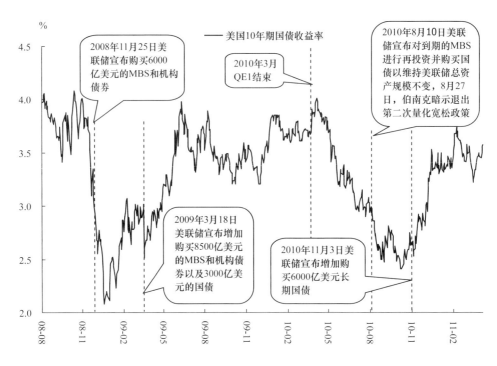

图 1-13　定量宽松政策对美国 10 年期国债收益率的影响

（数据来源：BLOOMBERG）

示，判断美国 10 年期国债可能将在 3.5% 左右为中值进行上下 30BP 左右的波动。如果上述判断正确，就意味着短期来看，债券市场的实质风险可能仍低于市场预期。

表 1-3　各变量对 2011、2012 年美国 10 年期国债收益率的影响

		联邦基金利率	累计影响	产出缺口	累计影响	10 年期通胀预期	累计影响	财政赤字/GDP	累计影响	经常项赤字/GDP	累计影响	加总
2011		不变	0	缩小0.8%	11 bp	上升0.1%	10 bp	上升2.3%	32 bp	下降0.5%	13 bp	66 bp
2012	情形一	不变	0	缩小1.8%	27 bp	上升0.2%	20 bp	下降1.7%	−24 bp	下降1%	26 bp	49 bp
	情形二	上调1%	43bp	缩小1.8%	24 bp	上升0.3%	30 bp	下降0%	0 bp	下降1%	26 bp	123 bp

四、QE2 之后，美元有望止跌反弹

目前美元指数已经处于历史上的较低位置，美元指数已经跌破了75，接近2009年底的水平，仅比2008年中71.15的最低点略高。上一轮大的贬值周期开始于1985年3月，到1987年底开始了第一次探底，此后经历了四次探底，并在1995年4月开始了强势美元周期，贬值周期大致经历了10年。而本轮贬值周期从2002年2月开始，同样在2年后的2004年底完成了第一次探底，现在正在进行第四次探底，到目前为止美元贬值周期已经经历了9年。可以看出，两次贬值周期有惊人的相似，那么在完成第四次探底后，是否预示着即将迎来新一轮的强势美元周期，如图1-14所示。

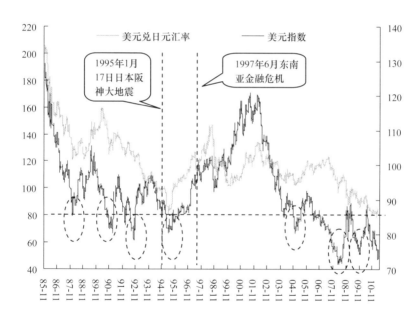

图1-14　美元指数与美元兑日元汇率
（数据来源：BLOOMBERG）

尽管从美元走势中看出了两轮贬值周期的相似性，但我们仍需要从基本面上判断强势美元形成的条件，以及强势美元会带来什么后果。

1. 影响美元汇率的主要因素

从汇率理论出发，我们把影响汇率变动的因素分为短期因素和长期因素。

从大周期的角度，我们认为，决定美元汇率长期走势的主要因素是美国相对

其他国家的劳动生产率、美国与其他国家的利差，财政状况以及与其他国家的物价差异。即巴拉萨—萨缪尔森效应、购买力平价、利率平价条件在中长期基本成立。历史数据也验证了这一判断，在美元升值时期，一般美国的劳动生产率都较高，利率水平也处于高位，同时财政赤字则相对较低。而贬值时期则相反，如图1-15，图1-16和图1-17所示。

图 1-15　美元指数美国劳动生产率

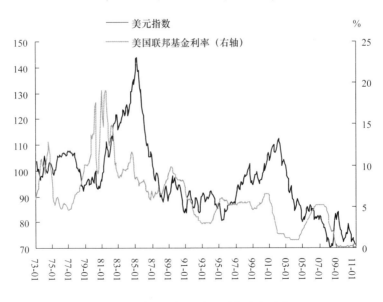

图 1-16　美元指数与美国联邦基金利率

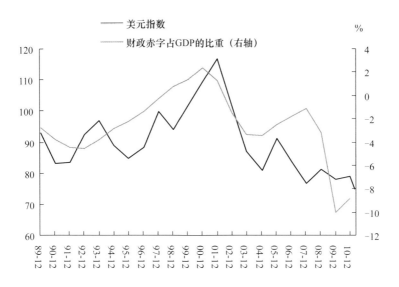

图 1-17　美元指数与财政赤字占 GDP 的比重
（上述图表数据来源均为 BLOOMBERG）

而短期来看，由于金融危机后欧美都采取了零利率政策，因此利率平价条件的解释力相对有限，影响危机后汇率波动的主要影响因素是货币的供需以及通胀预期，当然还有危机时期的避险情绪。

首先，美国定量宽松政策的实施和退出可以检验货币供需对美元汇率的影响。根据 QE1 和 QE2 的经验来看，定量宽松政策宣布后，美元指数都经历了一轮贬值。表明美元供给的增加直接导致了美元的贬值，通过贬值来刺激经济的定量宽松政策目标也基本实现，如图 1-18 所示。

其次，根据购买力平价条件，通胀高的国家倾向于货币贬值。数据上也证明了这一点，美国与欧元区的通胀差异与美元指数呈负相关性[①]，如图 1-19 所示。

因此，对未来美元指数的中短期判断上，我们主要考虑 QE2 结束的影响，以及欧美通胀水平的变化。QE2 的退出减少了美元的供给，可能成为美元指数上行的触发因素，另外，QE2 的退出本身可能降低了美国的通胀预期，也有利于美元的升值。

———————————
　　① 由于美元兑欧元汇率占美元指数的比重在 60% 左右，解释了欧元兑美元的汇率也就基本解释了美元指数。

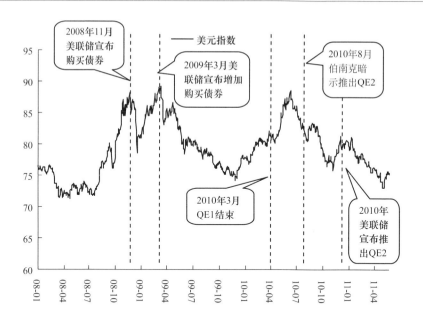

图 1-18　定量宽松政策对美元指数的影响
（数据来源：BLOOMBERG）

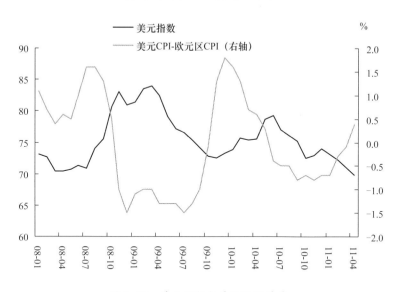

图 1-19　美元指数与美欧通胀差异
（数据来源：BLOOMBERG）

2．一个初步的判断：2012 年可能将迎来美元逐步走强的拐点

美元出现大周期的拐点最重要的条件是美国劳动生产率的提高，以及由此推

动美国启动新一轮的经济增长周期。另外，联邦基金利率是否重新上升，通胀是否能得到有效的控制、财政赤字能否得到削减也是决定美元中长期走强的一个重要因素。

从历史和技术分析看，美元很可能面临一个周期性拐点，从中期的角度，随着 QE2 的退出，美联储有望在 2012 年后期加息、财政赤字的削减都逆转美元走弱的趋势。因此我们判断：尽管短期内美元仍可能维持弱势，但是中期来看，可能会阶段性走强，长期是否能走强，则取决于基本面因素，尤其是美国能否启动由劳动生产率提高而推动的增长周期。

五、美元走势逆转是否意味着我们将进入一个新的周期？

1. 美国货币政策与泡沫形成——崩溃的周期性变化

20 世纪 70 年代之后，美联储在决定美元供给时，并不考虑储备货币与世界经济的平衡关系，其他国家只能被动接受美国政策波动的风险。当美国货币宽松时，全球信用扩张，泡沫形成；当美国由宽松到紧缩的转折时，全球信用收缩，又导致了各类危机频繁爆发——这一点对金融市场不发达、金融监管有缺失的发展中国家影响尤其大。

实践表明，美国货币政策大幅变化是导致国际金融市场剧烈波动的最大推手。例如，1980 年代美国大幅升息，导致了拉美支付利息由 1977 年的 69 亿美元增至 1982 年的 390 亿美元，利息增加 415%，最终导致拉美国家纷纷陷入债务危机；80 年代美国干预政策尤其是广场协议的签署是日本金融泡沫的形成和崩溃的重要因素；沈联涛等人的分析进一步认为，1994 年以来美国连续升息——美元升值、日元贬值——东南亚货币高估——大规模资本外逃则是导致东南亚危机的最主要因素；2000 年之后，美国保持较为宽松的货币政策，推动了国际大宗商品价格的大幅上涨；也推动了全球股票市场价格的大幅上涨；2005 年中期开始的美国货币政策由松到紧的转变过程，刺破了次贷泡沫，并进一步由美国次贷危机最终演变成全球性的金融危机和经济危机；2008 年以来的 QE1 和 QE2 再度刺激全球的资产泡沫。

理论和事实反复证明了，不稳定的美元货币体系以及剧烈变动的美国货币政策是国际金融不稳定的主要因素。因此对于未来美国货币政策可能的转向，尤其是这是否将成为全球资本市场新周期的重要诱因，值得高度关注。

2. 2012 年中期之后是否成为资本市场新周期的开始？

上述分析表明，随着美国 QE2 的结束，美国利率和汇率都可能出现上升走势，这种变化可能一方面对全球流动性变化可能产生较大的影响；另一方面，作为估值的基础，美元走强对未来资本市场价格也有可能产生较为深远的影响。

金融危机后，美元呈震荡的态势，美元的波动也成为影响全球金融市场的主要因素。从历史上看，美元指数与道琼斯指数和大宗商品价格有很强的相关性，美元升值时，大宗商品价格一般呈下跌趋势。而美元与美股的关系在不同时期表现出不同的特征。20 世纪 90 年代中期后，美元与美股呈现了同时走强的特征。而 2000 年互联网泡沫破裂后，一般在美元呈贬值态势时，美股和大宗商品也都呈现上涨趋势，如图 1-20 和图 1-21 所示。

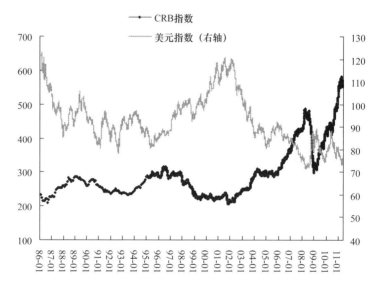

图 1-20　美元指数与 CRB 指数
（数据来源：BLOOMBERG）

这种差异也是不同经济周期时期的特点决定的。20 世纪 90 年代中后期，强势美元主要受高增长和高利率的驱动，这也引起的大量的资本流入，高增长和资本流入都推升了美股。而互联网泡沫后，经济增长主要有宽松货币政策推动，宽松货币政策导致了美元贬值，但也催生了股市的泡沫。

基于我们对美元汇率的判断，QE2 结束前后，短期内美元可能继续仍在低位运行，但是随着美国加息预期增强而逐渐升值。尽管如此，由于当前美国的经济复苏依然依赖于宽松的货币政策以及流动性的投放，而不是劳动生产率的提高的推动，因此即使美元开始走强，升值幅度可能不会太大，股市和大宗商品仍会在

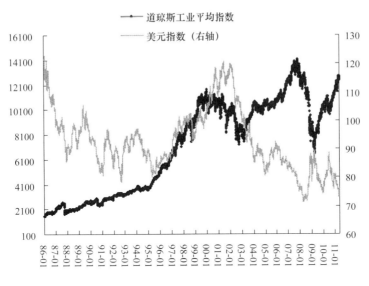

图 1-21　美元指数与道琼斯指数
（数据来源：BLOOMBERG）

经济复苏的大背景下仍会呈现震荡攀升的态势，资本市场受到的冲击并不会转化为大级别的危机。尽管如此，如果未来美元波动幅度超过预期，随着美国经济的趋势性走强，美元大幅上行，则需要关注美元波动对资本市场尤其是新兴市场的冲击。

六、主要总结

我们对美国货币政策的分歧以及美联储的政策逻辑进行了梳理，同时对美国货币政策做出了展望，并探讨了货币政策变化对美国的利率和汇率的可能影响，在此基础上，我们进一步分析了这些变化可能对资本市场形成的冲击。我们得出了以下一些基本观点：

1. 尽管目前美联储内部对政策是否需要提前紧缩分歧较大，但由于核心通胀仍然较低，产出缺口依然较大，美国宽松货币政策退出步伐可能比市场预计的迟缓，加息可能在 2012 年之后进行。

2. 对于利率而言，由于 QE2 退出后，市场对美国经济增长和通胀水平的预期都可能减弱，同时市场已经提前反应，因此真正退出后，长期利率未必会大幅上行，上行空间可能有限。而紧缩预期的存在和流动性减少将导致短期利率较大幅度的上升，即美国债券市场有望进入熊市平坦的过程中。

3. 对于汇率而言，短期内，美元供给增加，美国的通胀预期上升、财政赤字的扩大、持续的零利率政策，以及欧元区的财政紧缩、加息政策都导致美元在短期内有走弱的趋势。但中期来看，QE2 的退出，美国加息预期、财政赤字的削减，欧元区债务问题的不确定性都可能触发美元的走强。而长期美元能否持续走强，则取决于美国是否能够步入依靠劳动生产率大幅提高推动的经济增长周期。

4. 美元的动荡是影响国际资本市场的一个主要因素，美元的逆转走强可能暂时削弱美股和大宗商品价格的上涨势头。但美元的逆转以及国际汇率的大幅波动是否能改变股市和大宗商品价格的走势仍依赖与美国和世界经济的增长情况，值得持续关注。

5. 对中国而言，美国退出 QE2 能够缓解国内宏观调控的压力。一方面，美联储退出 QE2 有利于缓解全球的流动性，降低全球总需求，抑制大宗商品价格和输入性通胀；另一方面，如果美元走强，人民币有效汇率的升值也有利于降低外需的增长。总之，任何美国的紧缩性政策会减弱国内的通胀压力，QE2 的退出对中国的债市的影响偏正面。

（2011 年 4 月，本文曾发表于《中国货币市场》）

1.4 QE3 彰显美国战略从容与我们的困境

一、美国推出 QE3

2012 年 9 月 13 日美国推出了开放式的 QE3：每个月额外购买 400 亿美元的抵押贷款支持证券（MBS），购债行动会一直持续到劳工市场出现"实质改善"。与此同时，FOMC 预计超低利率将至少保持到 2015 年中。

FOMC 在声明中指出，"如果劳工市场没有出现实质改善，委员会将在价格稳定的背景下继续购买机构债 MBS，额外购买资产，并动用其他合适的政策工具，直到劳工市场改善"。从声明中我们容易判断，QE3 是一个典型的国内货币政策操作，即政策目标完全服从于国内经济复苏的需求。由于美国最近就业数据并不乐观，而且美国在 2013 年将面临"财政悬崖"，根本不能指望财政政策的支持，在此背景下推出宽松货币政策，似乎也无可争议。

但是，如果进一步观察美国经济，就会发现，美国实际上正在逐步复苏，例如制造业逐步回流美国；服务业的可贸易水平有所提升；页岩气的开发利用、美国能源独立战略在危机后开始发力；美国企业部门的现金流和利润处于非常好的状态；住户部门和金融部门的杠杆皆有明显下降；小企业信贷活动增强；美国楼市在最近两个月强劲反弹，股票市场价格甚至创出新高等。这些变化都表明，美国经济正呈现温和复苏，而且经济复苏的质量比较高。

二、QE3 政策的战略意图

在此背景下，美国为什么要急于推出 QE3 呢？

从上述经济层面看，QE3 推出的需求并不迫切，但是如果换一个角度，从金融层面来看，我们可能会发现新的答案。

我们知道，金融危机之后，美元本位制、美元霸权备受质疑，很多学者判断美元本位制将走向衰落，看空美元的观点也不绝于耳。但是从事后的情况来看，当市场一致看空美元时，美元指数从 72 一度上升到 84，上涨 16.6%；当市场普遍预测美元指数将震荡冲高，甚至讨论美元指数何时冲上 90 甚至 100 时，美元指数却从 84 一路下跌，最低降至当前的 78。这种变化说明，对美元走势的分析已经不能局限于经济基本面等层面，而是要从美国货币战略的角度分析。

最近一段时期，当市场看多美元时，美元却在贬值，而且即使在贬值过程中，美国仍然推出 QE3 政策，显示出从容态度。这种从容表明，美国在战略上判断，随着欧洲陷入债务危机，至少在未来相当一段时间内，美元是没有对手的，美国在一定时期不一定需要保持强势美元政策来提升对美元的信心，美国可以通过调控美元走势来达到其战略目标。例如，为了实现"再工业化"战略，美国可以以"弱势美元"来确保美国出口产品的竞争力——美国并不担心由于美元贬值导致资本外流和利率上升问题（因为其他货币更弱）。这也就意味着美国量化宽松的力度和低利率政策的期限会不断加大与延长（已经由 2014 年延长到 2015 年中）。

同时，由于美元在货币竞争中的优势和主动地位，美国不愿由于货币强势而承担更多的国际责任，当欧洲刚刚宣布直接货币交易（OMT）政策之后，美国随之就推出了 QE3，即美国进一步参与"贬值竞争"的货币大战中，通过贬值竞争谋求自己货币的主动权和主导权，以避免自己承担更多的国际"经济责任"。

因此，对于美国本次 QE3 操作，我们不能仅仅理解为美国为了刺激经济增长采取的被动应对措施，应该看到美国由于仍然控制全球货币主导权，通过宽松货币政策改变强势美元走势，为美国再工业化战略创造有利的货币环境，同时也为打压其他经济体（包括中国和欧洲）保持强大的货币威慑。本次美国 QE3 含有较强的货币竞争或货币战争的含义，这背后隐含着美国对未来保持美元国际霸权的自信。

此外，尽管每次美联储的声明中都强调了政策操作服务于国内经济，是国内政策选择。但是在美元本位制下，美联储具有全球央行的职能，美国的货币政策影响的不仅是美国经济还有全球经济和资本市场变化，美元政策具有强大的"溢出效应"。从过去的经验来看，美国货币宽松往往催生全球性的资产泡沫，而美元紧缩往往会导致其他国家尤其是新兴经济体的金融危机。因此，对于美国连续三次 QE 政策，尤其是美国经济已经开始逐步复苏过程中，采取 QE 政策，对全球金融市场的影响值得关注。

三、QE3 对中国的挑战

具体到中国，直观上看，一般的判断是随着欧洲和美国货币政策宽松，未来我们将面临的资本流入压力，这将改变当前资本流出和外汇占款减少的问题；输入性通胀压力有所增加；美国和欧洲在政策刺激下，有利于改变外部环境，这对中国经济增长是有利的。因此，很多人得出了"利大于弊"的判断。

上述判断主要是从经济层面进行的分析，如果进一步从货币竞争的角度来看，我们似乎要保持更高的警惕。近期尽管人民币相对于美元略有贬值，但是人民币名义有效汇率持续在高位，人民币保持在强势地位。现在的问题是，强势货币是否是中国所需要的。

对于一个出口大国，在全球经济不景气过程中保持强势货币，意味着降低了本国的出口能力，将更多的市场份额让渡给其他国家，即实际上承担了较大的国际责任。尤其是在欧洲、美国竞争贬值的背景下，中国如果保持强势货币，进口原料成本上升、出口价格劣势对出口将构成很大的挑战。这对本国经济短期增长无疑是不利的。

同时，从货币角度来看，美元贬值、资本流动往往制约了国内货币政策调控的主动权。当前我国正在积极推动利率市场化、汇率市场化和人民币国际化的金融改革。这种市场化改革要求不断的放松管制，尤其是放松甚至取消资本流动管制。而在新一轮主要货币竞相贬值的过程中，我们将面临流动性过剩、资本大规模无序流动的不利环境。"国际金融危机继续深化，国际资本豕突狼奔对发展中国家的金融和经济稳定造成极大冲击。国际金融利益集团则利用发展中国家的制度和政策缺陷，大肆进行套利、套汇和套规活动，给发展中国造成严重福利损失"。这种局面对我们的金融改革和金融开放将构成严峻挑战。因此如何确定金融改革路线图是一个非常严肃的问题。而且在改革过程中，适度的资本管制可能仍不可缺少。"资本管制或管理，是中国金融和经济稳定的最后一道防线。长期以来，中国的资本管制对维护中国金融稳定起到十分重要的作用"。

总之，针对国际经济和金融环境的变化，我们的金融改革战略、金融改革路径和步伐是否应该进行调整？是否应该根据国内经济增长状况，适度放大汇率波动幅度尤其是适度进行贬值？美国 QE 政策的推出，给我们带来了新的难题。这些难题需要我们未雨绸缪，需要对国际货币竞争甚至货币战争的本质进行深入的研究。

（2012 年 9 月 路透专栏）

1.5　强势美元的挑战与机遇

一、危机进入新阶段

1．观点简要回顾

反思金融危机的发生、演变过程，我们会发现，当一种新现象、新生事物出现时，人们的反应往往是滞后的，习惯于用一种定式思维看待新问题。记得2007 年初在《证券市场周刊》春季投资研讨会上，中信证券一位分析师提醒大家，未来一年很可能爆发金融危机，导火索就是海外金融衍生品市场。当时大家都沉浸在资本市场牛市喜悦之中，一片歌舞升平的"不合时宜"下，这一观点被参会者、媒体选择性遗忘了。

当美国出现房贷机构破产、次贷风险不断蔓延时，大多数人的观点是，相对于美国庞大的资本市场，这些风险只是局部的，不值得大惊小怪。直到 2008 年贝尔斯登破产，人们才确信，危机真的来了。

2009 年底，迪拜等国家开始出现财政危机，由于这些国家较小，因此人们再度判断这只是区域性财政问题。但鉴于对金融海啸的误判，我们谨慎看待这些危机信号，较早地对欧债问题进行了较全面的研究，并提出从金融海啸到主权债务危机，危机并未远去的观点。在随后的跟踪研究中，2012 年《我们仍需闯大关》（第五章第一节）中进一步提出了危机很可能从美国向欧洲再向新兴市场国家传导的风险。此后的事实再度印证了我们的预判。

回顾这一过程，主要提醒我们，不能由于思维惯性产生思维盲点。危机后一系列新问题的出现也一再提醒我们，在开放经济体中，不能孤立地看待一种经济或社会现象，危机的传染具有内在逻辑性，尽管很多情况下，我们事前并不能看清真相和其背后的原因。投资需要有更开阔的视野和全球视角，研判经济金融变化，更需要具有大局观。

2. 危机新阶段

站在现在时点重新审视这场金融危机，我们认同中国社科院副院长李扬教授的判断：危机尽管过去七年，但总的估量是危机远未逝去，只是进入新阶段（李扬，2014）。

这一判断的主要理由是酿成危机的基本因素并未消失。其中过度消费、过度福利和过度负债为主要表现的发展方式扭曲，服务业过度发展、产业空心化的结构扭曲，金融体系过度杠杆化以及对实体经济的疏远化，乃至政府赤字率和债务率长期居高不下等，尚未有显著改善，而各国反危机中采取的超常规政策，虽阻止了危机恶化，却为复苏增添了障碍，如货币超发、财政悬崖以及由此导致的社会动荡等，都成为阻碍恢复的新因素。

危机后美国尽管初步摆脱金融海啸的直接困扰，房地产市场、股票市场、金融机构和家庭资产负债表等有了改善，有的指标甚至恢复到危机前的水平，但是经济增长主要得益于超宽松货币政策，支撑经济持续繁荣的新产业还在形成过程中，同时，鉴于美国家庭资产负债表正处于修复期，消费不大可能再度大幅升高，而且由于收入两极分化和经济增长缓慢，美国很可能面临消费需求长期相对较弱的局面，即使在某一较短时期内出现较快的消费增长，也主要是信贷扩张或资产泡沫加大的结果。

目前主要发达经济体仍处于"日本化"进程中。所谓日本化，是指主要发达国家普遍存在四种现象，它构成了评判发达经济体未来经济增长的基本背景：常规货币政策失灵，不得不借助非常规政策来提供流动性；政府债务占 GDP 比重处于战后最高水平，可持续性受到怀疑；人口趋于老龄化或退休人口增速加快，由此引发一系列社会经济问题；国内党派政治极化，政策主张尖锐对立（张宇燕，2014）。当前直接影响发达国家经济走势的消费需求仍将处于低速增长，消费需求疲软的根本原因之一，都在于人口增速缓慢。所不同的是，欧洲失业率常年处于高位，日本老龄人口消费意愿下降，而美国则一直存在贸易赤字。前世界银行首席经济学家林毅夫教授也认为，自 2008 年国际金融危机爆发以来，发达经济体虽然有所复苏，但是欧、美、日都没有进行必要的结构性改革，以恢复经济正常增长的活力，所以，很可能陷入长达 10 年或更长时间的低增长、高失业、高赤字的新常态（林毅夫，2014）。因此，中期来看，发达经济体持续复苏的动力还不足，难以引领全球经济进入下　轮繁荣周期。

新兴市场和发展中国家则开始进入中速增长通道。随着美国开始退出量化宽松政策，持续十几年的极低利率为标志的信贷周期结束了，与信贷周期相吻合的资本流入和投资周期也将进入一个下滑期，尤其是投资回报率步入递减时期。大宗商品价格在经历了超级大牛市之后渐入平稳下降期，从而对依赖大宗商品出口的国家产生负面影响。再考虑到不断积累起来的内外债务、财政赤字、贸易逆差等问题逐步接近或达到不可持续的程度，如不进行深入的市场化改革和对外开放，新兴市场和发展中国家作为一个整体，增速放缓将会持续下去，甚至不排除个别脆弱国家经济出现硬着陆的可能。

展望未来，世界经济金融面临诸多不确定性，甚至存在引发金融动荡的风险。这些风险主要包括以下几点：一是美国金融、货币政策转变引发的市场混乱。同时，2015年初各国纷纷降息，竞争性贬值，以邻为壑的政策取向再添新的不确定性。二是新兴市场国家经济减速和资本外逃风险。2013年以来新兴经济体已遭受多轮冲击，未来仍面临较大的挑战，尤其是美元升值，大宗商品价格下跌，一些宏观经济较为脆弱的国家面临的压力更大。三是欧洲债务和经济问题。2014年欧洲没有出现预期中的复苏，反而陷入通缩和衰退的双重困局中，迫使欧央行启动大规模量化宽松政策，但能否走出困局仍有待观察，同时希腊新政府如何处理与欧盟、与国际债权人的关系，也存在很大的不确定性，尤其是是否退出欧元区更加引发市场担心。四是危机后金融体系隐患依然存在，制度性矛盾依然存在，再次发生较大危机的风险也需警惕。这种隐患突出反映在以下两点：一是私人风险债务化、债务风险货币化，这是美欧最大的制度顽疾。这将导致严重的系统性风险，例如债务危机将成为最大的风险，货币政策的副作用将日益显现，以及公共部门风险的化解将冲击私人部门，从而进入一个风险自我循环体系。二是混业经营模式与分业监管的制度性错配是最大的金融风险环节。危机后，尽管部分监管漏洞在监管改革中被填补，但混业经营自由化趋势在实际上被强化了。混业自由化经营的风险可能被低估了，这也将是未来美欧金融风险的又一制度根源（郑联盛，2014）。五是地缘政治风险加剧。2013年以来乌克兰局势恶化，美欧对俄制裁，以及中东恐怖主义猖獗等都对全球政治、经济格局带来严重挑战。

综上分析，我们认为全球仍处于危机新阶段。一方面全球经济复苏的基础和前景并不明朗，仍存在诸多动荡和危机的风险，甚至有爆发较为严重的金融动荡的风险；另一方面，中短期内再度发生新一轮全球性尤其是类似2008年那样大规模金融危机的可能性很小。"高风险，不确定，再调整"将成为未来一段时期经济金融运行的突出特征。在这一阶段，新兴经济体和发展中国家必须抱团取暖，同舟共济，不能让危机预言自我实现。

二、强势美元的冲击和挑战

未来金融市场面临的风险，在很大程度上与美元和美国货币政策有关。从历史经验来看，美国货币政策周期性变化，引起美元波动和资本流动，与外围国家经济金融危机爆发周期息息相关。因此本部分我们将重点讨论美国政策尤其是强势美元的影响。

1. 如何看待美元走势

危机之后，美国启动了大规模的量化宽松政策，货币超发、美元走势成为各方关注焦点。当时的主流观点认为美元将持续性贬值，甚至有提出美元崩溃论。当时我们在几篇报告中提出了不同的观点，认为美元在中期可能会升值（本章第二节、第三节）。过去几年的变化也印证了我们当初的判断。

作为国际主要储备货币、投资货币、交易货币，对美元的分析可能要别于一般性货币的研判，需要站在战略高度看待这个问题。

首先，需要讨论，持续性贬值是否符合美国利益？我们认为，美元大幅贬值不符合美国战略。美国霸权的一个重要支柱是金融霸权，而相对强势的美元是其重要根基。这也是历代美国领导人坚持强势美元的重要原因。例如 2014 年 11 月份，尽管欧央行开始购买资产担保证券（ABS），日本央行继续宽松政策，中国央行也宣布调低存、贷款利率，但美联储却波澜不惊。在 11 月联储会议纪要中称，美联储会议讨论了欧、日、中前景"某种程度上疲软"和"美元走强"等问题，但认为对美国影响"相当有限"。从联储表态我们能够强烈感受到，只要对美国经济复苏没有产生负面影响，对于强势美元，联储是认同的。至于可能引发的汇率外在溢出效应，联储则不太关心。有观点认为美元贬值有利于债务抵减。尽管理论上确实如此，但是实践中应该看到，只要投资者对美元存有信心，资本流入购买美国国债，美国通过贸易逆差输出美元的循环不被打破，债务问题对美国而言并不严重。

其次，需要讨论，中短期是否会出现美元的竞争对手，对美元产生替代效应。我们认为尽管人们对美元存在争议甚至抱怨，但是无论欧元、日元还是人民币在相当长时间内无法撼动美元地位。危机后尽管也提过其他方案，例如黄金货币化，特别提款权（SDRs）替代美元等方案，但实践表明，这些方案也无法撼动美元地位。在相当长的时间内，美元主导国际货币体系的局面不会发生重大改变。

最后，过去几年从经济金融运行上，我们观察到美元走强的现实基础。一是美国经济具有较强的弹性，在发达经济体中率先复苏。2012年以来，美国信贷渠道的修复，家庭资产负债表的去杠杆化以及住宅存量超额问题逐渐缓解，为美国经济复苏打下了基础。随着股市上涨和房地产复苏，财富效应和资产性储蓄上升持续提振消费的恢复，美国经济率先走出危机。2015年1月美联储会议再度表达了对经济复苏的乐观情绪。相比之下，欧洲在2014年没有出现预期中的复苏，反而陷入衰退和通缩的双重困境，日本安倍经济学同样未能带动经济走向复苏。而新兴经济体受到经济结构调整和金融市场动荡的挑战，过去建立在廉价资本供给和大规模信贷投放基础上的高速增长面临资本逆流的挑战，改革原有经济增长模式是新兴市场国家迫在眉睫的任务。总之，从经济层面来看，走强的美国经济为美元强势提供了强有力的支撑。二是美国资本市场仍具有强大的吸引力。危机后美国股指连创新高，在美元升值和经济复苏预期下，大量国际资本流入美国；同时，美国资本市场仍然是众多优秀企业上市的首选，这其中包括了中国的阿里巴巴。强大的资本市场是美国吸引资本流入，支持美元走强的又一重要支柱。三是货币政策分化，凸显美元吸引力。由于美国经济复苏步伐快于其他国家，美国也率先启动了货币正常化操作。2013年美联储宣布并在年底开始减少购买国债，而且在2015年中期美国有望开始加息，朝向货币正常化迈出重大一步。与之相对应的是，欧洲由于陷入衰退和通缩，被迫在2015年1月启动总量超过1万亿欧元的全面宽松政策，日本也加大了宽松政策力度。受欧央行政策影响，2015年1月份，加拿大、印度等多国纷纷降息，并采取竞争性贬值政策，货币政策"脱钩"，进一步提升了美元吸引力。截至2015年1月底，美元兑日元已由75上升到118，兑欧元由1.4降至1.13，均呈现大幅升值态势，而且从趋势看，美元仍有升值空间。

2.　强势美元的外部冲击

过去几年美联储实行了三轮量化宽松政策，美联储资产负债表由不足1万亿美元增至2013年底的4万亿美元，流动性泛滥，大量热钱流入新兴经济体，致使这些国家经济表现强劲，并形成资产泡沫。

但是自2013年6月美联储前任主席伯南克宣布将择机退出量化宽松政策以来，资本开始从新兴经济国家撤离，回流美国，新兴市场国家金融市场已遭受数轮冲击和动荡。拉美、东欧和部分亚洲国家陷入货币持续贬值、金融市场巨幅震荡、资金外逃的困境。其中印度、巴西等高杠杆率、双赤字和资源出口依赖型国家遭受冲击最大。2013年巴西央行被迫大幅提高利率，阿根廷的基准利率已超过 28%，经济增长受到抑制。2013 年的变局表明，大部分新兴经济体仍未从根本上摆脱储蓄和外汇缺口的"钱纳里符咒"，对外资本依赖度过高，经济结构仍比较脆弱。

2014 年初世界银行在《全球经济展望》中提到，全球经济面临的一个重大风险是美联储退出量化宽松政策。国际货币基金组织首席经济学家布兰查德在 2014 年也曾撰文表示，随着美国货币政策正常化的进行，新兴市场国家和发展中国家将面临更严峻的形势。虽然市场对量化宽松政策的退出已有预期，并部分反映到长期利率和货币汇率的调整中，但美国货币正常化仍将给一些国家造成破坏性的资本流动，那些宏观经济薄的经济体所受影响最大。

事实上，世界经济面临的最大风险，不仅仅是美国正常化操作。从长远来看，美联储有序退出量化宽松政策有利于美国经济健康发展，也有利于世界经济回归常态发展。但在操作中无论美国以何种方式退出，都可能引发一系列难以预料的经济金融混乱和不确定性，难免引发全球市场波动，触发经济结构、金融格局、地缘政治和各国货币大调整。除了上述影响外，还有一个更大的风险来自美联储极具损人利己之图，甚至暗藏转嫁危机之谋（陈凤英，2014）。危机之后美联储依据自身经济需要着手退出量化宽松政策，国际机构希望美国能适当考虑国际影响尤其是顾及新兴市场国家可能遭受的冲击，但联储新任主席耶伦直言不讳，"目前新兴市场国家出现的动荡并没有给美国经济前景带来实质性风险，美联储目前不断缩减量化宽松，节奏是按照美国经济复苏的程度进行的，新兴经济国家的反应不在美联储政策框架中"。在美联储退出刚开始就导致了新兴市场国家经济金融一片狼藉，"祸水东引"之意昭然若揭。

从趋势来看，美国会继续退出量化宽松政策，并有望在 2015 年中期开始加息。因此，尽管市场对美国政策已有预期，在资本市场和外汇市场已有所反映，对亚太一些经常项目保持顺差、外汇储备较充足、抵御外汇风险的能力较强的国家，遭受的冲击应该较为可控。而一些宏观经济薄弱的经济体仍有可能受到较为严重的冲击，尤其是在美元升值，石油等大宗商品价格处于低位，通缩风险持续存在的情况下，一些国家的危机风险更值得关注。

三、强势美元对中国的影响

（一）美元升值、资本流出的冲击

有一种担心，美元升值是否会导致资本大量外流，进而对中国资本市场宏观经济产生重大冲击呢？

从过去的经验来看，美元走强，资本外流确实对中国资本市场产生了一定的负面影响。有研究认为美元指数是中国股市重要参考指标（和讯网，2013）。2005 年以来美元指数与 A 股一直呈现高度负相关关系。其机理是，美元指数下跌，引导热钱流入包括中国在内的新兴经济国家，放大泡沫。反之，美元走强，资本则从新兴市场国家流出，挤破泡沫。尽管这种分析过于粗糙，但从现象来看，两者确实表现出令人惊讶的相关性。例如 2009 年 3 月 QE1 推出，美元指数由 88 跌至 74，A 股则从 2037 点涨到 3478 点；2010 年 5 月 QE2 推出，美元指数由 88 降至 72，A 股由 2319 点涨至 3186 点；2012 年 9 月 QE3 推出，美元从 81.45 跌至 79，A 股从 1949 点上涨至 2444 点。而且从峰顶和谷底在时间上有很强的一致性，如表 1–4 所示。

表 1–4　美元指数与中国股票市场关系

美元指数大顶		A 股大底	
时间	指数	时间	指数
2005.6	90.58	2005.6	998
2005.10	92.78	2005.8	1004
2008.10	88	2008.10	1664
2009.3	89	2008.12	1814
2010.6	88	2010.7	2319
2012.1	81.78	2012.1	2132
2012.7	84	2012.9	1999
2012.11	81.45	2012.10	1949
2007.10	75	2007.10	6124
2008.2	70	2008.1	5522
2009.10	74	2009.11	3361
2010.11	75.6	2010.11	3186
2012.2	78.2	2012.2	2478
2012.9	79.79	2012.9	2145
2013.2	79	2013.2	2444

（数据来源：和讯网《抄底中国》）

因此有人认为，当前人民币已大幅升值，面对强势美元，人民币有大幅贬值的压力，资本也会大规模外逃，这其中不仅有外国热钱、外国产业资本，甚至还有中国产业资本，并由此将导致股市、房地产泡沫崩溃。

上述观点可能夸大了美元升值和人民币可能小幅贬值以及资本流出的影响。从 2014 年市场表现来看，A 股经历了大牛市，而同期美元指数也在上涨，两者并非负相关。这种新变化表明两者负相关的关系只是阶段性的经验值，并不具有严格的逻辑必然性，不能完全照美元指数来画中国市场表现。

同时，2013 年尽管新兴经济体资本外流压力严重，但中国当年跨境资本净流入压力反而增大。剔除汇率因素影响，2013 年银行结汇较 2012 年增长 15%，售汇增长 4%，结售汇顺差为 310 亿美元，同比增长 2.1 倍。2014 年中国更是一举超过美国成为全球第一大外资投资国。2013 年新兴市场货币整体是贬值的，但人民币总兑美元反而升值 3.1%，国际清算银行编制的人民币对主要贸易伙伴的名义和实际有效汇率分别升值 7.2% 和 7.9%，美国政策变化并未改变跨境资金净流入态势。2014 年外管局国际收支司司长管涛曾表示，针对美国量化宽松政策退出，对中国的影响可以用三句话概况："一是影响还不明显，二是冲击有承受能力，三是挑战不容忽视。"

我们也认为，量化宽松政策退出可能会对中国产生一些冲击，包括国际资本流出，汇率贬值以及心理预期的一些变化等，这些因素会导致市场出现波动，对宏观经济和资本市场构成挑战，但整体来说，压力不是很大，中国有足够的能力应对资本外流的压力。主要理由是：第一，中国经济整体向好，随着经济转型深化，中国经济和资本市场对全球资本仍有很强的吸引力，尤其是随着人民币国际化、资本市场开放，外资进入中国的渠道也在增加，A 股有望成为国际资本全球资产配置的重要目标市场。因此中国尚不存在大幅贬值和资本外逃的风险。第二，中国具有庞大的资金"蓄水池"，来应对可能的资本流动。这个蓄水池包括 4 万亿的外汇储备和高达 20% 的存款准备金率。过去几年我们多次强调，拥有庞大的外汇储备和高的存款准备金率是中国与其他国家（包括发达国家和发展中国家）的重大区别，也是中国能够成功应对各种挑战的重要工具选择。第三，中国除了有较多的货币政策工具选择之外，还具有财政政策操作空间，可以在营改增的基础上，通过减税、增加政府投资等措施迎接挑战。因此我们认为过度夸大人民币贬值以及资本外逃冲击的观点并不可取。

这里需要补充说明的是，2013 年中国也曾出现过"钱荒"问题，但中国式"钱荒"原因主要来自国内：第一，可能是央行希望适度从紧来迫使私人部门去杠杆；第二，是受到房地产行业景气下行，银行信用创造能力受到限制。第三是中国金融体系效率较低所致。这些问题随着央行政策取向变化（2014 年下半年已经变化）以及中国金融体制改革，提高金融效率，问题自然就得到解决。因此，对于中国式流动性不足，货币当局具有较强的可控性，这与其他新兴经济体资本外流、缺乏可控性完全不同。

（二）货币战争的危险

还有一种观点担心，目前人民币国际化步伐加快，2014 年中国人民币已是世界第五大清算货币，人民币正对美元构成挑战，因此也会与美国发生严重的货币战争。其理由有两点：一是从历史经验来看，欧元兴起，一度成为强势货币，但一场科索沃战争将其打为弱势货币；日本在上世纪 80 年代持续升值，日元国际化步伐加速的时候，美国通过"广场协议"导致日元大幅升值，金融泡沫最终崩溃，并陷入"失去的二十年"，日元也再无法对美元构成挑战。二是从现实来看，有人认为当中日韩启动三国贸易本币结算的关键时刻，爆发钓鱼岛事件，不仅仅是巧合，存在一些人为操作的因素。甚至一些人，例如农行首席经济学家向松祚、空军少将乔良等，提出我国安全面临的最大威胁是来自金融战争。

1. 货币战争的三目标论

货币战争由来已久。所谓货币战争可以理解为，以货币为手段展开的竞争和合作关系，包括争夺货币主导权，影响货币运行环境进而对宏观经济产生重大影响等。

尽管在国际货币领域货币战争一直存在，但不同时期货币战的目的存在差异。我认为大致可以分为三类：

一是通过货币战争争夺国际货币主导权或者霸权，这主要是金融强国之间的争斗。1944 年在布雷顿森林会议上，英国凯恩斯方案和美国怀特方案之争，实质上就是争夺战后国际货币主导权的问题。结果具有强大军事和经济实力的美国获胜，布雷顿森林体系的建立确立了美元的国际新霸主地位。另一个争斗的案例是欧元形成后对美元构成了挑战，为了打压欧元，美国通过发动区域战争等一系列手段排挤、打压欧元。

二是通过货币战争打击竞争对手，甚至制造危机。这方面典型案例是美国在上世纪 80 年代通过一系列安排迫使日元大幅升值。20 世纪 70 年代日本迅速崛起成为西方第二大经济体，美国在经历了美元危机之后，感受到自身的衰落和日本的挑战，甚至担心日本会取代美国成为世界经济霸主，但美国无法用战争来摧毁一个盟友，因此借助货币战使日本先大幅升值，吹起资产泡沫，然后泡沫骤然破裂，日本进入痛苦的"失去的二十年"，再也无力对美国构成挑战。

三是通过货币战争，以邻为壑，竞争性贬值，率先走出危机。在 1997 年东南亚危机后，东南亚各国曾采取过这种策略。2008 年金融海啸之后，先是美国通过大规模量化宽通政策实现贬值，之后日、欧以及其他国家纷纷跟进，通过采取量化宽松政策、降息等措施，实现贬值。通过非常规的货币操作，主要希望达到以下目的：第一，降低企业的融资成本。正如伯南克曾作的表示，美联储资产购买计划"协助降低了借贷成本"。第二是通过货币宽松刺激资产价格上涨。正如日本《产经新闻》2010 年 10 月 10 日一篇文章《货币战争的真相——美国导演股票升值美元贬值》，认为美联储在雷曼破产后，疯狂印刷美元钞票，进行公开市场操作，购买美国国债和股票，下调利率，维持股价，促进美元贬值。从美、欧、日等国的操作来看，基本上都是通过宽松货币操作，达到刺激新的资产泡沫，产生财富效应，进而拉动消费。因此过去几年日本、美国股市均出现大幅上涨。第三是改善贸易条件，即通过贬值打压竞争对手，改善自己的贸易条件，促进本国出口。

针对金融危机后国际货币领域的新变化，2013 年 1 月，欧洲央行行长马里奥·德拉吉曾表示，央行独立时代即将结束，各大央行迫于政府压力，陷入竞争性贬值的货币战。英国央行行长也认为，2013 年货币战争可能开始激化。过去两年由于经济复苏不平衡，美国率先走出金融危机，开始了货币政策正常化进程，而日、欧仍陷入困局，依靠货币政策刺激经济。由于政策脱钩，资本大量注入美国，美元大幅升值，并对新兴经济体产生了多轮重大冲击。这也是我们反复强调的，在美元本位下，美国在货币操作中具有明显的主导性和操纵性，无论是主观故意还是客观溢出效应，都对他国产生了严重的影响。

2. 中国面临的货币战争

中国在过去几年主要遭遇了三场货币战争。

第一次是 1997 年东南亚危机，面对东南亚国家、日本等国大幅贬值，中国最终采取了保持币值稳定的负责任态度，对东南亚国家走出危机和国际金融市场稳定做出了重大贡献。尽管如此，中国付出了较大的代价，货币强势导致出口困难、经济增长乏力甚至陷入经济通缩，这在很大程度上也加大了中国经济改革尤其是国有企业改革的难度。

第二次是 2003 年 9 月以来美国、日本等以促使人民币升值为主要目标的货币战争。其目的是恶化中国贸易条件、使中国经济增长放缓，遏制中国崛起，打压中国改革以来积累的巨大财富，甚至激化金融矛盾。这属于第二种目的的货币战争。在应对这轮货币战争中，人民币于 2005 年开始与美元脱钩，累计升幅超过25%。为了避免人民币升值过快，央行在汇改初期认为压低利率，1年期央票利率一度甚至不足1.5%。汇率升值、利率偏低、货币宽松导致了房地产等资产价格大幅上升，也导致了2007—2008年经济过热和高通胀，使投资拉动型经济增长模式发挥到了极限；为了应对外部挑战，也在一定程度上转移了决策层的注意力，使中国经济改革处于停滞状态。

第三次是2008年金融危机之后面临的全球性货币战争。当前的货币战争主要目的是通过以邻为壑、危机转嫁的方式来使本国率先走出危机（性质上与东南亚危机时类似）。中国由于在危机中受到的冲击相对较小，因此面对货币战争，相对压力不是很大。面对各国相继采取量化宽松政策和货币贬值，中国并未跟风，保持了货币政策的独立性和汇率的相对平稳。2014年11月，随着经济下滑，房地产下滑，经济通缩风险加大，中国开始主动放松货币，希望通过下调存款准备金率、降息，保持适度宽松的货币条件、来改善经济环境。在当前全球货币乱局的背景下，中国不但成功应对，还转守为攻，主动加快金融改革，通过利率市场化、人民币国际化，主动参与国际金融秩序重建，人民币得到了越来越多国家的认可，截止到2014年底已经成为全球第五大结算货币。

应该说在争夺国际金融话语权的过程中，必然存在货币竞争和挑战。在应对货币战争挑战中，尽管中国国面临着较大的压力，也付出了一些代价，但是，整体而言，在人民币升值的同时，经济和金融较为平稳，并未出现较为严重的经济危机或金融危机。

当前中国面临的主要是第三种目的的货币战争，未来随着人民币国际化步伐加快，人民币也有望成为国际上重要的储备货币、投资货币和清算货币；中国在国际金融、经济话语权不断强化，对美国的挑战也越来越明显。中国将面临的货币战争可能主要会涉及第一、二种目的。尤其是在美国走出危机后，很可能会通过经济、金融等手段打压中国，遏制中国经济和金融国际影响力。因此，未来货币战争的挑战依然严重，这可能是中国将要真正面临的挑战，也考验着决策层的智慧。因此有必要借鉴他国经验和教训，密切关注美国可能的政策操作，居安思危。

同时，我们也看到，无论当年的金本位，还是后来的日元、欧元都存在深刻的内在缺陷。欧元当时缺乏统一的财政制度和财政救援机制来抵御货币冲击，日本面临泡沫经济严重，政策操作失当等问题。这些内在缺陷是导致其货币败局的关键性因素。借鉴其教训，人民币国际化的过程中应保持宏观经济的平稳，保持金融改革的独立性和渐进性，保持改革和发展的战略定力。我们相信中国不太轻易犯当年日本的错误，也不应该由于担心货币战争束缚手脚，放缓金融改革和开放的步伐。

（三）强势美元背景下的机遇

上述对一些担心进行了分析和评论。我们认为，除了看到强势美元带来的挑战外，我们也应看到潜在机遇。

1. 美元升值，直接导致了石油等大宗商品价格下跌。

据主流机构 2015 年初的预测，石油价格在 2015 年仍有望维持在 40—50 美元/每桶。这对于能源进口大国而言，将大幅降低成本，改善贸易条件，并实际上提升了国民财富。正如宋国青教授 2009 年曾作的分析："如果中国把经济增长率往下压，把 GDP 增长控制在 7%，而不是 12%，资源价格下跌，国民收入增长率反而可能达到 12%。所以对一个边际上有重大影响的经济体，不能简单地说经济增长率高了好还是低了好，而需要某种垄断分析思路来探讨。"当前的情况与 2009 年相似。而且宋教授提出了一个重要概念，即从国民财富的角度而非经济增长（GDP）角度看待问题，这对于具有庞大外汇储备和国内金融资本的大国非常重要。同时，随着中国海外投资规模越来越大，我们也应逐步习惯从 GDP（国内生产总值）到 GNP（国民生产总值）分析的转变，正如日本的转变那样。

2. 美元升值、资本回流还导致新兴经济体流动性短缺，这为中国实施"走出去"战略创造了历史机遇。

历史上看，美国 1948–1951 年实施的"马歇尔计划"曾取得了较好的效果，通过对欧洲各国的战后重建和援助，美国 4 年多时间共投资 127 亿美元，一方面输出了国内过剩的产能，另一方面也拉动了欧洲经济复兴，还增强了欧美之间的联系，在某种意义上孤立了苏联，进一步确立了美国在全球经济中的地位。

当前全球迎来新一轮基建投资大潮。对通信、港口、交通等基础设施需求量非常大。根据《国际商业监测》（BMF）发布报告预测，随着各国政府加大对基础设施建设的投入，到 2030 年，全球基础设施投资需求将达 57 万亿美元，其中水和水处理、能源及交通建设约占 80%，成为国际基础设施投资建设最主要领域。2008 年危机之后，时任世行首席经济学家的林毅夫教授提出了"新马歇尔计划"，建议通过向新兴经济体尤其是非洲投资，促进全球经济复苏。

目前有能力进行大规模海外投资的国家并不多，中国具有独特优势：一是中国拥有 4 万亿左右的外汇储备，能够为相关国家提供必要的资金支持。二是中国拥有完整的工业体系，并在通讯、高铁、造船等技术领域达到世界领先水平，能够在发展中国家推广和应用。三是中国在基础设施建设、劳务承包、项目管理等方面积累了丰富的经验，能够与发展中国家分享。数据显示，自1992年到2012年，我国将大约8.5%的GDP用于基础设施建设，远远超过美国、欧盟的2.6%的平均水平。因此，我国有能力促进全球互联互通，并通过价值链重构带动相关国家经济发展，促进各国经贸融合，共同繁荣。

从实践来看，2013年中国海外直接投资（ODI）规模为927亿美元，2014年超过1000亿美元，国际比较来看，中国目前是ODI第三大国，落后于日本（2013年1300亿美元）和美国（2013年3300亿美元）。当前中国"一带一路"（"丝绸之路"经济带和21世纪海上丝绸之路）战略实质性举措的出台，以ODI带动出口贸易的新进出口格局有望形成。近年来中国注资400亿美元成立的"丝绸基金"，并与印度、新加坡等国倡导设立亚洲基础设施投资银行（AIIB），中国"走出去"战略和路径已非常明晰。未来中国ODI规模将大幅上升，据有关预测，未来5年中国海外ODI规模将超过3000亿美元，基本上与当前美国规模相当。

总之，强势美元加大了全球尤其是新兴经济体的不确定性和风险，对中国也构成挑战。但整体而言，中国有能力迎接挑战，化解潜在风险，并充分利用自身优势，化危为机，抓住有利的战略机遇期，实现经济转型和经济金融开放的新局面。

（2015年2月）

第二章　金融大繁荣

2.1　金融发展要避免美式"金融繁荣与社会衰落"

一、美国过度金融化导致"金融繁荣与社会衰落"

凯文·菲力普斯在《美国财富史：美国财富崛起之路》中描述美国财富史时，指出 20 世纪 90 年代以来，以金融业为核心的经济繁荣并未有效改善美国的社会现状。在此期间，美国广泛关注的两个指数——福特汉姆大学的社会健康指数和美国发展重定义组织的真实发展指数显示，自 20 世纪 70 年代以来美国社会状况稳步下降。例如，社会健康指数表明儿童贫困问题的加剧、健康保险的不完善以及少年杀人犯等问题持续恶化等。以金融为核心的经济繁荣忽视的不仅是上述指标，还有其他的社会标准和目标，例如，尽管 1997—2000 年间的经济形势普遍繁荣，但是在加州、纽约这样的金融中心，贫困问题、食品需求以及住房补助需求却在加剧，受到指责的不仅是急剧上升的房租和房价，还有不断降低的员工福利待遇、债务不断加重的低收入家庭以及被官方计算在"就业人口"范围而实际上从事兼职或临时工作的人口入不敷出的状况。整个社会呈现金融繁荣和社会衰落的情况。

美国这种局面一直持续到 2008 年金融危机的爆发。金融过度发展酿成的严重苦果最终还是由整个社会来承担。

美国式"金融繁荣与社会衰落"的一个重要因素是过度金融化。这种过度发展突出反映在以下几方面：一是社会资本过多流入和集中于金融领域，特别是资本市场；二是在金融自我循环中银行和金融机构呈现过度发展；三是劣质或"有毒"的金融工具过度使用，导致杠杆率急剧提高。这种过度发展意味着国民经济活动中超过实体经济发展需要的货币信用交易活动过度增大，特别是金融虚拟资本交易量过度扩大。

这种过度金融化从经济伦理角度来看存在很严重的弊端：首先导致了金融业

的去责任化。金融业不是一个普通的行业，而是承担特定责任的行业，具有很强的外部性特征，但是这种情况在 20 世纪 80 年代后发生了根本性的变化。银行系统产生了一系列的运行新规则，尤其是资产证券化浪潮，导致银行发放抵押贷款却不承担放贷风险，而是通过证券化将风险转让给投资者，这为后续的危机埋下了隐患。其次是金融业自身的投机化。过度的金融化导致了所谓的"金融内循环"，即金融交易在金融部门内部的循环不断得到强化，为金融交易提供风险管理功能的衍生产品发展迅速，但是直接为实体经济服务的金融活动规模却相对缩小。这种投机性的金融市场对实体经济最终造成了巨大的伤害。最后，过度金融化造就了一种扭曲的商业文化。在一个过度金融化的金融体系中，所有的"恒产"乃至生活必需品都被金融化了，其价格几乎完全由投机性资金决定，既可以毫无节制地飙升，也可以瞬间消失殆尽。这种经济体系中，人的行为被恐惧和贪婪所统治。因此，过度的金融化实际上是对经济生态的一种破坏，并导致一种扭曲的商业文化。

反思金融发展带来的问题，会发现金融具有"双面孔"。一方面金融是经济发展的重要助推器，其发展有利于改变储蓄率、促进储蓄转化为投资、提高资本配置效率等。但是，如果金融发展逐步脱离了服务实体经济的本源，脱离了优化资源配置的最终价值，过度金融化将导致财富的快速集中和系统性风险的积聚，严重时导致金融泡沫的形成和金融危机的爆发，对社会构成巨大风险。

二、我国金融发展存在过度与不足的不均衡矛盾

经过近 30 年的发展，我国金融业发展取得了显著的成就，对经济增长和社会发展也做出了积极的贡献。同时，我们也应该清醒地看到，当前金融不足和金融过度的矛盾依然明显。

（一）金融发展不足的突出表现

一是金融体系仍呈现垄断特征。目前国有 5 大银行资产占银行系统总资产的比重达到了 70% 以上，而且金融体系仍以服务大中型企业为主。尽管当前非国有经济对 GDP 的贡献已经超过 60%，但是利用国有银行贷款可能不足 30%，这就意味着当前的金融体系与实体经济发展存在脱节，非国有企业的融资需求受到了很大的抑制，严重制约了金融对经济增长的促进作用。

二是社会融资过于依赖银行信贷，金融市场发展不足。2011 年全年，我国社会融资总量为 12.83 万亿元，其中以信贷为代表的间接融资仍是主要的融资方式，累计占比达到了 88% 左右；企业债券融资净额为 1.37 万亿元，占比约

10.68%。同时，在金融市场内部，国债、政策性金融债等政府主权性质债券占比较大，真正意义的企业信用融资发展滞后，目前占比只有20%左右。

三是在金融市场发展不均衡。尽管债券现券市场发展相对较快，但是衍生产品市场发展滞后；尽管场内股票市场发展较快，但是场外市场发展较慢。这些不足导致了我国要建立多层次金融市场体系依然任重道远。

四是金融抑制依然存在，金融资源价格扭曲。当前利率市场化进入重要时期，央行也加快了利率市场化的步伐，但是，整体来看，存贷款利率管制色彩依然较强，商业机构根据市场环境、客户情况进行主动性调整的余地仍较为有限。利率尚不能真实反映金融市场中资金的稀缺程度和供给状况，也不能达到引导资金实现优化配置的目标。同时，由于资金价格被人为低估，成本外化，导致了原来盈利较低的项目变成有利可图，这也刺激了投资的积极性，强化了投资推动型经济模式，加大了经济结构调整的难度。此外，在资本市场上，由于利率偏低，也容易导致资产泡沫的形成和强化，例如，有分析表明，低利率是房价居高不下的重要因素。

除此之外，我国金融发展还面临着一些制度和法律约束问题。例如，当前相关法律对债权的保护仍然没有达到像成熟市场经济体里对债权人的保护那么规范、严密。在金融创新当中，现在面临很多法律空白和一些过时的法律约束，等等。

（二）金融过度的表现与负面影响

上述分析了我国金融发展不足的问题，同时，我们也发现，我国金融发展也存在很多金融过度之处，与金融不足相比，金融过度引起的负面冲击也很严重。

一是房地产、艺术品等金融化过度，形成了较大的金融泡沫。自20世纪90年代后期商品房改革以来，房地产不仅实现了货币化，而且实现了金融化的过程，即房地产具有很强的投融资功能，例如截至2012年1季度末，房地产开发贷和居民购房贷款合计达到10.9万亿，占贷款余额的19%。由于房地产具有很强的投融资功能，房地产的金融属性较强，房地产价格被金融化，其定价由投资功能甚至投机功能决定，这就导致了价格的大幅上涨和泡沫的形成，并进一步加大了社会贫富分化、这也成为近年来引发社会问题的重要因素。

房地产的融资功能导致其具有很强的货币创造和派生功能，而且在很大程度上干扰了宏观调控。例如，2009年年中前后，房地产销售再度火爆。房地产企业从卖房中得到了流动性，这相当于一种直接融资行为，这也导致了尽管宏观政策趋紧，但是依然没有改变企业资金面宽裕的局面，也导致了调控的部分失效。

此外，由于房地产业利润率高，导致大量资本流入，加剧了实体经济的空心化，例如，大量的传统制造类企业纷纷进军房地产行业，大量的央企纷纷组建房地产公司。这些变化尽管短期内能够获取较高的回报，但是由于资源的"挤出"效应，降低了企业对主业的投入，实际上也降低了企业的核心竞争力，对企业长久发展构成了负面影响。

二是中小企业上市高溢价催生私募股权投资热潮，形成了巨大的金融泡沫。

由于创业板和中小板的蓬勃发展，近年来引发一波 PE（私募股权基金）和 VC（风险投资）热潮。

PE 是指通过私募形式募集资金，对非上市企业进行权益性投资，从而推动非上市企业价值增长，最终通过上市、并购、管理层回购、股权置换等方式出售持股套现退出的一种投资行为。应该说 PE 是资本市场上一种常见的投资行为，也对中小企业早期发展具有重要的推动作用，但是在中国，由于中小企业上市溢价过高，例如，2010 年，创业板 IPO 平均市盈率为 71 倍，而 2011 年为 51 倍，市盈率偏高，意味着 PE 投资将获取超额收益，因此吸引了众多资金进入 PE 市场，形成了全国范围内的热潮，并带来了巨大的泡沫。仅仅 2011 年上半年就有 128 支新基金完成募集，再创历史同期新高，募集金额达到 1465 亿人民币。中小企业上市高溢价和私募股权投资高额的投资回报不断创造着资本神话，创造着越来越多的亿万富翁，同时市场狂热也造成了"PE 腐败"。

三是金融发展滞后的风险与危机。

过去一段时期，民间借贷如洪水般席卷神州大地，势头之猛、范围之广，令人瞠目。"全民高利贷"与"全民 PE"成为近年来我国金融领域重要表象。一时间民营企业家卖掉实业后，加入放贷大军；大型国有企业坐拥巨额现金，通过旗下财务公司加入放贷大军；银行通过各种中间业务，加入了放贷大军；一般百姓饱受通胀与负利率的煎熬，高息集资一呼百应，也加入了放贷大军。银行体系外的借贷（影子银行）如火如荼，似乎已经到了疯狂的地步。

这种疯狂隐藏着巨大的社会灾难。随着经济环境收缩和融资条件趋紧，高利贷资金断流所引发的"跑路"、违约甚至枪杀事件层出不穷，从 2011 年温州高利贷崩盘事件，到鄂尔多斯、山东邹平高利贷崩盘事件，不同地区、不同城市、不同人群，纷纷遭受高利贷崩盘后的巨大痛苦。

全民高利贷，是现行金融体系和货币政策下的畸胎，是市场扭曲下的金融乱象，而且极具爆炸性、传染性，对金融安全、社会稳定构成巨大冲击。因此，这种乱象必须得到根治。

四是"类金融化"因素对物价变动的影响十分显著。

在国际市场上，越来越多的金融资本进入大宗商品交易市场，对大宗商品的价格及波动产生越来越重要的影响。金融投资已经扭曲了大宗商品价格。2003年，投入到大宗商品市场中的金融资本只有130亿美元，到了2011年，金融资本增加到3800亿美元，增长了近30倍。在石油的指数投资中，金融资本占到了15%，而在小麦的指数投资中，金融资本更是占到了40%。在我国国内，近年来从大蒜、大葱、大豆、绿小豆等小类商品价格的大幅波动中，我们也清晰地看到金融因素对价格的影响。商品定价的类金融化特征表明，当前经济运行中的流通环节即"中介机构"并未仅仅代表生产者的利益，或代表消费者的利益，而是更多考虑自身利益，投资或投机动机而非简单的中介职能对物价起到了推波助澜的作用。金融因素改变了以往研判物价变化的逻辑，也改变了货币调控有效性的判断，成为稳定物价面临的新挑战。

上述列举了我国金融发展存在的不足和过度问题，以及导致的负面结果。总之，金融业发展如果脱离实体经济，不但对实体经济的支持力度不足，而且还会导致人力资源和资金资源的错配、收入分配不均更加恶化、产业空心化矛盾加重等深层矛盾，甚至可能形成类似美国式的"金融繁荣与社会衰退"的危机。这是未来金融改革、金融发展时应该高度关注和解决的问题。

三、以改革化解金融发展不均衡的问题

当前金融发展存在的不足和过度问题，尽管表象有所差异，但是问题实质是一致的，即由于金融制度和法规不完善，导致了金融发展有待进一步加快；由于金融结构缺陷，中小金融发展不足，导致了高利贷的泛滥；由于金融工具不足，导致过多的资金追逐较少的金融工具（无论是股票、房地产还是实物资产），形成了各类金融泡沫，进而产生了一系列经济、金融和社会问题。因此，要解决上述问题，就需要通过进一步深化金融改革，采取正本清源、"开正门、关旁门"、发展多层次金融体系，满足不同层面的金融需求，疏导资金的合理流向，化解资金过于集中于部分产品的潜在风险。

1. 进一步完善金融体系，大力发展中小金融机构，满足中小企业融资需求，减少对民间资本的过度依赖。在我国"具有比较优势的产业以劳动密集的中小企业为主，金融结构也应该以能够服务中小企业为主的地区性中小金融机构为主。当然，并不是说我国不应该有大银行和股票市场，而是说，我们现在的金融结构和发达国家的金融结构应该有所不同，我国的金融结构应该更加注重服务中小企业"（林毅夫，2012）。

2. 大力发展金融市场，尤其是通过创新推动企业直接债务融资，提高直接融资所占比例。特别需要指出的是，当前我国处于利率市场化、汇率市场化以及人民币国际化改革的重要时期，随着金融市场化和国际化步伐加快，需要有一个具有广度和深度的金融市场，缓冲资本大规模流动对金融体系可能的冲击。因此，在当前大力发展资本市场尤其是债券市场，不仅是一个重要的投融资体制改革问题，而且在金融开放的背景下，是涉及金融稳定和金融安全的重要措施，因此未来应通过采取创新手段，积极加快资本市场的发展。

3. 进一步推进利率和汇率的市场化改革，形成市场化金融定价机制，实现金融资源的优化配置。通过发挥资金价格调节机制，有效改变当前由于利率低估引发的资源配置不合理、收入分配不利于储蓄部门，以及由于利率偏低导致的资产泡沫问题。根据宋国青教授 2010 年的估算，如果公众预期的未来长期真实利率达到现在均衡的真实利率水平，房价下降的空间非常大。现在的价租比大约有 40 倍，或者说租价比 2.5%。利率达到正常水平，可以比现在高 1.5—2.0 个百分点，租价比大约能到达 4.0%—4.5%。有理由认为利率的变化对于房租几乎没有影响，这样房价可以下降 38%—44%。

4. 当前全球处于流动性过剩的状况，而且金融危机之后流动性波动明显加大，因此应该构建流动性预警机制、完善流动性风险监管制度和流动性补充机制，一方面需要积极引导资金流向，加强对社会资本流动的监控，避免形成囤积居奇，炒作商品等情况的出现。另一方面，要构建反映金融系统系统性风险的关键指标，及时判断市场流动性的波动情况。避免出现流动性过剩冲击的同时，也避免流动性黑洞对金融体系的巨大破坏作用。

5. 强化金融服务实体经济，强化金融资源向实体经济的引导作用。通过税收以及其他财税政策调节金融（也包括了房地产以及其他国有垄断部门）与其他行业的巨大差异；降低企业的成本，提升企业的竞争力；引导资金和人力资源合理流动，实现社会资源的优化配置和经济效率的提高。

总之，通过讨论和借鉴美国式"金融繁荣与社会衰退"以及分析当前中国金融发展中存在的问题，希望能够居安思危，通过进一步深化金融改革，尤其是通过制度建设和产品丰富，解决当前金融领域存在的短板和过度矛盾，以改革推动金融业更好地服务实体经济，更好地发挥金融"现代经济的核心"这一角色，使金融发展成为经济发展和社会进步的助推器，而不是导致社会衰落的元凶。

（2012 年 6 月，曾发表于《金融市场研究》）

2.2 金融开放路径选择：日本的教训与启示

一、20世纪80年代美日货币外交三部曲

谈到上世纪80年代的美日货币外交，国内普遍关注的是1985年的广场协议，并且将其理解为日本金融泡沫以及随后"失去的二十年"的罪魁祸首。但是，阅读当时的文献会发现，美国对日本的金融施压自1983年已经开始了，经过了1983年的"美元日元委员会"、1985年的"广场协议"和1990年"日美构造协议"三个阶段，美国最终控制了日本这一新兴的经济大国。

1. 1983年"美元日元委员会"强迫日本金融自由化

20世纪80年代日本与美国由于存在巨额的贸易顺差而摩擦不断。美国政府在国会贸易保护主义的压力下，一致认为应该在美元和日元汇率上采取措施，以减少美国对日本庞大的贸易赤字。1983年9月，美国卡特彼勒公司的总裁理·摩根向政府官员和议员发布了《美元与日元的不匹配：问题的所在与解决方案》的报告，核心观点是美元对日元明显估值过高，并对日本提出了贸易使用日元结算、废除利率限制等十一项要求，其中最重要的是，要求日本金融自由化和日元国际化[①]，这就是所谓的"摩根报告"。随后，以"摩根报告"为导火索，美国政府对日本高压式的货币谈判开始了。

1983年11月美日在共同声明中，明文规定了日本金融资本市场自由化和日元国际化的措施。例如，要求日本1984年4月1日废除外汇期货交易的实需原则；从1984年1月1日起，努力将CD的发行单位由现在的5亿日元降为3亿日元；4月1日开始，努力扩大单一银行的CD发行额度；从4月1日起，对本国人放松欧洲日元债券的发行指导；对外国人持有的欧洲日元债券的收益预付税款，充分考虑适度的原则，等等。经过谈判，美国基本解决日本市场的参与问题、市场开放问题、日元美元问题、资本市场问题、日元国际化问题等。

2. 1985年的广场协议

美国通过"美元日元委员会"取得巨大成果，并最终敲开了日本金融和资本市场大门，但是却发现并未实现"做大日元"的目标，美元依然升值、美日贸易逆差依然扩大。因此，美国又进一步采取手段迫使日元升值，并由此召开了"货

[①] 泷田洋一：《日美货币谈判》，P7。

币黑帮的秘密会议"，即美、英、法、德和日5国财长加中央银行总裁构成的"G5会议"。美国财长贝克操纵会议，导演了1985年9月22日的广场协议。会议明确：变强势美元为弱势美元；对经常项目的收支不平衡进行政策干预；反对贸易保护主义。

广场协议之后，美国实现了迫使日元大幅升值的目标，如图2-1所示，使日本这个威胁美国经济霸主地位的国家先是陷入"日元升值不景气"的境地，随后又由于日元大幅升值而掀起经济泡沫，泡沫破裂后又经历了所谓的"失去的十年"。

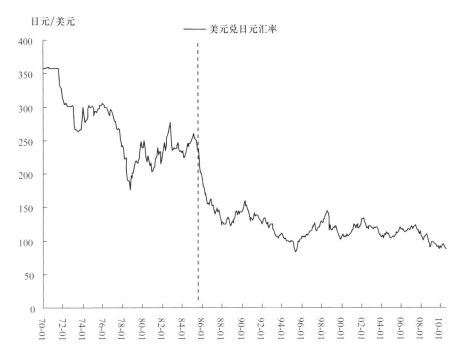

图 2-1　日元兑美元的升值情况
（数据来源：WIND，BLOOMBERG）

3. 1990 年的日美构造协议

广场协议之后尽管日元急剧升值，但是日本对美国的贸易盈余并没有减少，美国议会里的贸易保护主义越发强大，制定了美国通商法超级301条款，对日本采取贸易制裁成为政府的义务。自1989年7月到1990年6月，日美就日美构造协议进行了五次会谈，美国国务院、财政部、商务部、通商代表部等主要部门的专家披挂上阵，在扩大日本内需、开放市场等方面对日本提出了多达200项的要求，日本代表对此曾感叹"美国对日本的第二次占领政策"，并于 7 月形成了最终报告。美国的目标是，改变日本的经济结构，鼓励美国企业到日本发展，争取日美有相同的竞争条件。日本也承诺，在今后 10 年将动用 430 兆日元的资金进行公共事业建设的投资，以扭转日本国内储蓄与投资失衡的状况。为了配合扩张性的财政政策和扩大内需，日本在 1987 年公布"第 4 次全国综合开发计划"，欲构建东京为中心的交通网络；日本还制定了"综合疗养地区整备法"以促进地方上的土地开发。随着上述政策的实施，日本大约 30% 的国土被列入土地大开发的计划中，一个席卷日本全国的土地开发浪潮在金融系统流动性过剩的推波助澜下，终于把日本推向了经济泡沫的顶峰。

二、美国金融策略与日本的教训

1. 美国声东击西、得陇望蜀的金融谋略

如果将上述过程进行梳理，我们将发现，美国自上世纪 80 年代初期，以解决贸易失衡为借口，以国会压力大为胁迫，步步为营，请君入瓮，最终使日本逐步失去了主动权，导致金融泡沫的形成和破灭。

自 1983 年以来，美国是以贸易失衡为借口，对日本提出了一系列的要求，那么结果呢？一直到上世纪 90 年代，美日之间仍保持着较大规模的贸易逆差，即使是日美构造协议之后，这种局面也未根本改变，如图 2-2 所示。

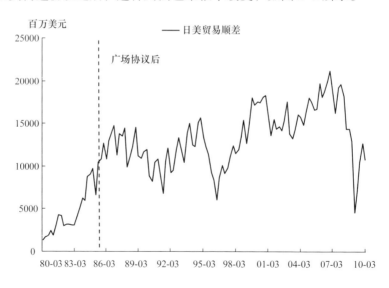

图 2-2　日美贸易顺差变化

（数据来源：WIND，BLOOMBERG）

应该说，美国的贸易逆差有深刻的背景，并不是调整汇率就能解决的问题。其中一个重要的制度背景就是美元本位。正是由于美元本位制，纵容了美国持续的贸易逆差。美国反复用美元贬值来进行货币调整，经常赤字已经成为经济构成的一部分。

对此，美国应该也有深刻的认识，但是却将责任强加于其他国家。例如在1983年美国坚持认为"日本金融市场的封闭性是造成日元走低、美元走高的根本原因"，而日本则认为"美国的高利率是导致日元贬值和美元升值的原因"。尽管日本的观点更为合理，但是最终还是无奈地屈服于美国。

因此，美国很可能是以贸易失衡为借口，声东击西，追求的是日本门户开放和货币升值，以此获取巨大的投资收益。对此，日本事后也有所认识。例如针对美国"美元日元委员会"的意图，日本学者认为，最大的可能不是"美国争取国内选票说"或者"回避美日全面冲突说"，而是"第三次产业摩擦说"，即日美经济的中心支柱向金融、服务等领域转移，而在这些领域里，美国的竞争力超群，发达国家中只有日本有希望成为这样的国家，所以美国敦促日本早日开放资本市场，以便自己将得到充分的回报[1]。

同样，在20世纪90年代初金融泡沫崩溃时，美国经济学者高调唱空日本以及大规模利用金融衍生工具做空日本金融市场，也是日本金融泡沫迅速崩溃并造成重大亏损的一个非常重要的因素，当然，在这个过程中，美国获得了巨额的资本收益。

2. 日本金融自由化、宽松货币政策与金融泡沫

深入分析会发现，美国要求日本金融开放和国际化、货币升值和扩大内需尤其是土地开发等政策是相互衔接、密切配合的"货币阴谋"。假设在1983年美国直接要求日元升值而不是金融开放和自由化，是否会产生后来那么大的影响呢？再假设如果广岛协议之后，美国没有要求日本扩大内需，日本是否会维持长期的低利率，以及加大土地开放呢？可能不会的。日本可能会利用升值的机会加大海外收购，调整经济结构，对日本可能是利大于弊的事情。可惜，历史容不得我们假设。

因此，对日本资产泡沫的成因，有两种不同的观点：一是资产泡沫是因为金融和银行自由化这一结构上的变化而造成的；第二种观点可能是普遍性的观点，即从根本上将泡沫经济看作是放松的货币政策的结果。"以上两种解释可能并不

---

① 泷田洋一：《日美货币谈判》，P26。

矛盾。银行的限制放宽说明了欠斟酌的银行贷款为什么增多，而宽松的货币政策则说明了它为何会演变成巨大的、持续不断的泡沫经济"[①]。

这就表明 1983 年"美元日元委员会"对日元美元问题、资本市场问题、日元国际化等问题的要求，为日后日本金融泡沫爆发埋下了重要的伏笔。因此，也应该是我们分析日本金融泡沫的分析起点。

在 20 世纪 70 年代高速增长时期，日本金融结构和金融制度，一般可以归纳为四个特点：企业依赖银行贷款的程度较高；民间银行过度依赖日本银行（中央银行）的贷款；资金偏向，即银行经常在银行间市场上从其他银行和生命保险公司等机构拆借资金；间接贷款优势[②]。在这种体制下，企业对银行的依赖性很强，而且银行的收入主要来自稳定的利差。为促进企业的投资，采取了"人为的低利率政策"，而金融机构作为政府干预经济的工具，受到了重重保护束缚，这就是"护航船队行政"。这种金融体系在日本 20 世纪 70 年代经济高速成长期被普遍采用，并沿用到 20 世纪 80 年代。但是"美元日元委员会"加速了它的转变。金融市场的开放，导致大企业筹资的场所转向证券市场，银行只有四种选择：增加购买有价证券、寻找市场空隙、建立万能银行（银行证券兼营）、扩大传统的融资。从实践来看，日本银行选择了扩大传统的融资，大量资金流向不动产领域，在后来货币政策宽松、利率较低时期，急于开拓投资领域的银行助长了资产泡沫的形成。

在利率市场化方面，很多创新产品大量出现，例如大额可转存单（CD）、市场利率联动型存款（MMC）、自由利率的大宗定期存款等相继问世。在金融业务管制自由化方面，日本允许海外存款证和商业支票在国内销售，开设了以日元发行的 BA（银行受理的支票）等。在放松金融业务管制方面，日本于 1984 年撤销了外汇期货交易的所谓"实际需要原则"，为投资者投机提供了方便；可以自由地以日元发行对外贷款；取消了有关日元兑换的管制；创设了东京离岸金融中心，并允许 181 家外国外汇专业银行参与交易，等等。利率市场化与国际资本流动自由化同时并进，为日后的经济泡沫的形成创造了金融环境。

三、日本的启示与借鉴

1. 国际政策协调与国内政策目标的冲突问题与优先问题。日本 80 年代的货币外交，尤其是广场协议的签订，实际是国际货币政策的协调问题，而为了达到

---

① 大野健一：《从江户到平成：解读日本经济发展之路》，P179。
② 铃木淑夫：参见《日本的金融政策》。

外部均衡，日本付出了沉重的代价。因此，在比较了德国与日本在80年代的政策差异之后，日本学者认为，"今后在国际政策协调中应该吸取这个痛苦的经验教训，采取更加自主、合理的对策，经济政策的最终目的，应该是本国国民的经济利益"[①]。

当然，也应该认识到，以广场协议为标志的一系列货币合作有着深刻的"同盟关系"的背景。日本当时之所以采取了上述举措，一个深刻的背景是"广场协议的时候，正处于东西方冷战的最后时刻，日美关系进入蜜月。当时美国经济因过于强硬的美元而陷入疲敝，日本给与了美国坚定的支持"[②]。

2. 金融政策应该具有独立的目标，即经济的稳定；在浮动汇率制下，就是稳定国内物价。

日本在1985年之后，一个重大的失误就是货币政策目标出现了问题。日本在上世纪80年代中后期和上世纪90年代初期基本失去了政策的独立性，完全受到美国的制约。除了上述重大政策反映了这一点之外，我们还可以举出很多具体例子。例如，低利率是导致日本经济泡沫的重要因素，那么日本为何要长时期保持低利率政策呢？除了日本央行对经济和金融形式的判断失误之外，重要的原因是，在美国要求日本实施扩张性财政与扩大内需的压力下，日本金融政策目标被扭曲了，由原来的"无通胀的经济增长"变为"扭转对外贸易收支失衡而扩大内需"[③]。日本用下调利率的代价，获得了美国方面对"日元美元的汇率调整已经和现在的经济基础条件大致相符合"这句话的明确承认。因此，日本的教训就是，金融政策应该具有独立的目标，即经济的稳定，在浮动汇率制下，就是稳定国内物价。

3. 金融自由化、利率市场化、金融国际化以及升值步伐不能太快，渐进性是一个重要的原则。在日本金融开放和自由化之前，日本是以银行为主导的金融体系，而且通过人为压低利率的方式，保持银行利益和企业投资积极性，但是由于后来的金融改革与开放，过程太快，原有的金融体系和金融机构很难适应，竞争力下降，导致日本银行选择了扩大传统的融资，银行信贷扩张过快助长了资产泡沫的形成。这对我们的启示是，金融改革和开放要以我为主，按照渐进的改革思路，逐步对原有金融体系进行改造。

（2010年8月，曾发表于《中国债券》）

[①] 铃木淑夫：《日本的金融政策》P96。

[②] 泷田洋一：参见《日美货币谈判》。

[③] 蔡林海、翟锋：《日本的经济泡沫与"失去的十年"》，P22。

2.3 从货币化到金融化：中国金融走向拐点

一、中国金融运行主要特征

我国货币增长呈现周期性变动，但是余额累计越来越大，目前货币存量已经接近90万亿。大致来看，我国货币金融运行有以下特征：

特征一：过度依赖信贷的间接融资结构决定了当前货币增速较快，也形成了非常高的货币化程度，如图2-3所示。

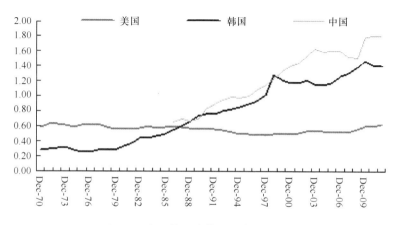

图2-3 中、韩、美等国的货币化程度
（数据来源：WIND）

特征二："双顺差"的持续性存在，是过去20年中国一个非常重要的金融现象。这一现象与美国、日本的"一顺一逆"现象明显不同。从趋势来看，双顺差增速将大幅回落。对此，易纲的解释是，中国经常账户顺差占GDP比重下降，三分之一的原因来源于外部周期性因素，三分之二源于中国国内结构性因素的变化。中国劳动力成本和环境成本上升、人口结构变化、家庭收入增加、汇率升值等都是造成顺差占比下降的原因。

特征三：信贷期限错配而且矛盾增大，是另一个非常重要的金融现象。

从货币周期、信贷周期和外汇周期的关系来看，呈现周期性变动关系：从同向变动到逆向变动，再走向同向变动。主要原因是外汇占款增长较快、波动太大，导致货币不稳定，信贷增速成为对冲手段，也导致信贷额度仍是比较重要的调控手段，如图2-4所示。

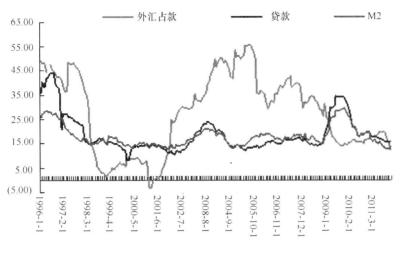

图 2-4 外汇、信贷与货币周期性变动特征
（数据来源：WIND）

特征四：有限的市场化，导致了当前存款实际利率为负成为"常态"，这导致了一系列经济和金融问题的存在。

特征五：人口结构特征，导致高储蓄率的持续存在。

特征六：国有部门在金融中的垄断优势依然明显。

二、未来金融运行的主要趋势

趋势一：货币增速将下一个台阶。

主要理由：

1. 长期因素：人口结构变动是未来储蓄率下降的重要影响因素，"人口红利"的拐点已经出现。

2. 短期因素：外汇占款增幅放缓导致基础货币增速降低，同时也加大了宏观调控的主动性；受到资本和贷存比等约束，信贷增速放缓，货币乘数降低；经济增长放缓对货币需求降低；庞大的货币存量仍是值得关注的重要问题。

3. 日本、韩国、中国台湾等随着经济增幅回落，货币增长下降的经验，如图 2-5 所示。

趋势二：货币化走向金融化：投融资结构将发生重大变化。例如美国的经验，如图 2-6 所示。

趋势三：利率和汇率市场化步伐加快（在其他部分具体分析）。

趋势四：中国资本项目开放步伐加快。

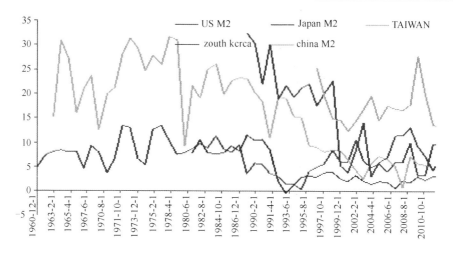

图 2-5　美国、韩国、日本、中国台湾、中国等国家和地区货币增速变动情况
（数据来源：WIND）

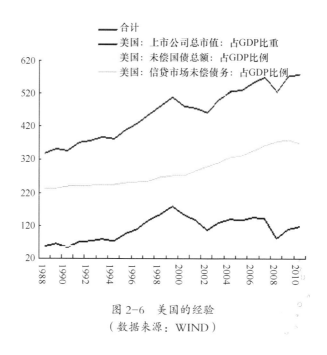

图 2-6　美国的经验
（数据来源：WIND）

三、对金融化趋势的主要判断

1. 以外汇占款和信贷膨胀为主要特征的货币扩张过程接近尾声。货币增长进入下行周期，金融化将成为推动经济增长的重要因素，未来中国逐步进入金融

化过程中。

2. 利率变动进入重要时期：高度关注利率可能的变动趋势，包括利率市场化进程、实际利率变动、人口结构与储蓄变动等。同时，利率市场化将加大利率波动幅度。

3. 随着外汇占款增速的下降，宏观调控的主动性增强，但是调控空间未必增加（关注增长与通胀关系、资产价格等因素）。

4. 利率、汇率和资本项目开放等过程加快，将显著增加资产价格的波动性。

5. 货币下行与利率可能的上行（尤其是利率市场化和实际利率为正）在一定阶段将对资产估值产生较大的负面影响；利率影响取决于货币供求关系；利率是决定资产价格非常重要的变量。

6. 未来金融风险例如银行不良资产上升、存贷期限错配、金融泡沫崩溃等金融风险值得关注。

四、金融化拐点对资本市场的主要影响

1. 从货币化向金融化的深化过程中，证券市场尤其是债券市场迎来了重要发展机遇：

（1）产品供给更加丰富。

（2）产品创新将更加活跃——高收益债、机构债、市政债、资产证券化产品、国债期货等衍生产品创新步伐加快。

（3）人民币国际化：推动境外市场发展以及由此形成的跨境业务机会。

（4）利率市场化，将在一定程度上改变投资风险偏好，这将相对提升较为安全的固定收益产品的吸引力；金融脱媒，资产安排多元化将导致对固定收益类产品需求的持续性增加。

2. 货币下行并不是资产价格波动的最主要影响因素，利率最重要。

有观点认为：由于货币与信用扩张是导致资产泡沫形成的重要推手，如果未来进入货币进入下行周期，将改变资产配置的风险偏好，进而导致资产价格的下行。

我们认为：可能要关注资本深化过程。美国上世纪 90 年代股票上涨和 21 世纪以来的上涨并不是由于货币增速的上升，而是建立在金融深化、生产率提高等基础上。这其中，利率是关键因素，如图 2-7 和图 2-8 所示。未来货币增速放缓未必一定导致利率的上升，也未必使资产价格处于长期下行趋势。利率的走势至关重要。

（2012 年 4 月，讲座提纲，作者财新博客）

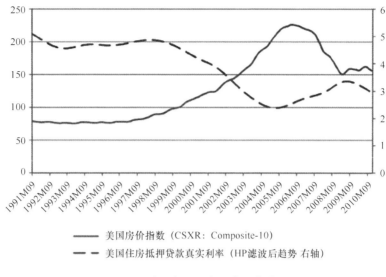

美国房价指数（CSXR：Composite-10）

美国住房抵押贷款真实利率（HP滤波后趋势 右轴）

图 2-7　美国实际利率与房地产关系

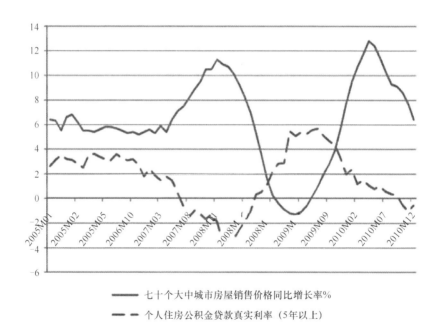

七十个大中城市房屋销售价格同比增长率%

个人住房公积金贷款真实利率（5年以上）

真实利率=名义利率-当期通胀率。

数据来源：七十个大中城市房屋销售价格同比增长率和通胀率数据来自CEIC，个人住房公积金贷款利率来自中华人民共和国住房与城乡建设部

图 2-8　我国实际利率与房地产价格关系

2.4　利率市场化：经验比较与我国未来政策选择

一、利率市场化理论研究

二战后，为了支持优先发展重工业的进口替代战略，在资金稀缺的约束条件下，政府不得不对金融系统实行管制，规定利率上限、定向贷款确保资金流向优先发展部门等。然而，储蓄不足、资本匮乏与金融抑制、资本低效配置并存，使发展中国家陷入贫困恶性循环之中难以自拔。

针对这种现象，麦金农和肖提出了一个开创性的观点，认为发展中国家的贫困，不仅仅在于资本的稀缺，更重要的是发展中国家普遍存在"金融压抑"，即政府当局没有能够有效地控制通胀，高通胀使得经济长期处于实际负利率状态，被人为压低的资金价格导致资金供大于求，可贷资金实际是以非市场的价格和方式配给给需求方，造成了资本使用效率低下，进而抑制经济增长。

针对金融受到抑制的经济体，麦金农和肖建议发展中国家应取消金融抑制政策，放松利率管制，使实际利率为正，能够反映市场对资金的需求水平，恢复金融体系配置资源的能力，这就是"金融深化"理论。此后，在总结发展中国家金融改革实践的基础上，麦金农又提出了金融自由化次序理论。

1996 年，托马斯·赫尔曼、凯文·穆尔多克、约瑟夫·斯蒂格利茨等人提出了金融约束论，认为政府对金融部门选择性地干预反而有助于金融深化。金融约束的本质是政府通过一系列的金融政策在民间部门创造租金机会，而不是直接向民间部门提供补贴。通过创造经济租金，使银行和企业股本增加，从而产生激励作用，增加社会利益。

理论和实践结果都表明，金融自由化未必能促进经济的增长，其根本原因就在于传统的金融深化理论忽视了金融自由化的过程性，忽视了一国的经济发展阶段。金融深化理论还应该将发展中国家金融自由化的作用、环境的本质特征与作用机制、金融深化发展对经济增长绩效纳入分析框架。

二、利率市场化的国际经验

从 20 世纪 70 年代起，全球掀起了金融自由化的风潮，诸多发达、发展中国家与地区均加速进行利率市场化改革。

1. 美国

美国利率市场化是典型的发达金融市场挑战政府管制的例子。20世纪30年代大危机爆发前，美国的金融制度是自由非管制的。在1929–1933年大萧条中，银行为争夺存款提高存款利率，资金成本大幅增加，导致银行经营风险增加，约1/3的银行倒闭。美国为此出台了Q条款，对存款利息进行了限额管制。Q条款的实施在一定程度上保障了银行的稳健经营，但20世纪60年代中后期开始，随着通胀率的不断提高，负利率情况严重，大批资金流入非银行金融机构，"金融脱媒"现象严重。1970年美国放松对10万美元以上、90天以内的大额存款利率管制，正式启动利率市场化改革。美联储于1980年正式提出解除利率管制，并通过了《解除存款机构管制与货币管理法案》，决定从1980年3月31日起，用6年时间逐步放弃Q条款。到1986年取消NOW账户利率上限后，美联储对所有定期存款利率以及大部分贷款利率的限制均被取消，实现了利率水平的市场自由化。

美国的利率市场化体现了长期、渐进的过程，改革所用时间长达16年。利率市场化与金融市场的创新相辅相成，创新通过对监管的规避形成了改革的倒逼机制，改革又进一步推动了金融创新的发展。同时，利率市场化也促进了商业银行提升风险管理能力和产品创新能力。

2. 日本

日本的利率市场化开始于20世纪70年代，在此之前，利率水平受1947年颁布的《临时利率调整法》的管制。20世纪70年代后期，随着日本经济逐步进入低速增长期，人为低利率导致金融交易不公、资本市场发展受抑制。1978年，日本政府开始允许银行间拆借利率弹性化及票据买卖利率市场化，开启了利率市场化的进程。之后着力发展货币市场的产品丰富化，为形成真正的短期市场利率打下了基础。1984年，日本大藏省发表了《金融自由化与日元国际化的现状及展望》，全面进行日本利率市场化的改革。1991年7月，日本银行提供利率窗口指导，1993年定期存款和活期存款利率先后实现市场化，至1994年完成了全部利率的市场化。

日本利率市场化历时16年，总体特点是审慎推进、渐进深入。按照先国债利率后存贷利率，先长期资金市场利率后短期资金市场利率，先大额存款利率后小额存款利率的顺序进行，契合日本国情，也有利于维持金融秩序的稳定，防止短期投机行为的发生。

3. 阿根廷

1971年阿根廷政府宣布实行利率市场化改革，是第一个率先推进利率市场化改革的发展中国家。但改革是在国内经济不稳定的背景下展开，资金大量从商业银行流向率先市场化的非银行金融机构，这次改革在未取得成效的情况下宣告夭折。1975年，阿根廷重启利率市场化改革，采用激进式的推进方法，在短短两年多时间里，政府取消了储蓄存款以外的其他利率限制，继而放开了对储蓄存款利率的限制，于1977年6月取消了所有利率的管制，实现了利率的全面自由化。

在利率市场改革化的同时，阿根廷也同时推进了其他金融自由化改革。然而利率市场化与其他改革的激进式推进忽视了经济金融体系自身的调节能力，不但没有有效缓解国内通胀率高企、金融市场发展缓慢的局面，反而增加了经济金融的波动性。GDP增长率在经历大幅提高后，很快出现了较大幅度的下降，通货膨胀率与名义利率同步攀升，造成银行贷款质量下降，不良贷款不断增加。同时高利率导致外资热钱流入，汇率严重高估，国内资金需求者被挤出，转而向国际金融市场借贷。外债过度膨胀，高估汇率过度脱离基本面难以长期维持，最终造成企业无法偿债大量破产，冲击银行导致银行破产，汇率大幅贬值外资出逃，引发了20世纪80年代的拉美债务危机。20世纪90年代初，阿根廷政府重新管制利率，放弃了利率市场化政策。

4. 印度

印度的利率市场化改革同样是一个渐进、漫长的过程，整个改革进程耗时23年，遵循了"放开银行同业拆借—放开贷款利率—放开存款利率"的步骤。

1988年，印度放开银行贷款利率管制，将原本对定向贷款设置的上限改为下限，迈上了利率市场化之路。1992年后，简化了贷款利率品种，逐步放开定向贷款利率，取消了按信用等级确定的多重存款利率上限，对所有定期存款设定统一的利率上限。1994年后，放开大额贷款利率，并允许银行对小额贷款在不超过"主要贷款利率"的范围内自由定价。从1995年至1998年，逐步放开了对除储蓄存款和非居民持有存款以外存款的利率管制。2011年10月25日，印度央行宣布放开对存款利率的限制，利率市场化改革宣告完成。

印度最终放开存款利率，是在高通胀、实际负利率的宏观背景下，长期管制存款利率造成的矛盾"爆发"的结果。储户利益受到抑制，造成储户财富向贷款方转移，加剧了社会财富分化。同时大量储蓄存款流失，进入资本市场，资产价格上扬、房价高涨，这与中国现阶段的情况很是类似。印度持续的通胀率高企使得存款利率管制成为众矢之的，在这种背景下央行放开了商业银行存款利率。但仅在放开存款利率不足四个月后，2012年2月14日，印度央行被迫将银行贴现率调高350个基点，从6.00%调至9.50%，以应对资本外流情况，意味着印度的利率市场化并非完美。当经济整体增长放缓，仍需依赖银行系统发挥"输血"功能，加之银行风控能力尚不完善，政府监管缺位时，盲目推进利率市场化可能会对实体经济乃至金融市场造成较大的冲击。

5. 结论

从国际经验来看，以阿根廷为代表的拉丁美洲国家利率市场化改革几乎全部陷于失败，导致利率飙升、通胀失控、债务危机、经济动荡等一系列问题，使得政府再度恢复对利率的管制；相比之下，美国、日本的利率市场化改革则相对成功许多，最终走上了金融自由化的道路。总体来看，拉丁美洲诸国的利率市场化改革存在一些相似点：一是宏观经济总体稳定度不高，如通胀高企、财政赤字规模巨大等。二是利率市场化改革启动较早且伴随金融自由化的进行，除放开利率管制外，阿根廷等国全数放开了设立金融机构的限制、允许外资机构进入本国经营、放开利率管制并开放资本账户等。三是拉丁美洲诸国均在短期内取消了所有利率管制，迅速进入自由化，改革方式过于激进。

因此，从国际经验来看，渐进的利率市场化改革对发展中国家而言成功率更高，但在改革中需注意以下问题：首先，利率市场化改革将造成经济短期内的波动增大，若此时宏观经济整体处于衰退、萧条或过热的非平稳期，可能使得改革进程受阻，拉丁美洲诸国的改革已证明了这一点。其次，利率市场化改革将暴露利率管制时期金融体系的缺陷，健康完善的金融体系是利率市场化改革不可或缺的条件，在分散市场风险、深化金融产品结构、提高市场竞争度等方面均有重要意义。另外，在金融市场化改革中，金融资源的分配模式和渠道将会发生重大转变，政府应引导金融市场上的微观经营主体不断强化自身竞争力并建立有效的监管机制，为利率市场化改革保驾护航。

三、我国利率市场化的历史进程及现状

我国利率市场化改革可溯源至 1982 年，始自存贷款利率的市场化改革，逐步扩大利率浮动空间。2003 年 2 月，人民银行公布了利率市场化改革的总体思路——"先外币，后本币；先贷款，后存款；先长期、大额，后短期、小额"。

2004 年我国存贷款利率改革取得了突破性进展，基本取消了人民币贷款利率的上限，至今逐步形成了人民币"贷款利率下限管理、存款利率上限管理"的局面；而由于外币市场相对成熟，外币存贷款利率已实现全面市场化。与存贷款利率相比，我国货币市场利率市场化改革发展迅速。

1996 年人民银行放开银行间同业拆借市场，实现了同业拆借市场的利率市

场化；1999 年国债回购利率实现市场化，随后同业拆借市场成交量和回购市场成交量大幅增长，货币利率市场化程度不断提高。2007 年由 16 家公开市场一级交易商或外汇市场做市商组成的上海银行间同业拆借利率（Shibor）报价团正式成立，是我国货币市场利率市场化的一个重要里程碑。

经过多年发展，我国货币市场和债券市场利率基本实现了市场化。目前在货币市场，形成了回购、同业拆借及 Shibor 三种比较有代表性的利率。目前，质押式回购尤其是隔夜及 7 天成交规模最大，能较好反映资金面及市场对资金面的预期；并且，衍生品市场上成交量最大的 Repo 互换也是以 7 天回购定盘价格作为计息标准，反映了互换市场对 7 天回购利率反映资金价格的认可。Shibor 利率虽然只是报价利率，但 Shibor 利率在利率互换、商业票据业务、企业债、银行理财产品定价以及银行内部定价中得到广泛应用，也日渐成为市场上极具代表意义的货币市场利率品种。

同时，债券市场上，国债、政策性金融债以及各类企业信用债券利率也都实现了市场化发行和定价机制，形成了相对有效的收益率曲线。

目前利率市场化进程相对较慢的仍是存贷款市场。相对来说，贷款利率市场化程度已明显提高，资金供需失衡导致市场化定价的贷款利率显著上升。但存款利率持续偏低，并且长期处于负利率状态，扭曲了金融市场定价机制，并造成了基准利率调整对实际存贷款利差影响极小的现状，也不利于个人和企业通过市场化的方式安排投资、消费和储蓄，存款利率市场化经过多年发展依然处于较低程度。

四、对未来进一步推动利率市场化的争论与政策举措

（一）关于进一步推进利率市场化仍存在争议

周小川行长曾多次表示，利率市场化始终都在推进，思路上没有太大障碍，具体操作上主要是要考虑顺序安排和国际国内的经济形势。央行副行长胡晓炼也表示，整个利率市场化的进程是在有序推进的。在目前的利率市场化过程中规划是对于批发性业务的利率市场化可能会推进得更快一些，可能会通过增加新的金融产品来使得利率更具灵活性；而金融机构在对客户的服务过程中的创新产品对利率市场化也有一定的促进作用。

同时，经济学界也对利率市场化表达了积极的态度，例如巴曙松认为，在当前的国际国内经济环境下，中国加快推进利率市场化改革，不仅有其必要性，也具有可行性。李稻葵近期也表示，中国应该开启利率市场化进程，因为政府对利

率市场化可能损害银行体系的担忧已显著缓解。

尽管如此，对于未来推动利率市场化的路径和速度并未达成共识，一些经济学界及业界对利率市场化仍存在一些疑虑。如中国工商银行董事长姜建清指出，目前利率市场化改革时机尚不成熟，例如姜建清认为，主要原因是目前中国的金融体系仍然是间接融资为主，市场基准利率与价格发现机制难以形成。其次，中国商业银行资产负债结构、经营结构不平衡的问题比较突出，"贷大、贷长、贷集中"问题依然存在，这种经营模式将会受到利率市场化的强大冲击。他也同样认为，中国的消费者和金融机构缺少适应利率市场化的能力。如果不进行金融改革的总体协调推进，不加快商业银行的转型改革，利率市场化改革就有可能会出问题、走弯路。交通银行首席经济学家连平则从市场资金状况方面认为，目前利率市场化不成熟。连平认为，利率市场化的实施，最好是在市场关于融资方面的供求关系相对比较平滑的时候加以推出较容易成功。当前整个经济对信贷需求非常旺盛，存款利率上调会导致贷款利率同步抬升，从而使压力转嫁到实体经济。总之，一些人认为，当前利率市场化面临产权和市场环境约束、银行的资产负债表约束、国企融资成本压力、政府债务负担加重尤其是地方融资成本负担较重、金融市场发展深度和广度仍不足等因素将制约利率市场化推进步伐。

（二）未来可能的政策选择

尽管理论上存在分歧，2012 年 3 月，国务院下发通知要求深化利率市场化，人民银行 2012 年第一季度例会也强调，稳步推进利率市场化改革，积极探索进一步推进利率市场化的有效途径。因此，从政策方向上来看，继续推动利率市场化是未来金融改革不可逆转而且至关重要的政策取向。

我们认为在"十二五"期间利率市场化进程有望继续稳步推进，而不是贸然加速。其路径可能为：提高货币和资本市场的市场化程度→引导金融脱媒深化，降低间接金融占比，鼓励银行表外率先实现市场化→试点放宽存款利率上浮空间→扩大试点范围，提高存款利率市场化程度→逐步贯通银行表内及表外业务，实现市场化的接轨→最终放弃以存款利率为基准的货币政策调控体系，建立"基准利率—货币市场—实体经济"之间通畅的传导机制。

具体来看，可能会涉及以下几个改革要点：

1. 建立宏观审慎标准，确定金融企业的硬约束条件，并依此选择满足标准的金融机构，在竞争性市场中公平正当地产生定价，并进一步加强金融机构的公司治理，改善资本结构，提高机构的定价能力和风险管理能力。

2. 建立并逐步完善存款保险制度，使之成为利率市场化进程中的金融安全网，避免单一银行危机演变为银行业危机，并防止危机进一步扩大至整个金融体系，危害实体经济增长。

3. 选择恰当的时机与环境，进一步扩大贷款利率的下浮区间，通过大力发展个人直接投资工具与银行主动负债工具，提升银行资金来源中市场化资金占比、降低存款占比，为未来存款利率的放松创造条件，实行渐进式市场化改革。

4. 积极发挥 Shibor 在利率市场化进程中的重要作用，进一步完善 Shibor 曲线的构建，并将 Shibor 逐步放开为有实际交易基础的市场利率，继而将市场化的金融产品定价与 Shibor 利率挂钩，并推动存贷款利率与 Shibor 利率挂钩，为最终实现数量调控向价格调控的转变奠定基础。

5. 央行公开市场操作也是利率市场化进程中极为重要的部分。当前公开市场操作利率具有相当强的信号意义，未来可逐步尝试公开市场操作利率市场化，允许央票发行利率在一定范围内上下浮动。从成熟的国际市场经验来看，利率市场化程度较高的国家的中央银行，通常是维持货币市场利率稳定，使之传导至其他期限的品种。随着利率市场化程度的不断提高，未来央行可不再盯住操作数量，转而盯住资金价格；设定货币市场资金价格目标，通过公开市场的数量操作影响货币市场资金价格以达到控制价格的目的，完善利率传导机制，疏通利率传导渠道。

（三）利率市场化进程加快，对市场利率可能产生较大的影响，具体来说，表现在三个方面：

1. 实际利率可能上升。从中国的情况看，在利率逐步市场化过程中，如果经济增速不发生显著变化，实际利率有望进一步走高。由于贷款利率已经较为市场化，利率市场化后，利率水平的上升将主要发生在存款利率上，即在通胀中值抬高的同时，若实际利率上升则可能会进一步推高名义利率。

2. 短期名义利率波动加大。利率市场化后，利率的管制程度降低，利率将取代货币数量而成为货币政策的中介目标。为了能够发挥利率调节经济波动的作用，名义利率的波动率有必要大于通胀的水平。因此利率市场化后名义利率的波动率加大。

3. 中长期利率波动率有望上升。我们比较中美利率变动，会发现，在利率存在管制情况下，中国债券利率波动小于美国，如果未来中国利率市场化进一步推进，可能将加大中国利率波动率，以更好地反映宏观经济波动，这一特征有望逐步与美国一致。

（2012 年 4 月，曾发表于《中国债券》）

2.5 充分利用资本市场化解地方政府融资压力

2011年6月，审计署披露2010年底全国地方政府性债务余额10.72万亿元，之后有十余个省市披露各自债务规模，由此引发了各界对地方政府融资的高度关注。如何提高地方政府融资能力，化解地方融资压力，降低金融风险？本节试图从资本市场的角度进行探讨。

一、融资平台直接债务融资现状

对地方政府来说，资金的主要来源是银行贷款等间接融资方式，以债券融资为代表的直接债务融资所占比重仍然较小。截至2011年12月底，地方政府和地方融资平台发行债券余额已达1.48万亿元，占负债总量的12%~13%。其中，地方融资平台债务融资主要以企业债和中期票据为主，分别达到6328亿元和2338亿元，其发行主要有以下特点。

第一，存量增速快。截至2011年12月16日，地方融资平台与地方政府债券存量规模分别达8850.7亿元和6000亿元。融资平台债券真正放量是金融危机后的2009年。为配合4万亿国家经济刺激计划，城投类债券发行量猛增，2009—2011年每年的融资平台债券发行规模达2500亿元左右，加上每年2000亿元的地方政府债券，地方政府及各类相关发行主体通过债券发行每年融资规模达4500亿元左右。

第二，从地域分布看，东部省市所占比重较高，目前规模达5670.4亿元，占比64.1%；中部和西部省市的规模基本相当，占比分别为16.4%和19.6%。具体来看，前五名江苏、北京、浙江、上海和天津合计占比达49.3%；中西部省份中，重庆、安徽、湖南、四川等省份占比较高，在债券市场相对活跃。

第三，从行政级别来看，以省级和市级融资平台为主要的融资主体，占比分别为48.7%和43.8%，县级则占7.5%。目前来看，能够进入债券市场融资的县级融资平台大多地处东部省份，而成功进行债券融资的省市级融资平台已经逐步扩大至中西部省份。

第四，从地方融资平台所发行债券的信用评级分布看（这里指债项评级），主要以AA级以上为主，其中AA、AA+和AAA级别占比分别为24.3%、33.4%和40.7%，而A+和AA−总计仅为1.5%。

第五，从地方融资平台债券发行的期限分布看，多为中长期，具体以3-10

年债券为主，其中 3—5 年、5—7 年和 7—10 年的占比分别为 23.3%、40.8% 和 23.1%，合计 87.2%；其余 2—3 年和 10 年以上的占比分别为 8.3% 和 4.6%。

第六，从城投和中票类债券的担保方式分布看，无担保所占比重最高，占比 46.8%，其他担保方式如第三方企业担保、应收账款质押、银行担保和土地抵押担保方式分别位居第 2—5 位。2010 年下半年以来国务院对城投债的担保方式进行了规范，之后无担保城投债大量出现，加之中票大多以无担保方式发行，上述两种因素导致无担保城投和中票类债券占比较大。

二、地方融资平台可用于融资的资产

地方政府及相关企业的直接债务融资方式已经取得了长足的发展和成就，债券已经成为许多地方政府及相关企业进行融资的重要方式之一。同时，我们也发现其中存在一定的问题，需要重点关注。第一，地方债券发行规模较贷款相对偏低，资本市场对地方政府融资的支持力度相对偏弱。第二，受法律及制度约束，地方政府多通过各种曲线方式进行债券或贷款融资，市场对于地方政府债务的实际偿债主体存在一定疑虑。第三，各地区各级别的地方政府及相关企业的资质参差不齐，而信息披露机制的缺乏和信用评级的虚高使得难以对其进行有效区分。

总体来看，考虑到当前地方政府面临较大融资压力，建立相对顺畅的直接债务融资渠道是必要的选择。在已有融资方式的基础上，我们认为需要在明晰债务主体、降低信息不对称、提升债券信用等方面进行改善。为此，地方政府一方面可以通过所持资产相对确定的现金流为支持进行融资，另一方面，甚至可以探讨如何发行真正的市政债券。

通过对部分地方融资平台公司的调研和分析，我们发现其资产类型大致可分为三类：第一类为政府应收款，该类资产为融资平台公司最常见的、也是规模最大的资产；第二类为融资平台持有的公共事业或交通运输的特许经营收益权，该类资产能产生持续稳定的现金流，也是融资平台公司较为常见的资产；第三类为融资平台公司持有的上市公司股权，这类股权又可分为控股形式和参股形式。

从融资平台政府应收款与融资来看，融资平台公司的主营业务通常为基础设施建设，这些基础设施很多是非营利性或盈利能力较低的公共设施，如城市道路、公园建设、都市环保工程等。平台公司作为企业法人，从社会募集资金建设公共基础设施项目，并与地方政府签订建设回购协议（简称"BT 协议"），由政府按照某个约定收益率进行回购，保障政府支持的资金可以覆盖 BT 项目的建设费用、融资费用等支出。由此，在平台公司财务报表上的一个显著特点就是对地方政府的应收账款或其他应收款的规模较高。从我们前期调研的情况来看，应收 BT 款是地方政府融资平台，特别地方城市投资建设类公司的主要资产。

从融资平台享有的经营性收益权来看，融资平台享有的经营性收益权通常有两种方式：行政划拨方式和建设后专属占有方式。行政划拨是众多平台公司经营性资产的主要方式。从传统融资平台的运作模式来看，融资平台利用其固定资产向银行抵押获得贷款，获得城市建设投资资金，而后地方政府通过给融资平台公司注入包含土地的资产或其他类型的资产，以土地出让金或其他注入资产产生的现金流作为主要偿债资金来源。在操作惯例上，地方政府国有资产管理部门以通常行政划拨的方式将地方国资部门持有的从事经营性生产和服务的国有企业股权无偿划拨给融资平台公司，从而融资平台公司得以将国有企业的产生收入并入自身财务报表。

对某些专注于收费性基础设施建设的融资平台而言，它们通过政府授权承担这类收费性基础设施建设，完工后政府并不回收而是授予建设公司经营管理的特许经营权，该资产未来产生的收益和风险全部由融资平台享有和承担，这类融资平台通常从事公路桥梁建设、供水供暖、污水处理或市内轨道交通建设。此外，对供水类融资平台而言，在区域内通过并购获得经营性收益权也是其常见的经营策略。

根据我们对融资平台的调研结果来看，融资平台能产生稳定现金流的经营性资产收益权可归纳为：交通行业类，包括高速公路收费收入、桥梁隧道收费收入、地铁收入、港口与机场跑道收费收入等；市政公用事业类，包括污水处理费收入、垃圾处理费收入、城市水费收入、城市供气收入和城市供热收入等。这些经营性资产具有的以下特点：第一、具有区域性，通常在融资平台所属行政区划范围内；第二、专属性，该地区只有融资平台一家企业有经营此业务的资格；第三，收费的价格相对稳定，流入经营性现金流相对稳定。

从融资平台持有的上市公司股权来看，融资平台公司作为地方国有资产经营管理平台控股或参股地区国有上市公司，其持有的上市股权主要为长期股权投资。融资平台控股的上市公司通常分布于供水供气行业、电力行业、公路桥梁行业、环保行业和房地产行业。据统计，截至 2011 年 12 月末，地方融资平台公司持有电力、房地产、公路桥梁、供水供气和环保行业上市市值合计约为 765 亿元，若考虑其他行业上市公司、融资平台持有上市公司股份对应的市值估计约为 800-1000 亿元。

三、解决融资困难的对策

政府融资平台目前在市场上融资出现困难，主要是市场投资者对其按期还本付息能力的信任度有所下降，为了提振投资者信心和提高产品吸引力，可以考虑从三方面入手设计产品方案。第一，以政府融资平台所拥有的资产作为支持发行资产证券化产品；第二，利用资产作为质押发行信用证券；第三，引入政府信用或者其他政策对产品进行支持。

1. 资产证券化方案

资产证券化方案主要适用于拥有 BT 合同应收款和经营性资产的政府融资平台，载体为证券公司专项资产管理计划。证监会于 2005 年 8 月推出第一个专项资产管理计划试点项目，到 2006 年 8 月，共有 9 家企业参与试点，累计融资262.85 亿元。截至目前，试点项目中已有 8 单到期完成清算，向投资者按期偿付了本金和收益。2009 年 5 月，证监会发布了《证券公司企业资产证券化业务试点指引（试行）》，标志着专项资产管理计划试点重新开放，截至目前，仅有中信证券在 2011 年 8 月 5 日成功设立了"远东二期专项资产管理计划"，基础资产为远东国际租赁公司自身持有的租赁合同应收款。

证券公司通过设立专项资产管理计划，向合格投资者发行资产支持受益凭证，募集资金用于购买原始权益人合法拥有的基础资产，专项计划基础资产所产生的现金流将用于向受益凭证持有人支付本金及其他收益。专项计划作为企业资产证券化产品，经过历时 6 年多的试点，法律和监管基础相对完备，相关从业人员具有一定的实践经验，市场投资者也有一定程度的了解，现阶段推广阻力相对较小。

2. 公司债券融资方案

融资平台公司直接发行公司债券。建议主管部门可参照公司债发行和上市标准对融资平台发行公司债做出规定，并通过一定的限制条件降低融资平台债券违约的风险。为控制融资平台公司债券的风险，结合融资平台公司资产的特殊性，在融资平台公司债券推出的初期阶段，可针对产品担保方式和募集资金用途做出不同于公司债的要求。一方面，可考虑从上市公司控股母公司的融资平台公司作为试点推动该产品，并要求融资母公司提供子公司的股权或其他资产质押等担保措施。另一方面，对募集资金用途做出一定限制，公司债的募集资金用途较为宽松——可用于项目投资、股权投资或收购资产、补充营运资金和偿还银行贷款等，但融资平台公司债券在推出初期建议不宜将其用于股权投资或收购资产等扩张型投资。以公司债为载体推出地方融资平台公司债券存在推出投资者熟悉程度高、立法相对完善、推出便捷的优势，而且与可交换债相比，用自有资产作为担保品将不涉及资产过户，有效地规避了国有资产转让和国有股减持可能带来的各种监管障碍。

3. 以可交换债形式为融资平台公司融资

可交换债（Exchangeable Bond，简称 EB）主要适用于拥有上市公司股权的政府融资平台。可交换债券是指上市公司股东将其持有的股票质押给托管机构进而发行的公司债券，该债券的持有人在将来的某个时期内，能按照证券发行时约定的条件用持有的债券换取发债人抵押的上市公司股权。2008 年，证监会正式发布实施《上市公司股东发行可交换公司债券试行规定》，这标志着符合条件的公司可以申请发行可交换债，但截至目前，尚无一单产品完成发行。

目前可交换债存在的主要问题：第一，国有股权转让问题。政府融资平台拥有的上市公司股权属于国有股权，如果发行可交换债，则涉及国有股权转让及企业控制权转移等事项，可能需要国资委批准。第二，对标的股票的负面影响。发行可交换债券会给市场投资人带来标的股票"减持公开化"的印象，这将对标的股票价格甚至整个股市走势带来不容忽视的负面影响。第三，准入门槛过高。对预备用于交换的股票资质要求较高，而地方政府融资平台拥有的多为地方的中型上市公司，大多无法符合该要求，使得该产品的适用性较差，不利于该类产品的推广。第四，发债规模仍受净资产 40% 的限制，使得该产品解决政府融资平台融资难题的力度大打折扣。

政府支持债券方案。目前我国已发行的地方政府债均免除利息所得税，但地方政府融资平台作为实际上的市政债，公开融资却并无任何税收优惠，为尽可能地用资本市场的力量来化解地方政府融资压力，建议参考美国债券模式（BABs），可考虑在地方政府流动性较为紧张的 2012 年和 2013 年两年期间，对符合要求的地方政府融资平台公开市场融资，中央财政给予一定的财政支持，包括税收支持。具体来说，第一，对于地方政府融资平台资质要求方面，应从整体资产规模以及主营业务范围等多方面进行规定，在实现政策有效性的前提下，尽量缩小参与该财政支持计划的平台公司范围。第二，对于公开市场融资的形式，除了债券产品以外，也可包括资产证券化产品。第三，对于财政支持的方式，可以考虑减免利息税以及中央财政负担部分利息支出等多种方式。

（2012 年 4 月，曾发表于《中国证券报》）

2.6　金融新政与市场繁荣

一、危机后美中金融发展新变化

1. 美国加强金融监管约束金融过度发展

从美国经验来看，以华尔街为主要标志的金融业在美国经济发展史上发挥了重大作用。历史上很多经典故事例如南北战争时期的国债发行、19世纪美国铁路行业的跨越式发展以及20世纪后期硅谷崛起，都离不开发达的金融业强有力的支持。当前华尔街已不仅是美国财富的代名词，更是美国金融霸权的代名词。各国也纷纷效仿美国金融模式，强调金融强国战略。

同时，在过去几十年间，金融自由化深刻地改变了美国金融体系、市场结构以及风险分布格局。首先，金融自由化以金融创新为基础，目的是资本收益性，呈现极为明显的创新性、专业性和复杂性，资产证券化是典型代表。其次，金融自由化有脱离监管的趋势，监管有效性明显降低。第三，金融自由化改变了金融结构，影子银行体系的爆发式增长，使其成为与商业银行不分伯仲的"平行银行体系"。最后，金融自由化使金融体系日益成为一个混业综合经营的系统，内在关联性及系统风险急剧提升。

金融自由化导致美国金融业发展过度，一个突出后果是，美国金融波动和不稳定并不反映实体经济的基本面。事实上，当资本市场风险增加时，实体经济却朝着相反的方向运行。在市场分工深化、经济全球化等因素推动下，经济波动大幅降低，而同一时期却爆发了1987年股灾、1998年长期资本管理公司危机、2000年网络股泡沫和崩溃以及2007—2008年的金融海啸。这些变化反映出高度发达的金融业已远远脱离了实体经济，金融市场衍生品过度创新，在流动性泛滥、杠杆化操作的推动下，形成了复杂而紧耦合的市场体系，一次相对微小的冲击由于"蝴蝶效应"，就会导致市场巨大波动，甚至形成危机。市场自己而非实体经济制造了一次又一次的危机"魔鬼"。

2008年金融危机之后，加强金融监管合作，防止金融风险的跨国蔓延成为各国金融监管当局的广泛共识。美欧各国对系统性风险、市场缺陷和监管漏洞等薄弱环节进行了重大改革，塑造了金融监管新体系，并呈现出新的特征：一是监管模式从功能导向向目标导向型转变，2008年美国财政部公布《现代金融监管构架改革蓝图》，提出由功能导向监管向目标导向型监管的转型，构建由两个分别负责审慎监管和业务监管的"双峰监管模式";二是监管职能向中央银行集中的趋势;三是强调微观和宏观审慎监管的有机结合;四是加强对金融消费者权益的保护;五是加强对金融衍生品市场的监管。美国实行"沃尔克法则",其核心是将危机前缺乏监管的场外衍生品市场纳入监管范围,严格限制银行进行自营交易和高风险的衍生品交易。

上述监管新政在很大程度上夯实了美国金融稳定的制度基础,美国金融自由化进入一个新阶段。一是呈现出向实体经济回归的趋势,金融系统去杠杆较为明显。二是信息披露制度更加充分,消费者保护机制更加健全,市场退出机制更加完善。三是高杠杆、复杂性和投机性有所降低,自营交易、混业经营、业务自由化、准入自由等受到一定的限制。

2. 中国经济转型需要加快金融改革步伐

相比美国过度自由化的特征,中国金融业发展的突出特征是发展不足,尽管有部分指标曾反映出局部过度的表象。由于发展不足,金融作为现代市场经济核心的作用发挥的并不充分。近年来由于信贷、股票、债券等渠道难以满足企业的融资需求,信托、私募、民间借贷等发展迅速,大幅提升了企业融资成本,并使社会平均利率中枢上移,加重了企业负担,抑制了企业创新能力,甚至迫使企业将资金投向风险收益更高的房地产等风险项目,这在宏观层面上又加大了经济转型难度。2014年李扬教授曾指出"相比发达国家的宽货币、低利率、紧信用的组合,中国金融业目前呈现的宽货币、高利率、贷款难、贷款贵的组合,加之金融机构自我服务的倾向明显,考验着金融业能否成为经济稳定增长的正能量"。

近年来,学术界、政策当局和市场在反思金融和经济关系时,重新认识到货币非中性观点和金融的重要性,King 和 Levine 曾总结了金融系统提升生产率的四种渠道:一是评估潜在企业家并选择最有前景的项目;二是将金融资源配置给最有前景的项目;三是分散由不确定创新活动带来的风险;四是揭示创新活动潜在回报。在此基础上建立起来以"企业家精神"或"创新"为纽带,确立了"金融发展—企业家精神实现—生产率提升—经济增长"的联系。

在我国,从金融和经济关系来看,金融制度安排与经济发展模式具有内在逻辑的一致性。在政府主导下,以投资为主体的经济增长方式要求政府具有很强的资本控制能力,因此建立在以国有银行为主体的间接融资体制满足了投资的融资需求,也推动了过去二十年中国经济的快速发展。在上世纪 90 年代麦金农研究中国经济改革时发现,中国"金融剩余"(相对自由的"非国有部门"在国有银行体系中成为资金主要供给方而一直不是信贷索求者)和"金融控制"(政府对国有银行的控制以及金融市场准入的限制，确保金融剩余能够迅速积累并为国家服务）是中国经济改革开放以来财政地位下降和货币稳定长期并存的重要原因。当内生货币制度被政府赋予特殊的金融责任，大量资金必然集中于银行体系，以及银行金融资产质量的降低，同时也意味着不良贷款被视为一种政府债务，政府将承担最后偿还责任，这就意味着我们不能用看待普通商业银行的眼光来看待国有银行的行为、风险和绩效（张杰，2010），这也就意味着利差将成为国家对银行体系所作金融贡献的一种制度性补偿。银行将得到"国家支持"，获得相对稳定甚至是扩大的利差，使银行不良贷款与高盈利现象在银行体系中持续存在，并逐步化解改革和发展的成本。

上述分析了原有经济模式下经济与金融的关系。随着中国经济进入"新常态"，经济转型步入深水区，要大力发展第三产业，提升消费在 GDP 中的占比，发展高新技术产业，实现创新驱动战略等，需要有一种新的市场化金融体系来为实体经济提供有力的金融支持。

在本章第一节，我们提出了金融发展要避免陷入美式"金融繁荣与社会衰落"的警告。中共十八届三中全会提出要发展"普惠式金融"，管理层推出了一系列重大改革政策来提升金融对实体经济的推动作用，例如成立了一批民营银行，服务小微企业；开放电商进入金融业，互联网金融发展迅速；通过利率市场化、降息降费等方式降低企业融资成本；在资本市场更是推出"新国九条"，加快资本市场创新发展，金融业迎来发展新格局。

二、资本市场大繁荣

过去几年我国宏观经济金融正发生着深刻的变化，这些变化包括宏观经济去房地产化、货币政策宽松化、居民资产去存款化（金融脱媒）、资本市场化等等。这些变化导致储蓄由存款转为理财，社会资本由银行转向资本市场，大类资产配置由房地产为主转向股票、债券等有价证券，推动着资本市场的大繁荣。

1. 房地产行业长周期拐点与大类资产配置

2014 年我国房地产迎来了长周期拐点。从人口周期来看，2014 年前后 20—50 岁主体置业人群达到峰值，进而决定了房地产周期峰值的到来。这不但导致了房地产投资作为宏观经济重要引擎作用的减弱，从资本角度看，也产生了深远影响：一方面，房地产市场在融资过程中的加速器作用减弱。房地产作为银行信贷的抵押品，其定价受到心理预期和羊群心理影响，价格波动较大，而房地产价格和信用扩张纠结在一起，加强了银行信用的顺周期特性。无论从美国房地产泡沫和银行按揭贷款以及相关的次级债扩张，还是我国过去十多年银行信贷的快速增长，都与房地产有着密切的关系。以房地产市场转向为标志，房地产行业开始收缩，投资大幅回落，与房地产相关的信贷增速也开始放缓，进而抑制了银行系统信用扩张能力。另一方面，房地产周期拐点也意味着不动产作为居民最主要资产形式的局面将发生重大转变。目前在中国不动产占资产比重超过60%，远超过发达国家的水平。随着房地产拐点的出现，房地产投资的财富效应大幅降低，在大类资产配置中的地位也将下降，居民对股票、债券等金融资产的需求明显增强。根据招商银行和贝恩咨询2013年的调研，约35%的高净值客户表示希望减持房地产投资，对于资金撤出后的投向，一般客户表示将考虑转向债券、股票和信托产品等金融资产，而《安联2014全球财富报告》也体现了这种变化趋势。报告显示，2013年中国大陆居民金融资产的同比增速高达22.7%，超过了亚洲平均12.2%和全球平均9.9%的增速，处于明显的"追赶"过程中。截至2014年第三季度末，证券投资信托规模1.74万亿，占信托整体规模的14.27%，房地产信托的扩张相对谨慎，占比为10.38%，较去年末的10.03%小幅上升0.35个百分点，相较于二季度末的10.72%小幅下降0.34个百分点。从趋势来看，资金流向房地产将更加谨慎，更多资金转向金融资产。

2. 资本市场在信用创造和配置中的作用更加显著

金融危机之后，美国率先推出量化宽松政策，导致美联储资产负债表迅速膨胀，美联储目标利率也一直维持在0—0.25%；随着危机演变，全球经济复苏缓慢，日本、欧洲等相继推出量化宽松政策，基本维持"零利率政策"，央行资产负债表均大幅扩张。其他许多国家也采取极其宽松的货币政策，甚至有采取负利率政策。采取宽松货币政策和竞争性贬值的货币战已成为各国普遍的选择。

危机之后中国采取了比较理性的态度，没有随波逐流。但是在当前国内经济下滑压力较大，外部人民币随美元被动升值抑制出口的不利局面下，货币当局政策有了明显改变，在2014年11月份降息、降准之后，2015年再度降准，货币政策进入扩张期。

从货币政策传导机制角度看，在外汇占款增速放缓的情况下，央行货币投放主要的手段是降准、向银行尤其是政策性银行再贷款、公开市场操作以及债务货币化，即在资本市场直接购买债券，投放货币，这也是当前各国普遍采取的做法。当前我国央行手段还是较为丰富，而且央行在2014年还创造了很多短期流动性调控工具，也是与欧美相比一大优势。从金融中介来看，过去货币主要是通过银行信用创造，但是当前银行受到房地产下行、企业杠杆率偏高、信用风险较大以及银行资产负债表变化等不利因素制约，银行系统存在"惜贷"倾向，这就意味着单独依靠银行，货币政策传导可能存在问题。在这种情况，资本市场在货币传导中的作用就突现出来。从过去数据看，非银行信贷融资在社会融资总规模中的占比已大幅上升，未来随着资本市场发展，占比有望进一步提升。资本市场发展一方面有利于将利率等价格信号更敏感地传导至居民、企业、私人部门，另一方面有利于央行通过公开市场操作，直接反映政策意图。此外，随着经济转型，创新类企业资金需求量较大，但往往处于企业生命周期的初创期和发展期，缺乏有效的担保品和稳定的盈利，不能得到银行信贷资金大规模支持，需要资本市场上风险投资、天使基金以及发行高收益债券、在新三板上市等渠道融资。因此经济新常态，意味着未来货币政策传导机制有望发生重大改变，也意味着资本市场在信用创造和信用配置的作用更加重要。

3. 利率市场化对银行体系资产负债表产生重大影响

从负债端来看，利率市场化导致去存款化趋势明显，居民金融资产配置更加多元化。近年来我国利率市场化明显加速，带来的直接影响是居民存款的理财化趋势，过去两年银行理财增长迅速。2013年全年新增3万亿，2014年前5个月就增加4万亿，全年或达到7万亿左右。由于货币市场基金和银行理财的崛起，使居民储蓄发生了重大变化，2014年3季度金融机构总存款首次出现下降，而且由于目前理财收益率与存款相比仍具有优势，例如2014年降息之后股份制银行3个月理财预期收益率5.3%，远高于同期2.8%左右的存款利率，超额预期收益率的存在意味着"去存款化"进程仍存在很大空间。

从资产端来看，在以往银行资产负债结构中，资金主要来源于存款，资产主要是信贷，只有少量资金投向债券市场。随着负债结构变化，尤其是理财比重大幅上升，银行资金投向发生了显著变化。根据监管要求，银行理财资产只有35%以内可以配置在非标资产（贷款），65%必须配置在以债券为主，也有部分股票的金融资产。由此可见，银行资产运用发生了巨大变化，由原来的存款—贷款—企业投资，部分改变为银行资金（主要是理财）—证券产品—投资，这实际意味着原有的投融资体制正在发生改变。从趋势上来看，目前50万亿左右的居民储蓄，假如有一半被理财替代，即意味着有20万亿增量资金进入证券市场，这无疑构成了对证券产品的巨大需求，因此利率市场化导致了金融资产配置的显著变化，导致了原有的间接融资模式迅速转向直接融资模式,进而刺激了证券市场的大繁荣。

4. 市场化改革提升资本市场内在发展动力

经过20多年发展，我国资本市场尽管发展较快，但由于仍处于新兴加转轨阶段，一些体制性、机制性问题依然存在，由于缺乏顶层设计和长远规划，部分改革的效果也大打折扣，一些领域的改革甚至陷入反复的境地。制度不健全，导致资本市场表现与宏观经济"脱钩"，不能作为宏观经济的"晴雨表"，危机后其他大国股市大涨，中国 A 股在 2013 年前"熊冠天下"，令投资人寒心。

作为资本市场主要参与者的证券公司更是经历了"失去的十年"，与商业银行相比，有被边缘化的风险。截至 2012 年底，国内 114 家证券公司总资产为 1.72 万亿，只相当于银行业的 1.3%，与国际同行相比，2012 年 114 家证券公司当年营业收入为 1294.7 亿元，净利润 329.3 亿元人民币，而高盛当年净营业收入和净利润分别为 2121.3 亿元和 464.5 亿人民币，高盛总资产尽管从危机前的 1.1 万亿降至 9500 亿美元，仍是中国整个证券业的 3.4 倍。

面对证券业的生存危机，2012 年 5 月证券公司创新发展研讨会在北京召开，监管层推出《关于推进证券公司改革开放、创新发展的思路与措施》，发出了证券业作为本轮金融改革重头戏的最积极信号。2014 年 5 月 9 日国务院发布了《关于进一步促进资本市场健康发展的若干意见》，被市场称作"新国九条"，对新时期资本市场改革、开放、发展和监督等进行了统筹规划和总体部署，"新国九条"核心内容包括了发展多层次股票市场、规范发展债券市场、培育私募市场、推进期货市场建设、提高证券期货服务业竞争力、扩大资本市场开放等。资本市场推出了一系列重大改革措施，推动了市场深化和繁荣。

首先，证券公司进入了创新发展新阶段。证监会颁布了《证券公司风险控制指标管理办法》，放松了行业净资本监管体系，按新标准，杠杆率上限为 5.5–6 倍；允许证券公司发行收益凭证，解决了负债渠道问题；实现证券账户互联互通，开启了财富管理大门，股票账户具备了支付信托、私募、期货等资产管理产品的功能。同时 2013 年以来证券公司加快了上市、并购重组的步伐，有一批证券公司在 A 股上市；申万与宏源的合并产生了新的资本巨头，产生了积极的示范效应。这些改革举措逐步恢复了证券公司的基本职能，激发了证券公司创新的本性，提升了证券公司与银行、保险竞争的比较优势。

其次，资本市场迎来了改革和创新的高潮。例如新股发行方式向注册制转变步伐加快；上市公司允许发行优先股；资产证券化实现了备案制，2014 年发展迅速，共有 63 只产品发行，远远超过 2012 年的 7 只和 2013 年的 14 只，资产支持债券的发展打通了间接融资与直接融资的渠道，具有非常广阔的发展空间；新三板市场发展迅速，允许证券公司发展私募业务、柜台业务，开展交易业务；2015 年 2 月推出股指期权，未来一系列新的衍生产品将陆续推出，衍生品市场的形成对证券投资带来了深远的影响：一是有利于形成新的收益率曲线，真正意义上的对冲基金有望出现；二是投资策略更加多元化，提供了更多的 alpha 策略工具，也使情绪驱动下的中小市值标的行情可能受到抑制；三是提供了看空、做空的市场工具，大幅增强了投资者挖掘负面信息的动力。2014 年融资融券业务发展迅速，余额超过一万亿，2014 年也被称作 A 股杠杆化操作元年。

最后，中国证券市场国际化步伐加快。伴随着人民币国际化，中国资本项目开放，A 股的国际化步伐也在加快。2014 年沪港通的开启，打通了国内与国际资本市场，标志着中国资本市场国际化迈出了重要一步。英国《金融时报》认为，沪港通的启动或将改写全球投资版图。美国《商业时报》称，这一举动将允许外国投资者史无前例地进入中国 13 万亿人民币的股票市场，将上海和香港两地的股票市场联结起来，将创造世界第三大证券市场。《华尔街日报》则称，此次沪港通和上世纪 80 年代伦敦金融"大爆炸"类似，那次变革令伦敦得以与纽约抗衡，成为世界顶级金融中心。因此，越来越多的国际资本开始进入中国证券市场。2014 年境外机构加大了人民币债券投资力度，在股票市场，EPFR 显示，截至 2014 年 9 月底，全球资金配置 A 股和中资概念股的总规模约为 3497 亿美元，随着中国资本市场的开放，A 股将逐步成为国际投资者全球资产配置重要的标的。

总之，上述金融新政使资本市场迎来爆发式增长的繁荣时期。这种积极变化激活了中国证券市场，激发了各类资金参与资本市场的热情，推高了股票指数，也增强了市场发展的信心。展望未来，金融改革尤其是证券法的修改，将进一步推动中国资本市场的爆炸式发展，市场将进入大繁荣的新阶段。

三、互联网金融强势崛起

近年来，我国金融领域另一个非常显著的变化是互联网金融的强势崛起。

互联网金融在国外已发展多年，例如美国第三方网络支付商 Paypal（贝宝）早在 1999 年就设立了货币市场基金，到 2007 年基金规模达到 10 亿美元（但在危机后 2011 年 7 月 29 日由于收益率缺乏吸引力被迫清盘）。据德国联邦统计局的数据显示，2000 年到 2012 年，德国互联网银行的顾客数量从 400 万扩大到 1600 万人。很多德国银行和网络购物平台也推出类似国内余额宝等金融产品。

在中国，在电子金融化浪潮中，不仅商业银行、证券公司等金融机构发生脱胎换骨式的变革转型，一些互联网运营商也以网络为主要渠道，在数据开发的基础上挖掘金融业务的商业价值，独立或联合金融机构开展金融服务，例如腾讯、阿里巴巴等，纷纷强势介入金融业务。

过去两年，我国互联网金融发展迅速，截止到 2013 年末，全国范围内活跃的 P2P 借贷平台已超过 350 家，累计交易额超过 600 亿元；非 P2P 的网络小额贷款行业也在不断发展，截止 2013 年末，阿里金融旗下三家小额贷款公司累计发放贷款已达 1500 亿元，累计客户数超过 65 万家，贷款余额超过 125 亿元，整体不良贷款率约为 1.15%。另外，余额宝等基于互联网的基金销售业务飞速发展，截至 2013 年底，余额宝申购客户规模突破 4303 万户，基金存量规模达到 1853 亿元，累计申购金额 4294 亿元。

由于互联网金融通过数据印迹等信息，解决了传统金融业信息不对称的问题，使金融业在一个新的基础上发展起来，充分利于现代技术特别是移动互联网，金融业能与实体经济更深度融合。因此对于这种新的金融形态，很多专家给予了高度评价：谢平教授认为未来有可能出现既有别于直接融资、又有别于间接融资的第三种金融；吴晓求认为将逐步呈现商业银行、资本市场之后的第三代金融业态；国泰君安董事长万建华将之称作平台式金融。

互联网金融把客户体验的快速、灵活、高效放在首位，就如同电商模式对传统店铺的颠覆一样，推动了金融领域市场化变革，也对传统金融机构构成严重挑战。对于信息科技行业的冲击，2013 年 3 月平安集团马明哲董事长表达了对传统金融业的担忧，认为科技行业跨界金融将对传统金融业形成"毁灭性冲击"，在集团内提出"平安未来最大的竞争对手，不是其他传统金融企业，而是现代科技行业。我们现在所面临的是一场现代科技与传统金融业之间的竞赛，谁跑得快谁就赢"。过去两年互联网金融业务的快速发展，对利率市场化、财富管理市场产生的积极推动作用，其作用超过了一般意义上的"鲶鱼效应"，充分印证了马明哲董事长的预言。

随着互联网金融的"野蛮成长"，一些担心和争议也不断出现。例如前证监会副主席史美伦认为互联网金融可以说是影子银行的一种。当前互联网金融机构的法律定位还不明确，到底是银行还是券商，需要有法律方面的规范，应加大资本金要求并接受不能轻于对传统金融机构的监管。汇丰银行行政总裁王冬胜也认为界定其业务性质是当务之急。百度的 CEO 李彦宏也承认金融与互联网嫁接存在风险，由于对金融行业缺乏足够深入的理解，也缺乏金融产品创新能力，而金融风险超过一般商品，因此也建议加强金融监管。

央行行长周小川在 2014 年两会期间曾表示不会取缔余额宝，对于类似的金融业务的监管会更加完善。央行副行长刘士余也强调"互联网应用的大众化和金融服务的普惠功能提升已呈现深度融合、互相促进的大趋势，互联网金融是创新

的产物，既然是创新，就肯定有失误和风险，一切有利于包容性增长和实体经济
发展的金融服务创新都应当受到尊重，我们既要包容失误，又要防范风险，坚持
底线思维，才能处理好创新、发展与风险之间的关系"。

2014 年 4 月央行在《中国金融稳定报告 2014》中首次列出了互联网金融的
五大监管原则。之后，央行也再度明确指出，互联网金融风险的隐蔽性、传染性、
广泛性、突发性有所增强，央行将对互联网金融的发展与监管问题进行深入研究，
并将研究制定促进互联网金融行业健康发展的指导意见。

总之，尽管存在分歧甚至怀疑，我们相信信息技术对金融业的影响、变革甚
至颠覆方兴未艾，趋势不可阻挡。

四、主要结论

综合上述分析，展望未来，我们可以形成以下几个结论：

一是中国金融进入大爆炸、大繁荣的新阶段。资本市场规模扩张、不断深化
将带来市场质的变化，这种良性推动将使中国金融体系发生深刻变局，即以银行
为主导的投融资体制变为直接融资与间接融资并重的发展格局，金融配置多元化、
金融市场效率提升、普惠式金融的发展也必将与创新驱动、消费主导的经济新常
态深度融合，也必将更好地服务于实体经济发展需要。

二是金融生态更加多元化。未来金融业将呈现出更加明显的混业化、国际化
和平台化竞争态势。在竞争中，各类机构的并购、重组、战略联盟也将掀起新的
高潮，金融生态圈下各方竞合将渐为常态。各种机构必须适应并在这种新业态下
抢得先机，才有望在未来的竞争中处于不败之地。

这种竞合的结果是一方面将形成具有国际竞争力的巨型金融机构和金融集
团；另一方面，市场化的发展必然是在"巨头"之下，各类中小型、专业型机构
更加活跃，形成生态丰富、竞争有序的金融生态。

三是未来竞争的核心将聚焦在客户。万建华曾提出"账户为王"，得账户者
得天下的竞争理念，互联网金融的崛起更是印证了这种理念的前瞻性和准确性。
未来围绕账户的竞争也将更加白热化。同时，为了争夺客户，各机构的经营理念、
组织架构、服务水平、创新意识也将发生深刻变化。

（2014 年 12 月）

第三章　流动性脆弱

3.1　流动性与流动性风险

一、流动性的界定

1. 流动性的含义

对于流动性的定义一直是众说纷纭。中国人民银行在《2006 年第三季度货币政策执行报告》中，认为从流动性的本意出发，可以推出市场流动性和宏观流动性两个层面。所谓市场流动性，就是在几乎不影响价格的情况下迅速达成交易的能力。国际清算银行（BIS）在 1999 年的一次会议上也给出了类似的定义："具有流动性的市场是其参与者能够很快地执行大额交易，而对价格的影响很小的市场"。所谓宏观流动性，人民银行认为可以理解为不同统计口径的货币信贷总量。也有人将流动性分为三个层次：一是将流动性界定为银行体系内；二是将实体经济密切相关的货币供应量视同为流动性；三是将经济社会中一切在一定条件下具有变现能力和支付能力的金融资产视为流动性。王国刚（2010）认为流动性大致有三个层面的含义：一是货币和货币类资产；二是资产的变现难易程度和变现能力；三是市场资金宽裕程度。彭兴韵（2007）则认为流动性可以分为市场流动性、银行体系流动性与宏观流动性。

为了简化分析，本章对于流动性的定义主要借鉴人民银行的分析口径，即将其分为两个层次，市场流动性和宏观流动性。其中，宏观流动性包括了银行等金融体系的流动性状况，反映了经济和金融系统不同口径的货币及货币资产的宽裕状况。

2. 宏观流动性与市场流动性的关系

在对流动性进行分层后，需要进一步考虑不同层级的流动性之间的关系。例如，是否宏观流动性强，尤其是在流动性过剩时期，市场流动性就一定强，流动性风险就减弱？

从现实来看，过去十多年尽管宏观层面流动性比较宽裕，甚至流动性过剩问题较为严重，但是在金融市场层面，由于流动性缺失问题导致的金融价格大幅波动的情况仍时有发生，最为严重的就是长期资本公司（LTCM）倒闭事件和2008年以来的金融海啸，这就表明宏观流动性与微观流动性存在一定的差异。

那么，如何解释宏观流动性与市场流动性的关系呢？我们认为，尽管两者表达的内容有所差异，但是并不是割裂的，可以通过机构资产负债表变动，尤其是杠杆率的波动对两者的关系进行较好解释。

在过去十多年中，宏观流动性充足和波动率较低，有利于银行等金融机构资产显著增长。从大型商业银行的资产负债构成来看，由存款提供融资的贷款在减少、贷款占总资产的比率也在下降，投资增长则明显加快；同时，银行越来越依赖来自货币市场的流动性（即同业借款和其他形式的短期和长期债务）或从出售可交易证券中获得流动性。例如，在本次金融海啸之前，欧洲和美国十家最大的公开上市银行，在此前的5年间总资产增加了1倍，增至15万亿欧元，由于交易和投资工具的风险权重大大低于贷款，因此银行资产负债表的杠杆率大幅上升（IMF，2008）。对于投资银行而言，在危机前美国投资银行的杠杆率通常为30倍左右，在2007年底，瑞银的总资产为2.27万亿瑞士法郎，而它的净资产只有425亿瑞士法郎，杠杆率达到了53倍，同时，投资银行的负债以短期负债为主，存在比较严重的资产负债期限错配问题，过度依靠短期债务为长期持有的非流动性资产融资（斯蒂芬、申铉松，2009），如表3-1所示。

表3-1 雷曼与贝尔斯登危机前资产负债结构　单位：%

	雷曼兄弟（总资产6910亿美元）	贝尔斯登（总资产3950亿美元）
资产项	100	100
抵押贷款	44	32
多头头寸	45	43
应收账款	6	14
现金	1	5
其他	4	6
负债项	100	100
抵押借款	37	34
应付款	12	22
长期债务	18	17

续表

	雷曼兄弟（总资产6910亿美元）	贝尔斯登（总资产3950亿美元）
空头头寸	22	11
短期债务	8	11
股权资本	3	3

（数据来源：2007年相关年报）

这就意味着，从宏观来看，流动性宽裕以及波动率降低导致了各类金融机构普遍加大了杠杆率，普遍依赖货币市场（回购等方式）融资；而且普遍采取了短期负债为长期资产融资的模式，导致了金融机构的资产负债表大幅扩张。

从资产负债表增长的角度来理解，流动性是一个流量而非存量。上述分析了流动性的扩张过程。反之，当回购估值折扣上升时，所有资产负债表都会同时缩水，放款意愿也会随之普遍下降，价格的下跌导致了所有金融机构市值的大规模蒸发和融资能力的枯竭。一旦流动性出现短缺，它会全部消失，而不是再分配到其他地方。从整个金融体系来看，随着金融机构资产负债表的调整，资产价格的大幅下降导致了金融市场的崩溃，并进而导致了市场融资功能的丧失，使宏观流动性由流动性过剩转为流动性不足[①]。

二、流动性风险

通常来讲，流动性风险主要是指市场流动性风险，即是指投资者在买卖证券时有可能面临因市场缺少流动性而引致的交易困难和交易成本上升，但仍无法交易的不确定性。从根源来看，流动性风险缘于单个资产、金融机构乃至整体市场流动性可能的波动。从具体指标看，衡量市场流动性主要有三个（见 Kyle（1998））：（1）市场宽度（Breadth），即交易价格偏离市场有效价格的程度，通常可以用买卖报价价差（bid-ask spread）来度量。（2）市场深度（Depth），它既代表在不影响当前价格下的最大可能的成交量，也可以指在一给定时间委托单上的委托数量。（3）市场弹性（Resiliency），它是指由交易引起的价格波动消失的速度，或者说委托簿上买单量与卖单量之间不平衡调整的速度。如果上述三个指标出现明显变化，就说明市场流动性存在较大的波动，流动性风险可能上

[①] 从美国的情况来看，也确实如此。在市场流动性最差的时期，例如2008年三季度和四季度，是金融市场融资能力最差的时期，证券市场融资规模低于500亿，远远低于之前的1500亿之上的规模；也是美国M1增长速度非常低的时期，增速由2008年3月份的6.9%下降到8月份的5.3%。

升。

　　具体来看，影响流动性和流动性风险的因素还可能有：（1）信息。如果资产价格信息机构之间大致均匀分布，就会增强流动性。（2）中介。中介（例如经纪商、做市商等）可以提供实时报价，维持资产库存并即使执行交易，中介的存在可以增强市场流动性。（3）潜在中介融资。即机构用自有资产提供融资的能力。（4）交易场所。与场外市场相比，拥有良好的价格记录和公布系统的交易所市场，往往具有较好的流动性。（5）资产类型。一些为客户定制的信用产品或信用衍生产品、结构性产品往往二级市场的流动性不足。（6）交易规模问题。可自由交易资产的规模越大，资产的流动性可能越强。

　　流动性风险是金融市场常见的风险，在正常的市场环境尤其是发达市场中，流动性风险更多是私人部门面临的风险，很少转化成系统性的风险。当市场参与者对其金融产品进行估价和管理其投资组合时，或者证券管理部门执行其相关的政策时，也往往隐含假设了市场流动性的存在。但不幸的是，流动性相对脆弱的本质可能导致其在某些时点出现单方向枯竭甚至消失的现象，进而使全球金融秩序和价格体系的紊乱，给整个金融体系乃至全球经济的平稳运行带来严重的负面影响。研究表明，尽管近十年来金融市场出现了爆炸式增长，但是金融危机的数量并没有减少，反而在增加[①]。

　　流动性突然消失的极端现象被称作流动性黑洞（Persaud，2007）。根据Persaud（2007）的解释，当价格下跌时，通过市场机制，卖方会越来越多，而由于没有竞价的买方，初始价格将远远超过最终的实际成交价格。这种极端没有流动性的情况，就是流动性黑洞。

　　Persaud进一步指出，与流动性相关的是多样性或异质性，而不是规模。Chris（2007）对1997年亚洲金融危机的检验结果表明，流动性黑洞在外汇市场普遍存在，而在债券市场则没有。主要原因是与债券市场相比，外汇市场多样性特征更差，当市场很大，但缺乏多样性时，就容易陷入流动性黑洞。

　　从实践来看，随着金融市场的发展，市场的多样性不断降低。其主要原因在于：一是信息成本的大幅降低，导致市场成员观点的差异性明显降低。二是市场合并。市场成员合并导致了尽管市场能够流动性的平均水平可能很高，但是却

---

　　① 例如，在1987年10月席卷全球的股灾，以及1997年亚洲和1998年俄罗斯的金融危机中，流动性在世界上许多主要国家的金融市场上突然消失，导致全球金融秩序和价格体系的紊乱，给整个金融体系乃至全球经济的平稳运行带来了严重的负面影响。

被少数几个大的参与者所统治①。三是市场敏感性风险管理系统与《巴赛尔新资本协议》。由于市场参与者通过金融创新进行套利或者规避风险，导致市场复杂性爆发性增长，而在风险评估方面，已有的风险管理系统并没有使金融体系更加巩固、更加有效，而是更容易遭受金融危机。四是在险价值（VaR）和盯市（Marking-to-market）等内部风险管理体系。这些风险管理体系根本的问题在于，它们假设银行和其他市场参与者行为是相互独立的，而且头寸也是独立的。但是实际上，由于参与者的资产组合趋同性越来越强，当市场波动时，如果一家机构要求出售风险资产，导致价格下跌，可能会导致其他机构触发风险限制，产生"羊群效应"，结果是更多机构、更大范围的资产以及更多的市场受到了冲击，进而产生了系统性的流动性风险。

三、流动性风险与其他风险互动

1. 流动性风险与融资风险互动

在分析流动性风险时，实际上已经区分了市场流动性和融资流动性。所谓融资风险是指专业投资者和投机者从资金所有者手中获得资金的难易程度。融资流动性高，即市场充斥着流动性，融资能够顺利进行。融资风险一般是指投资者通常面临下列三种风险：（1）保证金、资产估值折扣风险，即保证金和资产估值折扣上升带来的风险；（2）展期风险，即短期融资展期难和展期成本过高的风险；（3）赎回风险，即银行的活期存款或诸如对冲基金之类的股东提取资金的风险。

从市场层面来看，流动性风险与融资风险也经常是互动的。马库斯（2009）总结了市场风险与融资风险互动并导致冲击扩散的几种机制：一是借款人的资产负债表效应：损失螺旋和保证金螺旋②。二是贷款渠道。在压力时期引发信贷减少的两个主要机制是监管的道德风险和预防性惜贷。三是金融机构挤兑。四是网络效应，即交易对手信用风险和锁死风险（gridlock risk）。现代金融框架是金融债务相互交织的一个网络，交易对手风险的提高创造了额外的融资需求并引发了潜在的系统风险。

这里需要强调的是，经典的"挤兑模型"主要应用于银行，但是在金融市场

---

① 1995 年 BIS 的外汇活动调查表明，来自 26 个国家的 2417 家银行参与了外汇交易，到 2001 年该数字降低了 20%，仅有 1945 家。1995 年，美国 20 家银行占据外汇市场交易的 75%，到了 2001 年，仅仅 13 家银行就占据了市场交易的 75%（Persaud，2007）。

② 损失螺旋是指杠杆投资者由于资产价值下降而使资本净值受侵蚀的速度快于资产总值（杠杆的作用），可以借款的额度也随之减少。由于资产的抛售打压了价格，从而引发更多的抛售，从此循环，在这一过程中，保证金螺旋／资产估值折扣螺旋会强化损失螺旋。两者循环，进而导致价格更大幅度的下跌。

中,挤兑同样存在,例如 2008 年 3 月贝尔斯登实际上经历了一场类似银行的挤兑。2007 年 7 月以来的事件证明,当融资条件恶化的可能性升高,许多投资者试图同时出售资产时,就发生了市场挤兑。同时,挤兑不仅是针对债权人,同样可以扩展到股东,例如对冲基金和共同基金的持有人。

2. 流动性风险与信用风险互动

复杂、高效的金融体系是支撑宏观经济运行的重要基础,但是高杠杆的运用却使得金融市场并不像看上去那样美丽,高度耦合且相互依赖的微观主体使得金融系统面临较高的流动性风险,如果单个机构出现流动性问题,就可能传到其他金融机构。事实上这一流动性风险也部分源自于市场对信用风险的关注,当系统流动性处于收缩周期时,金融机构对交易对手的信用风险也空前关注,资金出借方出现"惜贷"等行为,因而进一步加剧了流动性紧缩。在对金融海啸的分析中,我们也会进一步看到,流动性风险与信用风险的互动导致了次贷危机逐步演变为一场全球性的金融危机。

流动性风险与信用风险的互动不但体现在国外,在我国债券市场,2011 年 6 月份以来,由于投资者担心城投债的信用风险问题,纷纷抛售,与此同时,由于央行大幅收紧流动性,7 天回购利率持续两个月超过 5%,达到历史最高水平,流动性过于紧张促使信用利差进一步扩大,并最终导致城投债在短短 1 个多月时间内价格下跌了 5% 左右。

3.2 货币本位与流动性

国际货币本位制度决定了国际货币的供给机制。不同的国际金融体系下,流动性的创造机制存在差异,对货币供给的影响以及可能产生的流动性波动情况也是不同的。这里我们重点分析金本位和美元本位对信用创造的影响以及潜在的风险。

一、金本位制具有内在的信用紧缩效应

1. 金本位制下的信用创造机制

理论上讲,金本位制度具有自动调节作用,即在国际间普遍实行金本位制的条件下,一个国家的国际收支可通过物价的涨落和现金(即黄金)的输出输入自动恢复平衡。这一自动调节规律称为"物价—现金流动机制(Price Specie-Flow Mechanism)。"它是在 1752 年由英国经济学家休谟·大卫(Hume David)提出的,

所以又称"休谟机制"。其自动调节过程可用图 3-1 表示如下：

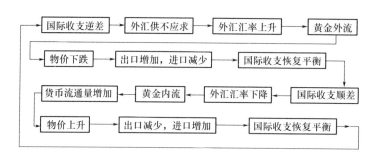

图 3-1　物价 - 现金流动机制

理论上讲，金本位制度具有自动调节作用，能够防止各国贸易账户出现持续的失衡问题，因此不会出现系统性的失衡现象。但是在实践中，金本位制存在一些天然的缺陷：一是黄金增长幅度远远低于商品生产增长的幅度，黄金不能满足日益扩大的商品流通需要，这就极大地削弱了金铸币流通的基础；二是黄金存量在各国的分配不平衡。黄金存量大部分为少数强国所掌握，必然导致金币的自由铸造和自由流通受到破坏，削弱其他国家金币流通的基础。

2. 金本位、内在紧缩与大萧条

第一次世界大战爆发后，各交战国为了获得必要的资源来开展全面战争，终止了以固定汇率兑换黄金的承诺，典型的金本位制于 1914 年正式瓦解。同时，一战的爆发和金本位的崩溃，也造成了黄金储备大量涌向美国，由此导致美国信用的快速扩张。信用扩张推动了美国 20 世纪 20 年代经济和资本市场的繁荣，如表 3-2 所示。

表 3-2　1913—1932 年美国黄金储备、货币供应与国内生产总值和股指的比较（%）

	黄金储备	银行信贷	货币供给	标准普尔股价指数	国内生产总值
1913	3	4.9		-12	0.9
1914	1	4.7	3	-1.3	-4.4
1915	22	3	16	16	-0.8
1916	22	16.7	16	26.8	7.9
1917	11	15.5	17	-7.1	0.7
1918	0	10.8	13	-9.4	12.3

续表

	黄金储备	银行信贷	货币供给	标准普尔股价指数	国内生产总值
1919	−2	10.7	13	28	−3.6
1920	2	25.4	−1	−8.8	−4.4
1921	19	−7.7	−11	−22	−8.7
1922	8	−5.3	11	25.2	15.8
1923	5	9.6	0	3	12.1
1924	4	3.7	6	4.4	−0.2
1925	−1	6.7	7	27.2	8.4
1926	2	6.3	−2	15.5	5.9
1927	−1	2.5	1	24.8	−0.1
1928	−3	4.9	3	35	0.6
1929	2	4.6	0	26.2	6.7
1930		−3	−6	−23.1	−9.3
1931		16.3	−12	−36	−8.6
1932		−24.9		−48.9	−13.4

（数据来源：邓肯：《美元危机》，P61—62 整理。）

一战后，为了恢复英镑的国际地位，1925 年 4 月，英国宣布恢复金本位制。然而金本位的技术缺陷在 20—30 年代的金汇兑本位时期更加明显（伯南克，1991）：一是盈余国和赤字国对黄金流动的货币反映是不对称的，即赤字国受到黄金输出的制约会消减货币供应量，引起通货紧缩；但是没有法律限制盈余国冲销黄金流入，并无限地积累储备，因此在金本位制的运行中存在潜在的通货紧缩倾向。这种缺陷进一步被中央银行制定的法定准备金制度放大了。二是储备的波动。例如，20 世纪 30 年代，当贬值的威胁使外汇资产风险增大时，各中央银行曾经一度放弃了外汇储备，进而减少了世界货币的供给。三是中央银行权力不够。在两次大战之间的金本位制下，公开市场操作是不被允许的或者受到严重限制的，这迫使中央银行把贴现政策作为影响货币供给的主要工具。然而很多国家，主要的商业银行很少从中央银行借款，这就意味着除了在危机时期，中央银行对货币供给的控制力可能是非常弱的。

弗里德曼等货币学派强调了货币因素是导致大萧条的主要因素，伯南克在上世纪 80 年代和 90 年代的几篇开创性的论文从金本位的角度进一步研究了货币因素与大萧条的关系。通过建立金本位制下货币供给与黄金关系的模型，伯南克（1995）指出，1931 年前全世界货币 / 黄金比率下降，主要是由于主要国家的中央银行采取了紧缩政策所致[1]。同时黄金向美国的流动性，吸干了其他金本位国家的黄金储备，迫使它们采取紧缩货币的政策。但是在 1931 年之后，全世界范围内的货币 / 黄金比率的大幅下降就不再是刻意的货币政策造成的，而是由于银行恐慌和汇率危机风暴所致：银行危机导致了现金 / 存款比率和银行的准备金 / 存款比率上升，导致货币乘数大幅下降；汇率危机和对货币贬值的担忧导致中央银行把外汇储备兑换成黄金。"黄金争夺战"导致很多国家的货币基础 / 国际储备的大幅下降。

在分析了 24 个国家的样本数据后，伯南克（1991）认为由于金本位具有紧缩性影响，坚持金本位对实际经济活动有负面影响，并且在金本位制和通货紧缩、萧条的严重程度之间存在很强的联系。而较早放弃金本位制的国家经济表现较好的一个原因是它们拥有货币扩张的自由。例如因为英镑高估，英国的失业率在整个 20 世纪 20 年代一直居高不下，1931 年放弃金本位之后，英国是复苏最早的国家之一。

通过对 20 世纪 20—30 年代历史的分析，我们发现：第一，危机之前，信用扩张导致的经济过热和资产泡沫是随后大萧条的重要因素。第二，金本位制下货币具有的紧缩效应是危机传播的重要因素。第三，在危机过程中，银行危机、银行破产对金融危机起到了非常重要的冲击。第四，当时的危机具有较强的通缩—债务危机特征。第五，危机的一个重要结果就是金本位制崩溃，随后被布雷顿森林体系这样新的货币体系所取代。

二、美元本位制无约束与信用扩张机制

1. 美元本位制下的流动性创造机制与内在缺陷

自布雷顿森林体系之后，美元一直充当国际中心货币的角色，其他货币充当外围货币。这一体系除了促成国际交易之外，还有一个功能，即外国货币当局通过选择正式或非正式地盯住美元就可以更好地稳定期国内的价格，同时也基本选择了与美国保持协调一致的货币政策（麦金农，2007）。当然，要发挥美元作为名义稳定器的功能，必须满足两个条件：一是以广义的可贸易的价格指数衡量的

---

[1] 例如 1928 年美联储为了抑制股票市场上的投机，美国实行了紧缩的政策，由于货币对冲，尽管从 1928 年 6 月到 1930 年 6 月美国的黄金储备上升了 10% 以上，但是同期货币基础下降了 6%。

美国价格水平是稳定的，而且预期将持续保持稳定。二是大多数国家都实行相同的国际本位制，即都将货币与美元固定下来。从实践来看，在布雷顿森林体系的初期，由于受到美元与黄金挂钩和固定汇率制度的制约，兑付承诺使美国面临着发行货币的硬约束，同时防止各国为了获得贸易优势而竞相贬值，进而有利于对国际贸易平衡进行调节。

但是，该制度同样面临一些制约因素，最主要的就是"特里芬难题"揭示的内在缺陷，即由主权国家的货币充当国际本位货币时，存在满足国际偿付手段的需要和维持国际信心之间的矛盾。此外，美联储对冲黄金流动和欧洲各国中央银行将积累的大量储备再度投向美国的行动摧毁了货币体系的自动调节机制（蒙代尔，2003）。该制度并没有阻止美国出现大量的财政赤字和实施宽松的货币政策，导致超量发行货币，结果美元面临逐步增大的贬值压力，并最终导致布雷顿森林体系的崩溃。20世纪70年代"牙买加协议"之后，美元完全"去黄金化"、美元与其他主要货币例如德国马克（后来是欧元）、日元、英镑和瑞士法郎等实行浮动汇率，之后美国高而且多变的通货膨胀以及高而不稳定的名义利率极大地损害了美元作为名义稳定器的有效性，上述调节机制完全失效了，并最终形成了全球经济的严重失衡。

自布雷顿森林体系以来，国际货币体系还存在非常强的不对称性的缺陷。作为第N个国家的"中心国家"，美国可以制定独立的货币政策来实现其国内价格稳定的目标，但是其他N-1个国家（"外围国家"），只有通过固定汇率进行套利才能帮助稳定内部的价格水平。换言之，如果其他国家未能阻止其本币对美元汇率的波动，这种波动传导给它们国内价格的程度是非常高的。而20世纪70年代以来美国汇率和利率的大幅波动，正是导致自20世纪70年代以来危机频繁爆发的非常重要的因素。

2. 美元本位下的信用扩张与流动性波动

美元本位制的一个重大缺陷是缺乏调节机制，当美国能以没有任何支持的美元和美元计值的债券作为进口的支付手段时，一个必然的结果就是形成了无论是时间上还是规模上都前所未有的贸易失衡，如图2所示，在20世纪70年代之前，受到布雷顿森林体系制约，美国的财政赤字和贸易逆差规模比较有限，但是随着布雷顿森林体系的崩溃和美元本位制的确立，美国贸易逆差和财政赤字呈现持续的、大规模的攀升。这一过程被两个重要的外部因素所强化：一是全球化推动了国际贸易的快速发展，增加了对国际贸易和支付手段的需要；二是国际货币体系丧失规则，尤其是在浮动汇率制度下，冲突加大，金融危机爆发更加频繁，导致

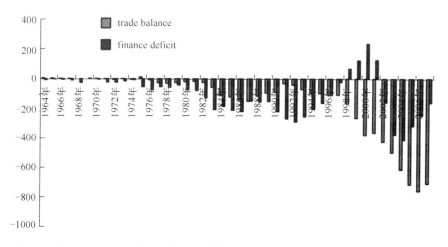

图 3-2　美国 20 世纪 60 年代以来财政赤字与贸易逆差变动情况　单位：10 亿美元
（数据来源：WIND）

了外汇储备的需求进一步增强。

随着庞大的贸易赤字的形成，通过贸易渠道向"外围国家"输出美元，导致流通中的美元呈现爆炸式增长。

在美元本位之下，"外围国家"积累的大量的外汇资产又通过购买美国国债或者存款的形式进入美国银行体系，如表 3-3 所示，发挥了基础货币的职能，再通过美国银行的放贷进一步起到了信用扩张的效果，导致了美国货币供给不断地扩张。

表 3-3　1996—2007 年海外在美国的金融资产负债　单位：10 亿美元

年份	金融资产净增加	金融负债净增加	金融投资净增加	年份	金融资产净增加	金融负债净增加	金融投资净增加
1996	556.7	383.9	172.8	2002	680	153.3	526.7
1997	649.8	377.8	272	2003	823.2	287.7	535.5
1998	474.3	328.8	145.5	2004	1332.5	778.2	554.3
1999	783.2	410	373.2	2005	1032.8	259.5	773.3
2000	940.5	496.5	444	2006	1629.6	800.3	829.3
2001	640.3	225.8	414.5	2007	1583.8	992.6	591.2

（资料来源：美国联邦储备银行：《2007 年资金流动报告》）

　　总之，美元本位下的扩张战略，形成了强烈的信用创造和扩张的过程，导致了全球利率处于较低的水平，并形成了经济持续过热和资产价格膨胀。当美国利率下降到无法对高企的房价进行融资支持时，利率的反向变动就成为刺破资本泡沫的利器，并率先在信用最差的次贷市场引爆，由债务危机进一步蔓延成整个金融危机。

　　在美元本位下，美国作为"中心国家"的政策变动对外围国家的影响显著。这也就决定了在美元本位下，美国金融危机引发的危机传染也将非常严重。已有的研究证明了美国利率政策的变化是导致上世纪80年代拉丁美洲债务危机的主要原因，也是东亚南危机的重要诱因。在金融海啸中，政策冲击引发了全面的流动性危机；同时，受此次金融危机影响，美国国内需求急剧下降，与美国贸易较多的国家出口大幅度减少，使得以出口为导向的国家和企业陷入困境，加快了从金融市场向实体经济蔓延的速度。

三、比较与结论

　　1. 通过比较金本位和美元本位信用创造以及导致的大萧条和金融海啸现象，可以发现，危机的爆发具有诸多相似之处。例如危机前同样是出现了大规模的信用扩张，并由此导致了金融泡沫。当信用收缩时，泡沫刺破形成了危机。同样在危机中，不恰当的货币政策和银行危机是导致危机不断深化的重要因素。因此，我们分析的结果也论证了罗高夫的观点"本次危机在许多关键指标上与国际金融危机史上的经典案例存在令人惊讶的相似之处"（罗高夫，2008），因此从形式上或者危机的过程来看，2008年金融海啸并没有与众不同。

　　2. 金本位下的大萧条和美元本位下的金融海啸有个重要的区别：金本位制尤其金汇兑本位制具有一个重大的缺陷是信用收缩的内在机制，由于金本位对货币制约的非对称性导致了危机在国际上的传染。美元本位制内在的重要缺陷在于由于缺乏约束导致了信用的膨胀。美元本位下的需求扩张战略导致利率偏低成为必然的结果，并导致了金融泡沫和金融危机的循环。

　　在典型的金本位下以及从1944年布雷顿森林体系建立到1971年，全球没有出现大规模的金融危机，然而，1971年布雷顿森林体系崩溃之后，全球范围的金融危机此起彼伏，这说明不受约束的美元本位制是危机形成的最根本的因素。蒙代尔认为，"从防止通胀的角度来看，布雷顿森林体系崩溃以来的国际货币体系是历史上最不稳定的体系"，从防止金融危机的角度来看，当前的货币体系也是最不稳定的体系。"金融危机屡屡发生且愈演愈烈来看，全世界为现行货币体系付出的代价可能会超出从中的收益。不仅储备货币的使用国要付出沉重的代价，发行国也在付出日益增大的代价"（周小川，2009）。

3. 比较分析表明，金本位尤其是金汇兑本位与美元本位都是存在重大缺陷的。从改革国际货币体系的角度来看，希望恢复金本位的"复古"思路可能性和可行性都很小。同时，尽管有人建议"创造一种与主权国家脱钩、并能保持币值长期稳定的国际储备货币，是国际货币体系改革的理想目标"（周小川，2009），但是在操作上还需要艰巨的工作，可能需要漫长的时间。从中短期来看，取消美元作为主要储备货币地位的可能性不大，我们需要做的是结束美元作为没有约束的中心货币的霸权地位。要解决当前美元本位制下存在的诸多缺陷，例如缺乏稳定的基准和明确的发行规则、对其供给和信用扩张缺乏约束、不具有调节国际收支失衡的机制、无法超脱于一国的经济状况和利益等缺陷，一个可能的选择就是逐步建立具有竞争性的货币体系，即中心货币不仅仅是一种货币，而是具有影响力的几种货币，形成竞争性的多元化货币体系。

（2010 年 2 月）

3.3 货币当局与流动性

从货币供应的层面来看，中央银行主要通过运用各类货币政策工具，改变央行资产负债表规模及结构，影响基础货币规模和增长速度，进一步，通过改变货币乘数影响货币流通量，进而影响宏观流动性状况。

一、基础货币主要影响因素

2002 年 1 月，人民银行采用了"储备货币"的口径，包括中国人民银行所发行的货币、各金融机构在人民银行的准备金存款，邮政储蓄存款和机关团体存款。2003 年 8 月，邮政储蓄资金管理体制改革之后，储备货币中统计邮政部门的存款调整为"邮政储蓄在中央银行的转存款"，这样基础货币数据与储备货币统计数据一致。

从央行资产负债表的角度来看，储备货币 = 国外资产（主要是外汇）+ 国内资产（包括对政府债权和对金融机构债权）– 发行债券 – 国外负债 – 政府存款 – 自有资金 – 其他负债。

从资产方来看，目前影响较大的资产分别为国外资产（外汇）、对其他金融机构债权、对存款货币银行债权以及其他资产。从每月变动情况来看，变动最大的是国外资产，此外对特定存款机构债权有些月份尤其是 2005 年以来波动较大，也成为影响资金投放的重要渠道，其他内容变动幅度相对较小。

从负债角度来看，比重较高的分别是债券发行（央票），政府存款和其他负债等，进一步分析可以发现，债券发行非常大，已经成为回笼基础货币的重要工具；财政存款变动则具有很强的季节性特征，如图 3-3 所示。一般来说，前 10 个月尤其是上半年存款增加，起到了紧缩货币供给的作用；11—12 月份，尤其是 12 月份是财政集中支出的月份，对货币短期冲击较大，例如 2009、2010 年存款减少分别达到了 9860 亿和 9360 亿，成为货币投放的重要渠道。

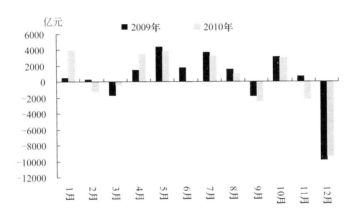

图 3-3　财政存款波动具有很强的季节性特征　单位：亿元
（数据来源：WIND，BLOOMBERG）

总之，影响基础货币投放的主要因素分别是外国资产（外汇）、债券发行（央票）、政府存款、对特定存款机构债权、其他负债等。其他负债有时也有较大的波动，但是由于主体组成以及影响因素不详，我们不作主要分析对象；而对特定存款机构债权，其内容应该主要是对农信社、证券公司等的再贷款。随着改革进程的深入，该项内容对基础货币的影响应该逐渐减小。因此，我们可以大致判断基础货币发行主要受到外汇资产、央票发行和政府存款三项因素影响，即基础货币大致可以看作是外汇资产与央票和政府存款变动的差额。2002 年以来的数据显示，上述三项内容与基础货币变动情况具有较好的拟合度，如图 3-4 所示。

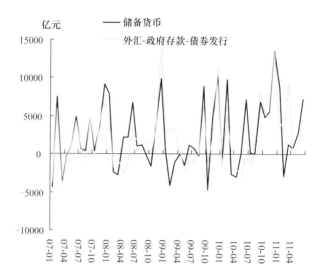

图 3-4　储备货币与主要要素变动情况　　　　单位：亿元
（数据来源：WIND，BLOOMBERG）

二、货币当局政策与货币调控

1. 政策选择与政策效应：紧缩效应与替代效应的平衡

从央行资产负债表进行分析货币政策操作可以发现：当央行资产方膨胀时，负债方被动同时扩张，这时央行为了稳定货币供给，只能通过上调准备金率和发行央票的方式进行对冲。当资产扩张较为平稳，即基础货币增长较为平稳时，央行进行政策操作可能更多的是对负债项进行调整，以降低政策操作成本。

2003—2008 年，由于我国持续的贸易顺差，以及人民币升值预期引起的资本流入，央行累计了大量的外汇资产。这时外汇占款成为基础货币主要甚至唯一的投放渠道，因此在央行以发行央票以及大幅上调存款准备金率（准备金率上升到 17.5%）的方式进行对冲。这一时期央行大幅提高准备金率主要发挥了政策的紧缩效应。

2008 年以来外汇资产总规模的增速开始出现比较明显的下行。从图 3-5 和图 3-6 可以看到，近年来外汇增速有所放缓，增速低于基础货币增长，而基础货币中金融机构存款增速大幅上升是导致基础货币上升的主要原因，如果剔除这一因素，可以发现货币发行增速也是比较平稳的，这就表明，准备金率上升对于对冲外汇占款、确保基础货币平稳增长起到了积极作用，而央票发行（债券发行）

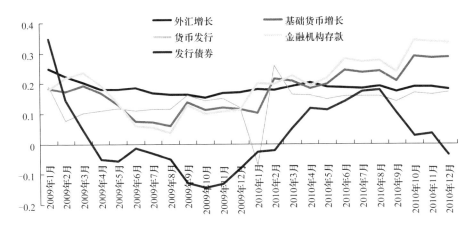

图 3-5　基础货币等增长情况
（数据来源：WIND，BLOOMBERG）

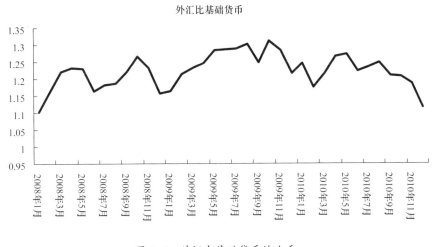

图 3-6　外汇占基础货币的比重
（数据来源：WIND，BLOOMBERG）

的对冲作用比较有限。从趋势来看，未来外汇占款增速有望保持平稳增长，同时外汇占基础货币的比重明显下降，由高点的130%降至12月底的111%，因此对冲压力也将有所减弱，在这种情况下，通过上调存款准备金率来对冲外汇占款的压力也就有所降低。

在对冲压力降低的情况下，央行为何要大幅提高准备金率呢？我们认为在2011年前几次上调主要原因在于发挥替代效应而非紧缩效应，后几次可能主要发挥了对冲效应。

所谓替代效应主要是指准备金政策与公开市场操作的相互替代。货币政策的替代主要有两方面原因：

第一个原因是，2010年四季度以来到期央票（包括了回购）规模巨大，很难通过再度发行央票来对冲到期的央票，例如到2011年5月前后，央票存量大致3万亿，比去年10月前后的高点4.8万亿降低了1.8万亿。巨量到期央票，如果不希望投放现金，就需要通过公开市场或准备金率来对冲，央行无疑选择了准备金政策，而要对冲1.8万亿的资金，大致需要上调4—5次准备金率，这就解释了为何在5月份之前为何连续上调准备金率，但是市场并不感觉到流动性紧张，主要原因就是政策发挥的主要是替代效应，而非紧缩效应，如图3-7所示。

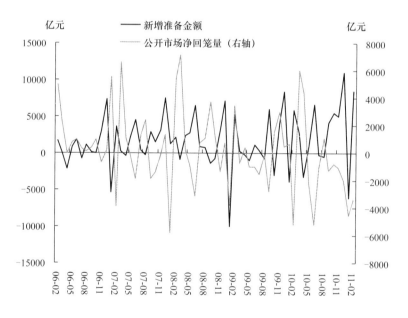

图 3-7　准备金与公开市场操作之间的替代
（数据来源：WIND，BLOOMBERG）

第二个原因是，央行对冲外汇占款的成本较高。这主要是央行面临两方面的错配：一是货币错配，即作为资产方的美元在不断贬值，而作为负债方的人民币在不断升值，因此央行面临较大的汇兑损益；二是利率错配，即作为资产的美国国债利率低于作为负债的央票利率。过去几年中国债券利率普遍高于美国，1年期央票与1年期美国国债利差大致为3%左右，如图3-8所示，受到货币错配和

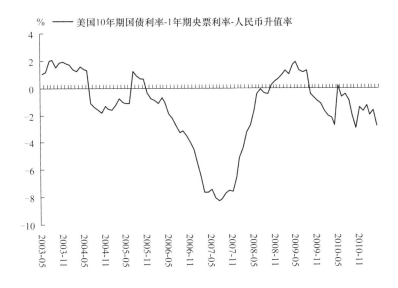

图 3-8　按人民币计价的央行冲销净收益率
（数据来源：WIND，BLOOMBERG）

利率错配的双重影响，尤其是考虑到当前央行资产负债表急剧扩张的情况下，央行政策调控的成本非常巨大。

在这种情况下，央行降低冲销成本的选择就是以准备金替代央票，以当前的情况为例，法定存款准备金的利率为 1.62%，3 个月、1 年期央票的发行利率分别为 2.91%、3.30%。从冲销成本来看，上调存款准备金的成本比发行央票的成本要低。假设央行每年新增 3 万亿人民币的外汇资产，完全采用准备金来对冲比完全采用央票要节省 400-500 亿人民币左右。因此，为了节约成本，央行可能会比较倾向于采用成本更低的准备金方式来对冲。

除了考虑到成本因素外，央行可能也在平衡准备金政策和央票发行对商业银行等金融机构资产负债表扩张影响的差异（也就是所谓的货币乘数问题）。尽管从理论上讲，央票发行和上缴准备金率起到同样的收缩流动性的作用，但是对银行信用扩张的影响是不同的，主要原因在于影响银行信用扩张可能性的主要指标是超额储备的规模，准备金率上升对超储率的挤压效果要远好于央票，因为央票的流动性强，同时商业银行的主动性较强。因此，从调控商业银行资产负债表的角度来看，准备金率的效果要好，也更有利于调控通胀目标。

总之，当前央行会在数量和利率政策之间做出平衡，也需要在准备金和发行央票两种对冲方式之间平衡。

2. 需要讨论的问题：准备金政策是否能有效控制社会融资总量？

提高准备金率对于抑制银行信贷，是否有效呢？

从商业银行的资产组合来看，如果准备金率上升，银行可能首先选择的是降低超储率，之后可能会减少债券投资（甚至卖掉债券投资），最后才可能是减少信贷。这就意味着，准备金政策对影响信贷的作用比较间接。从全国大型银行（五大行加国开和邮储）2010 年资产结构变动发现，随着缴存准备金占存款的比重由 14% 上升到 17% 左右，贷款占比也在震荡上行，从 62% 最高上升到 11 月份的 65%，而债券投资占比则由 31% 下降到年底的 29%，如图 3-9 所示。从整个金融系统来看，尽管准备金率持续上升，超储率不断下行，但是 4 季度的信贷增长依然较快，2011 年 1 月份的也再度超过 1 万亿。这就意味着准备金政策效果并不非常明显。

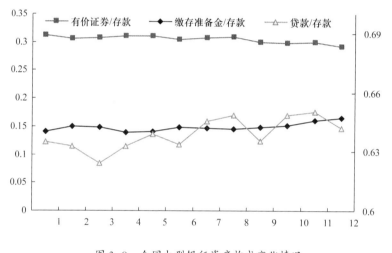

图 3-9　全国大型银行资产构成变化情况
（数据来源：WIND，BLOOMBERG）

从趋势上看，如果央行继续偏好上调准备金率政策，那很有可能在达到约束信贷之前，债券市场已经受到了非常严重的冲击，这种冲击不但反映在债券价格的大幅调整，而且反应在债券市场发展面临困境。从当前各发债主体公布的发债计划可以判断 2011 年债券发行可能超过 2.8 万亿，超过 2010 年的 2.5 万亿，债券市场将迎来快速发展的一年，但是如果受到流动性约束，今年债券发行将变得较为困难，这对债券市场发展构成明显的负面冲击。

当前我国债券市场规模超过了 20 万亿，其中银行持有在 70% 左右，债券不仅已经成为重要的直接融资渠道，而且也是银行重要的资产组成。因此，货币政策操作不应忽视债券市场的存在，在调控流动性时不应涸泽而渔，而是应该疏导流动性流向，在达到宏观调控目标的同时，维持金融市场的相对平稳。

同时，随着金融脱媒过程的深化，社会融资总规模中信贷的比重已经从2002 年的 92% 下降到 2010 年的 56% 左右，如表 3-4 所示，表明单独依靠调控银行信贷对于调控的意义明显下降，因此，央行政策操作需要更多的选择。

表 3-4 2002 年以来社会融资总规模的构成

	2010 年	2009 年	2008 年	2007 年	2006 年	2005 年	2004 年	2003 年	2002
社会融资总量	100	100	100	100	100	100	100	100	100
人民币贷款	55.6	68.1	71.5	61.3	79.3	82.1	78.8	81	92
外币贷款（折合人民币）	2.9	6.6	0.9	4.9	2.6	3.4	4.8	6.7	3.7
委托贷款	7.9	4.8	6.2	5.7	4.7		11.1	1.8	0.9
信托贷款	2.7	3.1	4.6	2.9	2.1	0.1			
银行承兑汇票	16.3	3.3	1.6	11.3	3.8	7	-1	5.9	-3.5
企业债券	9.4	0.2	9.1	3.9	2.1	1.2	1.8	1.6	1.6
非金融企业股票	4.1	3.2	4.9	8.1	3.4	2.5	2.3	1.6	3
保险公司赔偿	1.3	1.2	2.2	1.8	2.1	–	2.1	1.5	2.1
保险公司投资性房地产	0.1	0.1	0.1	0.1	–	–	–	–	–
其他	0.7	0.5	–	–	–	–	–	–	–

（数据来源：人民银行货币政策执行报告 2010 年第四期）

3. 评估政策有效性要关注三个层面问题

（1）表内与表外关系

由于金融发展与金融脱媒，银行表外业务规模越来越大。例如 2010 年 5 月份储蓄存款增长 517 亿，明显低于去年同期。很多人得出了流动性减弱的判断。

那么钱到哪里去了？——在收入增加、消费没有明显变化、房地产和股票低迷的情况下，储蓄为何没有增加呢？一个较好的解释是理财是重要去处，而且从边际上可能在较大程度上改变了存款增量变动，尤其是对大行而言。从趋势来看，理财的发展是利率市场化的重要推进力量，而且从趋势来看，这个过程可能会不断强化。从用途来看，这部分资金主要是信贷和债券投资。因此实际的流动性情况可能要好于从存款角度的分析。这就表明，随着金融创新和深化，仅仅看贷款和存款是不够的，需要从更广义的角度，从这个角度来看，2011 年 8 月央行开始将商业银行保证金存款纳入准备金征收对象是一个重要的创新，也有利于更好地发挥调控效果。

（2）银行"分子"和"分母"的关系

当前制约银行信贷的主要因素是资本充足率，而要提高资本充足率，不外乎分子策略（通过股票发行和次级债等发行，补充资本）和分母策略（以降低信贷增速等方式降低风险资产规模），由于银行的盈利冲动，普遍选择了分子策略，即通过大规模股票和债券融资的方式，提高资本充足率，进而提高了信贷投放能力，当信贷投放受到制约时，银行就会再度进行融资。这种"面多了加水、水多了加面"的做法，使银行盈利能力不断攀升，也导致了信贷调控难度加大。

因此，从调控角度来看，应该建立资本市场的约束机制，甚至在宏观调控的关键时期应该在审批银行融资时采取从严的原则，通过限制银行股权等外部融资，限制银行的信贷冲动。

（3）名义利率与实际利率关系

目前中国利率仍存在一定的管制特征，尽管自 2010 年 10 月到 2011 年 6 月底，基准利率上升幅度只有 75BP，但是实际融资成本已经大幅上升，债券市场上升了 200BP 左右，贷款加权平均利率为 7.29%，较去年同样上升 200BP 左右。从趋势来看，由于利率市场化步伐加快，尤其是贷款利率上浮比重的上升，实际融资成本上升幅度明显超过了名义利率变动。因此，我们在评估政策力度时不能简单地只看名义利率，市场利率变动更为重要。

三、货币调控应高度关注流动性波动及金融市场的稳定——对 2011 年 1 月市场流动性波动的评价 [①]

自 2010 年 10 月份到 2011 年 2 月，随着通胀的升温，货币当局加大了货币

---

① 本部分完成于 2011 年 2 月 8 日，是对 1 月份货币市场流动性大幅波动的评论。

紧缩力度，连续 3 次上调存款准备金率（2010 年以来累计达到了 6 次）、3 次加息，央行的目的是"为了处理好保持经济平稳较快发展、调整经济结构和管理通胀预期的关系，逐步引导货币条件从反危机状态向常态水平回归"。尽管从宏观层面来看，例如 M1、M2 和信贷增速变化较为平缓，但是从金融市场层面来看，我们却发现流动性已经接近枯竭了，在 12 月份之后，7 天回购利率最高达到 9.5%，3 个月 SHIBOR 也是居高不下，货币市场融资非常困难，如图 3-10 所示。

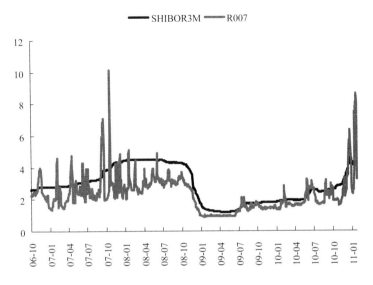

图 3-10　R007 和 SHIBOR 利率变动情况
（数据来源：WIND，BLOOMBERG）

从货币市场的供求结构来看，在回购市场，只有国有银行是主要的净融出方——其他商业银行也由净融资方变为融入方，回购市场具有非常强的寡头垄断特征，如表 3-5 所示。

表 3-5　2009—2010 年金融机构回购和拆借市场净融入、融出规模　　单位：亿元

	回购市场		同业拆借	
	2010 年	2009 年	2010 年	2009 年
国有银行	-237497	-254127	-23502	-17539
其他商业银行	84212	-8636	7286	4367
其他金融机构	121228	232790	13599	7030

	回购市场		同业拆借	
	2010 年	2009 年	2010 年	2009 年
其中：证券与基金	74675	94468	2149	1739
保险公司	21869	40331		
外资金融机构	32057	29973	2617	6142

（数据来源：人民银行 2010 年 4 季度货币政策报告）

截至到 2010 年 12 月底，金融机构超储率为 2.0%，比上年下降了 1.13 个百分点，其中，中资大型银行为 0.9%，中资中型银行为 1.8%，中资小型银行为 4.4%；而在 3 季度末金融机构、大型银行、中型银行和小型银行的超储率分别为 1.7%、1.4%、1.1% 和 2.4%。从数据来看，尽管整个金融系统的超储率在 4 季度末有所上升，这也符合过去的经验，即超储率呈现马鞍状特征，即年初高，年中低；但是，我们也发现大型银行的超储率却从 3 季度末的 1.4% 下降到年底的 0.9%，而大行对于整个金融系统的流动性支持意义更大，由于国有银行的超储率已经接近低点，融资成本上升是必然的。

从资金需求方来看，融资需求较大的一个重要原因是，由于近年来宏观流动性充足和波动率较低有利于推动一些金融机构依赖货币市场（回购等方式）融资；而且普遍采取了短期负债为长期资产融资的模式，导致了金融机构的资产负债表扩张。从本次金融危机来看，这种资产负债结构有以下两个特征，并因此加大了风险程度：一是杠杆率较高，尤其是通过抵押方式进行融资，这就面临着杠杆率较大波动的风险。当估值折扣随着市场条件恶化时，处置资产就成为必然的选择。由于资产流动性较差，抛售资产将导致价格的大幅下跌，这样就触发了损失螺旋和保证金螺旋效应。二是由于金融机构的融资模式和资产组合具有很大的趋同性，因此当一家机构降低杠杆，抛售资产，很可能会产生非常强的外部效应，导致其他机构被动调整资产结构，更多的机构加入抛售行列，就导致流动性的缺失和价格的大幅下跌，并形成了恶性循环。

尽管我们当前的情形远远没有美国的严重，但是应该看到，由于当前我国债券市场规模较大、流动性较差，同时，市场的羊群效应较强，在这种情况下，各类机构资产负债表的扩张，可能就面临较大的风险。在本次调控之后，利率大幅上升，进入 2011 年以来流动性超预期的紧张，导致金融机构一方面面临较大的融资困难，另一方面，价格的大幅波动又使机构投资者很难降低杠杆，因此出现了较大幅度的亏损。

同时，我们还应该看到，当前的债券市场已经不是封闭市场，境外对冲基金和外资银行通过利率互换市场（境外的 NDIRS 和国内的 IRS），利用恐慌情绪，大举做空，导致了互换市场利率上升幅度更大，如图 3-11 所示，而这种变化又导致了债券市场利率的上行，形成了恶性循环。

图 3-11　5 年期互换利率变动情况
（数据来源：WIND，BLOOMBERG）

从 2011 年 1 月份的情况来看，流动性恐慌带来的市场大幅调整，不但导致投资者受到巨大的亏损，而且加大了今后债券发行成本和发行难度。

针对债券市场的压力测试表明，利率风险可能尚不是市场系统性的风险，但是如果流动性过于匮乏导致的流动性风险严峻，可能具有系统性风险的特征，因此值得货币当局高度关注。对于金融市场不理性的反映，央行应该进行适度的引导，通过提供短期流动性支持的措施，稳定市场。

总之，紧缩性的货币政策要兼顾抑制通胀和保持金融稳定。当前频繁应用、一刀切的准备金率政策忽视了对债券市场的冲击，在对银行信贷形成约束之前，已经导致了货币市场和债券市场的极度紧张，并形成了一定的恐慌情绪，这种局面对于今年债券市场的发展将形成严重的冲击；同时，这种情绪如果进一步蔓延到其他市场，例如股票市场，对金融稳定的负面冲击将更加明显。因此，货币当局在调控宏观流动性例如 M2 和信贷的同时，应该保持货币市场和债券市场流动性的相对平稳，避免短期利率持续、大幅的波动，在宏观调控中，也不应该竭泽而渔，应该采取多种手段疏导流动性流向，在达到宏观调控目标的同时，实现维持金融市场相对稳定的目标。

（2011 年 5 月）

3.4 金融中介与流动性

在中国目前还是以商业银行为主导的间接融资金融体系，商业银行在信用创造中起到举足轻重的作用。因此我们先重点分析商业银行与信用创造的关系，之后，将分析金融创新、融资渠道多元化的影响。

一、商业银行资本约束、准备金约束与货币创造

1. 资本约束与准备金约束的理论分析框架

已有的相关文献表明，银行的资本水平对信贷及经济均会产生影响，特别是对于资本充足率水平很低的银行，资本约束将会导致短期内的信贷收缩，这将会限制货币政策的实施和传导乃至影响经济的稳定。此外，研究也表明，资本监管要求对信贷和经济的影响具有顺周期的特征：一方面，在经济较好时期，资本约束相对宽松，信贷扩张能力相对较强，银行并不情愿积累资本，而当经济受到负面冲击开始陷入衰退时，银行积累资本更加困难，资本充足率约束限制银行的放贷能力，进一步使经济陷入衰退。另一方面，经济高涨时期，信用风险降低，而经济衰退时期，信用风险增加，因而在经济衰退期与高涨期相比，银行将面临更严格的资本金约束，风险权重的逆周期性使银行的放贷能力顺周期波动。这种顺周期特征在经济衰退期将进一步加重经济的衰退幅度。

从实践来看，在实施 1988 年巴塞尔协议初期，由于美国商业银行整体资本充足率较低，其中相当一部分大银行低于标准，为避免监管当局的处罚，资本不足的银行被迫降低贷款等高风险资产的扩张速度，一定程度上导致了上世纪 90 年代初期的紧缩。Bernanke 等人对美国的实证研究表明，资本约束对贷款增长具有显著的影响，资本约束强化了货币政策的信贷传导途径，银行资本不足将会产生信贷收缩，进而对经济产生不利影响。此外，日本的经验表明，上世纪 90 年代前期，由于银行的贷款损失准备反映不充分、资本充足率高估，因而资本监管对银行信贷供给的影响不显著。而 90 年代后期，随着资产价格的破灭，日本银

行不良贷款问题暴露，资本充足率大幅下滑，银行体系的信贷供给能力大幅萎缩，导致日本经济陷入长期衰退。

2. 资本充足率与存款准备金的替代关系

监管当局的资本充足率与中央银行的准备金管理具有一定的替代关系，但二者的侧重点又有所不同。中央银行的准备金管理侧重于短期管理，目的是防止银行出现流动性大幅波动问题；而监管当局的资本监管侧重于中长期管理，目的是防止银行出现由违约导致的破产问题。当银行的实际资本充足率高于监管要求时，银行的信贷增长主要受到法定存款准备金率的约束；而当银行的实际资本充足率低于监管要求时，银行的信贷增长主要受到资本充足率管理措施的约束。

理论上，有许多学者分析了资本充足率和准备金率之间的替代关系以及两者对经济的影响。假设商业银行的资产负债表为：

$$R + G + L = D + E$$

其中，R 是准备金，G 是债券投资，L 是贷款，D 是存款，E 是资本。银行受到两方面的约束，一是满足中央银行的法定准备金率要求，二是满足监管当局的最低资本充足率要求，即

$$R \geqslant \rho D \text{ 和 } E \geqslant aL$$

其中，ρ 是法定准备金率，a 是最低资本充足率。求解银行的利润函数可以得到银行贷款、债券及资本的最优水平。如果实际资本充足率高于法定资本充足率，货币政策的有效约束是法定存款准备金率要求的约束，货币政策机制得到有效发挥。随着央行实行宽松的货币政策，准备金总量 R 上升，银行将减少资本，增加贷款和债券的投资规模，图 3-12 中 AA 曲线的实线部分描述这一过程，随着货币的扩张实际资本充足率逐步下降。随着货币政策继续扩张，当准备金总额 R 超过 R* 时，资本充足率将受到约束，图 3-12 中 AA 曲线的虚线部分不可行。而如果将资本充足率要求从 a 提高到 a'，那么临界的准备金额从 R* 下降到 R*'，扩张货币政策实施的空间将进一步减少，当准备金总额达到 R*' 时，资本充足率就将约束货币政策的进一步扩张。但上调资本资本充足率要求与提高法定存款准备金之间有一定的替代关系。即使维持资本充足率要求 a 不变，如果提高法定存款准备金率从 ρ 提高到 ρ'，那么 AA 曲线将左移到 AA'，准备金总额也仅能扩张到 R*' 的规模。效果与将资本充足率要求从 a 提高到 a' 的效果一致。

从长期来看，准备金管理与资本监管的目标是一致的。资本监管保证银行体系的健康和稳定，准备金管理保证了银行体系的流动性，因而在健康和稳定的环

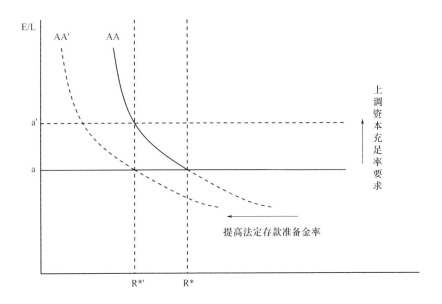

图 3-12　资本充足率与存款准备金的关系

境下，银行的信贷增长趋于合理的水平，而不至于对经济的稳定产生较大的影响。但从短期来看，由于两者的侧重点不同，两者可能产生不一致的地方。资本充足率具有顺周期性会对货币政策的实施产生不利的影响。在经济衰退期，银行的资本充足率下降，银行资本无法快速地补充资本金，从而当资本充足率达不到监管要求时，中央银行试图通过准备金管理扩张信贷增长的意图将无法实现。此时为满足资本充足率的监管要求，银行将收缩信贷，这种信贷收缩将加重经济的衰退程度。

　　总之，理论分析表明，在实际资本充足率较高的情况下，货币政策可以有效地传导，法定存款准备金率是货币政策的主要约束。而在实际资本充足率较低的情况下，资本充足率就替代法定存款准备金率作为货币政策的主要约束，限制了扩张性货币政策实施的空间。在短期内，商业银行由于不能迅速地补充资本金，因而上调资本充足率要求与提高法定存款准备金之间具有一定的替代性。资本充足率也可以作为一个逆周期的调控工具，在货币扩张，经济高增长时，提高资本充足率有利于收紧货币政策，同时也增进商业银行防范风险的能力。

　　下面将分别从存款准备金率变动、资产充足率变动以及银行资产负债表变动等角度，结合近年来中国金融体系的实践，进行案例式分析和预判，进一步说明各类因素对流动性创造和波动的深刻影响。

二、我国准备金率对金融系统流动性的紧缩效应：2008 年的案例分析 ①

1. 观察到的"假象"：金融系统流动性宽松

在评估流动性时，经常采用的指标包括存贷款增速、贷存比等，在 2008 年年中如果仅仅观察这些指标，银行系统的流动性似乎是比较宽裕的，当时的存款增速超过 19%，而贷款增速只有 14% 左右，贷存差明显扩大，贷存比也持续下降至 65% 左右，如图 3–13 和图 3–14 所示。

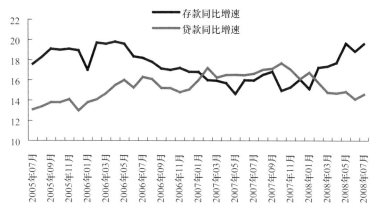

图 3–13   金融机构贷款与存款增长速度
（数据来源：WIND）

图 3–14   金融机构贷存比以及贷存差变动
（数据来源：WIND）

---

① 本部分完成于 2008 年 8 月，主要是针对当时出现银行名义流动性宽裕与实际感受紧张的背景下进行的分析，通过分析，我们得出了后续政策应该放松尤其是下调准备金率的结论，也被后来的实践证实。

上述现象容易给我们形成一个直觉，即当时的流动性非常宽裕，因此央行应该继续采取从紧的货币政策，调控过剩的流动性。但是如果我们将准备金率考虑在内，就会得出截然不同的结论。

2. 调整后的数据：实际数据与名义数据大相径庭

2006年至2008年3季度的紧缩调控中，人民银行偏重数量化工具而非利率工具。在数量化工具中，准备金率政策被频繁使用，从2006年7.5%的水平一直上调至2008年6月的17.5%，成为调控流动性最有力的工具。因此以剔除准备金影响的存款作为分析口径来分析金融系统的流动性状况，更能反映实际的市场状况。

首先需要说明的是，我们所使用的存款数据是金融机构的存款总量，在上缴准备金时，可能会对该数据进行调整，由于我们没有更细致的数据，因此，未做进一步的数据处理。这样做尽管可能会有一定的误差，但是对结论的影响不会太大。

从图3-15我们可以发现，调整后的存款增速一直保持在10%—12%的水平，远远低于名义的17%—19%，其中的差额主要是准备金规模的上升。图3-16进一步显示准备金增长迅速，2008年1—7月每月同比一直保持在80%以上，至2008年7月达7.7万亿，大大挤压了实际存款的增长速度。

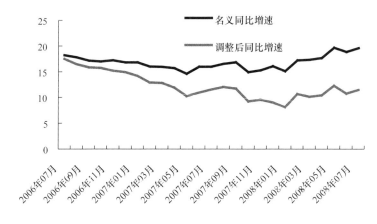

图3-15　名义与调整后存款增速变动
（数据来源：WIND）

调整后的有效存款增速只有10%左右，明显低于贷款增速，如图3-17所示，这与我们观察到的名义数据也有着根本性的差异。增速的差异意味着商业银行贷

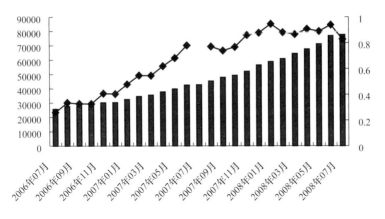

图 3-16　准备金规模以及同比增速，单位：亿元，％
（数据来源：WIND）

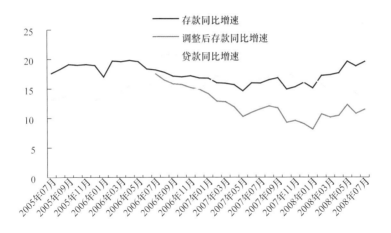

图 3-17　调整后存款增速与贷款增速关系
（数据来源：WIND）

存差增长比较平稳，数据也显示，调整后的贷存差一直保持比较平稳的水平，与名义贷存差的上升趋势有较大差异；同样，与名义贷存比持续下降不同的是，调整后的贷存比呈现持续上升的趋势，至 2008 年 7 月甚至达到了 80％的水平，如图 3-18 和图 3-19 所示。

总之，剔除准备金因素后的调整数据与我们观察到的直观数据相比，趋势大相径庭：名义存款增速是上升的，而调整后的数据是下降的；名义的存款增速快于贷款，而调整后的存款数据则是慢于贷款；名义的贷存比是持续的下降趋势，而调整后的数据则是持续上升。根据调整后的数据，我们会发现货币政策有必要

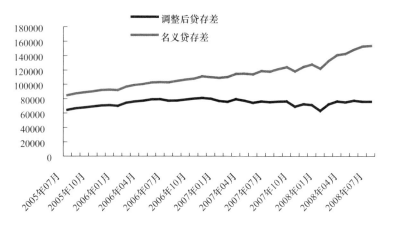

图 3-18　名义与调整后的贷存差变动　单位：亿元
（数据来源：WIND）

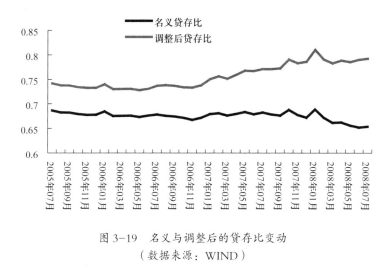

图 3-19　名义与调整后的贷存比变动
（数据来源：WIND）

作出相应的调整。在通胀已不是首要目标的情况下，应适度地放松货币政策，例如减小公开市场操作力度或者适度下调准备金率成为可能。

三、资本充足率对金融系统流动性的约束——2009 年下半年的案例分析[①]

1. 监管部门强化提高资本充足率为核心的监管思路

2009 年 7 月，银监会发布《关于完善商业银行资本补充机制的通知》的征

[①] 本部分完成于 2009 年 7 月 13 日，该报告受到了债券市场投资者以及相关主管部门的关注和积极评价。为真实反映当时的情况，在引用时对主要结论和数据未做调整。

求意见稿，核心思想是，在计算附属资本是应全额扣减本行持有的其他银行次级债务及混合资本债券等。同时，有传言银监会要求上市银行的资本充足率达到9%以上，目前低于该水平的银行已经受到相应的处罚（严格限制购买信用债和贷款投放）。

在以提高资本充足率为核心的监管思路影响下，银行面临两条线的控制：一是2009年10万亿左右新增信贷使得银行资本充足率明显下降，从动态来看，如果2010年再新增8-10万亿贷款，银行可能普遍面临资本金不足的问题，这就倒逼银行发行股票或次级债，这就导致了第二条线的控制，即银行持有次级债不能超过核心资本20%的控制。由于很多银行已经达到或接近上限，同时，如果互持次级债将被抵消资本金，银行次级债发行将面临较大困难，银行将被迫通过股权融资的方式补充资本金。这就意味着在较严监管政策的要求下，银行信贷增长面临较大制约。

2. 对上市银行资本约束与信贷投放能力的具体分析

采用2008年12月的数据和2009年上半年的数据估算，按银监会估计的51%的次级债券为银行间交叉持有，可以估算，如果将银行间交叉持有的次级债从银行附属资本中扣除，那么上市银行的资本充足率下降0.8%左右。而按照上半年各上市银行的次级债规模计算，如果将银行间交叉持有的次级债从银行附属资本中扣除，那么将减少上市银行大约15000亿左右的信贷投放能力，如表3-6所示。考虑到上市银行的信贷占总体信贷投放的59%左右，这一政策对金融系统信贷能力的限制大致在3万亿左右，如表3-7所示。

表3-6　2009年6月30日各上市银行资本充足率情况

	资本充足率	核心资本充足率	次级债券	修正后资本充足率	次级债贡献
北京银行			35		
南京银行	15.20%	13.31%	8	14.66%	0.54%
中信银行	13.42%	11.47%	120	12.61%	
招商银行	10.95%	6.54%	334.4	9.09%	
深发展	8.62%	5.08%	79.7	7.42%	1.20%
华夏银行	10.36%	6.84%	62.5	9.58%	0.78%
中国银行	12.34%	9.88%	600	11.57%	
工商银行	12.09%	9.97%	350	11.76%	0.33%
交通银行	12.57%	8.81%	370	11.39%	1.18%

续表

	资本充足率	核心资本充足率	次级债券	修正后资本充足率	次级债贡献
建设银行	11.97%	9.30%	800	11.56%	0.41%
民生银行	8.48%	5.90%	74.3	8.10%	0.38%
浦发银行	8.72%	4.84%	188	7.46%	
宁波银行	12.84%	11.56%		12.84%	0.00%
兴业银行	9.21%	7.41%	30	8.88%	0.33%
加权平均	11.94%	9.30%	3051.9	11.12%	0.82%

注：其中南京、中信、招商和浦发银行的数据为 1 季度末数据。

（数据来源：各上市公司年报和半年报）

表3-7　各上市银行资本金金额和加权风险资产规模

	Dec-08		Jun-09	
	资本净额（亿元）	加权风险资产（亿元）	资本净额（亿元）	加权风险资产（亿元）
北京银行	380	1,881		
南京银行	119	494	115	757
中信银行	1,070	7,465		
招商银行	1,040	9,172		
深发展	240	2,791	291	3,376
华夏银行	403	3,540	426	4,115
中国银行	5,328	39,669		
工商银行	6,200	47,489	6,643	54,949
交通银行	1,854	13,764	2,012	16,011
建设银行	5,104	41,965	5,855	48,893
民生银行	708	7,679	818	9,642
浦发银行	682	7,518		
宁波银行	93	576	97	755
兴业银行	580	5,137	648	6,958
加总	23,801	189,140	25,406	211,163

注：其中南京、中信、招商和浦发银行的数据为 2008 年末数据。

（数据来源：各上市公司年报和半年报）

如果按严格执行9%的资本充足率要求,那么到2009年上半年,深发展、民生、浦发都有一定的资本金缺口,如果将银行间交叉持有的次级债规模从附属资本中扣除,那么招商和兴业银行也将出现资本金缺口,如表3-8所示。

表3-8 各上市银行资本金缺口

	资本金缺口（亿元）		扣除银行交叉持有次债后资本金缺口（亿元）	
	Dec-08	Jun-09		
北京银行	182	182	174	174
南京银行	70	39	66	35
中信银行	323	255	262	262
招商银行	123	87	-47	-47
深发展	-40	-47	-80	-87
华夏银行	50	15	18	-17
中国银行	1,361	928	1,055	1,055
工商银行	1,453	1,148	1,273	970
交通银行	478	411	289	222
建设银行	906	963	704	762
民生银行	-60	-147	-97	-183
浦发银行	-71	-96	-166	-166
宁波银行	35	21	35	21
兴业银行	64	-55	35	-78
总计	4,874	3,707	3,521	2,923

注：负值代表资本金缺口，正值为资本金盈余（按10%的资本充足率计算）。

（数据来源：各上市公司年报和半年报）

如果将交叉持有次级债按照扣除和不扣除两种情形，进一步估算2009年下半年上市银行的信贷投放能力，可以看出，即使下半年资本金净额零增长，同时扣除了银行间交叉持有次级债，在10%资本金充足率约束下，工行、中行、建行和交行总共仍有2.7万亿的新增贷款放贷能力。但深发展、民生、浦发银行、招商和华夏受到资本金约束，下半年的信贷能力大受制约，其中取消交叉持有次级债的政策对招商和华夏银行的边际影响最大，如果政策实行，这两个银行也将受到资本充足率的约束，如表3-9所示。

表 3-9　各上市银行放贷能力

	放贷能力（亿元）	
	未扣除银行间交叉持有次债	扣除银行交叉持有次债
北京银行	1,866	1,825
南京银行	394	366
中信银行	2,726	2,213
招商银行	903	−1,037
深发展	−466	−1,013
华夏银行	148	−186
中国银行	10,103	7,228
工商银行	11,484	9,966
交通银行	4,114	2,454
建设银行	9,636	7,891
民生银行	−1,466	−1,920
浦发银行	−1,001	−2,325
宁波银行	214	214
兴业银行	−556	−818
加总	38,099	24,858

（数据来源：各上市公司年报和半年报以及我们的估算）

3. 资本约束对银行体系的影响

（1）银行需要采取各种办法补充资本金，除了发行次级债外，股票发行的压力也在增加；这一点从 2009 年下半年至 2010 年上市银行大规模融资的行为就可以得到印证。

（2）次级债由银行—银行互持过渡到银行—保险互持，这样对次级债定价产生了非常大的影响，即次级债利率的上升。尽管如此，次级债发行的规模也将大幅缩小。

（3）在资本金约束下，银行未来的信贷能力将明显缩小。同时，在银行资本金约束的情况下，银行可能会优先确保信贷，防止已发信贷的违约，其次是考虑大客户的信贷和债券需求，最后才会选择从市场购买信用类债券。这就导致了随着信用产品需求面临大幅萎缩的风险，导致了银行间市场信用产品利率的上升，这对承销会带来较大的压力。同时，由于需要无风险产品来降低风险资产规模，银行会偏好国债等利率产品，因此，也就导致了国债利率的稳中有降的走势。

四、银行资产负债表调整及其对流动性的影响——对 2010 年 6 月前后流动性紧张的实证分析与预判 [1]

2010 年 5 月下旬到 6 月末，货币市场资金突然紧张，7 天回购利率大幅上扬，并带动收益率曲线的上移，如图 3-20 所示。流动性因素再度成为影响市场走势的一个重要变量。

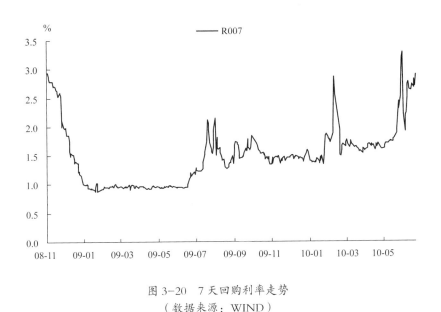

图 3-20　7 天回购利率走势
（数据来源：WIND）

1. 引发流动性趋紧的基本面与政策面

从宏观流动性的角度，我们首先需要分析的基础货币变动情况。从过去几年的经验来看，我国基础货币投放的主要渠道是外汇占款，如图 3-21 所示，但是 2010 年以来外汇占款增长持续维持在低位，1—4 月每月新增外汇占款为 2585 亿元。而 5 月份新增外汇占款突然大幅下降下降到 1316 亿元，这是使得资金面趋紧的第一个因素。

---

[1] 本部分完成于 2010 年 6 月 26 日。当时正是流动性非常紧张、市场普遍恐慌的时期，在本报告中，我们首先从银行资产负债表主动性扩张与季末被动性收缩的角度分析了流动性变动特征，并形成了一些研判结论。从事后的市场变动来看，基本印证了我们的判断，而且银行资产负债表变动也成为影响 2010—2011 年市场流动性变动的主要因素。

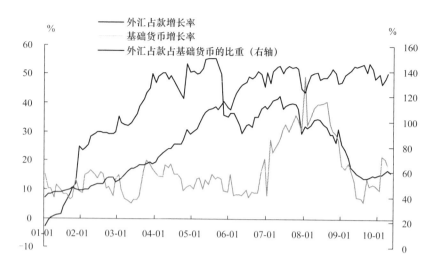

图 3-21　外汇占款与基础货币的增长关系
（数据来源：WIND）

同时，从货币政策的角度来看，随着经济持续稳健复苏，以及通胀预期的上升，为了控制信贷规模以及管理通胀预期，央行分别在 2010 年 1 月、2 月和 5 月三次上调存款准备金率，大致收紧流动性 9500 亿左右。在公开市场操作同样以资金净回笼为主，1—4 月份累计回笼资金 5820 亿元，而 5 月份虽然净投放 2240 亿元，总体 1—5 月份仍净回笼 3580 亿元。

从财政角度来看，2010 年 1—5 月全国财政收入 35470 亿元，同比增长 30.8%。受此影响，4 月和 5 月份财政存款分别上升了 3441 和 3843 亿元。今年前 5 个月新增财政存款 9800 亿元，相当于上调 3 次存款准备金。这成为银行系统流动性紧张的又一重要因素。

上述分析表明，外汇占款增速放缓、货币政策与财政政策的"双紧缩"等因素是 2010 年上半年流动性收紧的主要因素。这些因素的共同作用使得 2010 年前 5 个月超额存款准备金下降 11200 亿元左右，总体看来，银行系统超额存款准备金率呈下降趋势，如图 3-22 所示。

2. 流动性趋紧的市场因素

在银行间市场，除了上述变化外，市场本身的供求关系是导致流动性变化的重要因素，即当对流动性的需求增大时，一个突发因素可能导致的流动性恐慌感觉就比较强烈。而债券市场流动性需求来自两方面，一是债券供给导致的被动需求，二是主动性投资导致的主动需求。

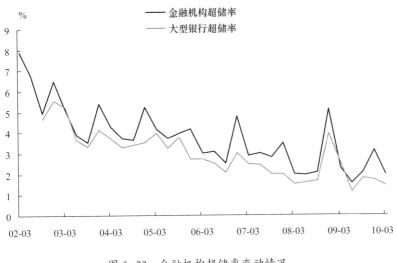

图 3-22　金融机构超储率变动情况
（数据来源：WIND）

从债券供给的角度来看，3 月份后银行间市场债券净发行量比 1 月和 2 月大幅增加，债券发行量的上升导致市场对资金需求上升。5 月份债券净发行量进一步上升，边际上也加剧了资金紧张的状况，如图 3-23 所示。

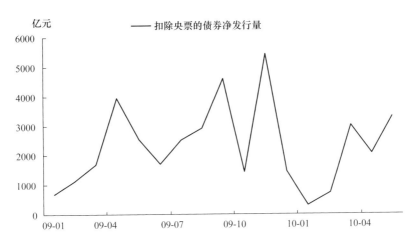

图 3-23　扣除央票后的债券净发行量
（数据来源：WIND）

此外，受到上半年债券市场走强以及回购市场稳定的因素影响，机构投资者的杠杆率增大也导致了对流动性的需求增强。例如债券基金杠杆率明显上升，如

图 3-24 所示。除了基金之外，其他交易类机构也普遍采取了增大杠杆等手段提高投资回报率。因此，当流动性受到意外的冲击时，将非常明显地改变投资者的预期和行为。

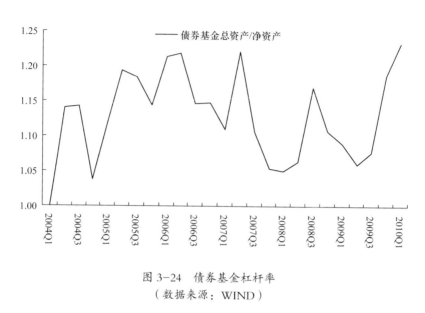

图 3-24　债券基金杠杆率
（数据来源：WIND）

3. 银行修正资产负债表与流动性收紧

上述因素是引发流动性紧张的一般性因素，除此之外，引发流动性短期突变，由流动性充裕甚至一度形成"流动性黑洞"的直接因素可能是与银行系统本身变动有关。

在商业银行上市之后，盈利性是银行面临的主要压力。因此，很多银行纷纷增加信贷投资和有价证券等盈利性资产规模的投资。这种安排本身就影响了银行流动性的供给，挤占了流动性资金。同时，这种行为与监管要求可能也会形成一定的冲突。

在 2010 年上半年，从有效存贷差（扣除存款准备金）来看，大型银行的存贷差从 4 月份后开始下降，而中小银行则相反，存贷差开始上升，如图 3-25 所示。4 月和 5 月份大型银行存款仅增加了 3900 亿元左右，而贷款和债券投资则增加了 11000 亿元左右。考虑到存款准备金的上调，4—5 月大型银行的净资金运用上升 10000 亿左右。资金来源减少与风险资产规模的上升意味着大行的流动性受到了很大的挤占。并导致了大行从资金的融出方变为资金的融入方，如图 3-26 所示。这种变局极大地改变了货币市场的平衡关系。

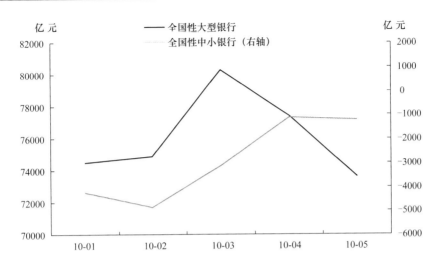

图 3-25　大型银行和中小银行的存贷差
（数据来源：WIND）

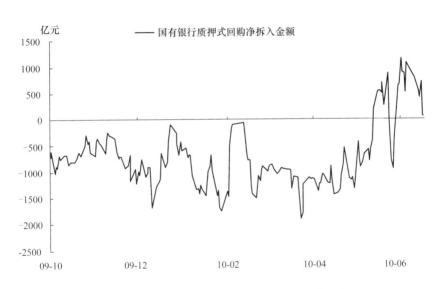

图 3-26　5 月份开始国有银行从资金净融出方变为资金净融入方
（数据来源：WIND）

　　更为严重的是，大型银行在扩张资产负债表的同时，还要面临监管的要求，例如资本充足率、拨备率、贷存比等，这些监管要求在 6 月底的时点压力是比较强的。因此，在季末存款性金融机构为了符合监管要求而被动地进行资产负债表的修复。为了达到存贷比等监管要求，银行采取的措施可能包括了谨慎的融出资金；将部分资产业务转移到表外；增加对存款的争夺等。这些变化导致了在短期内明显偏好流动性资产，这种个体偏好的合成就形成了系统的"流动性陷阱"的局面，即资金在银行固化，流动性链条受到了极大的破坏，也因此导致了整个市场流动性及其困难和利率的大幅上升。

此外，当时中行转债发行和农行的 IPO 也对市场心理造成较大的冲击，推动了回购利率的大幅上升。但是，这些因素主要是短期冲击，不具有持续性影响。

总之，对 2010 年 5 月份流动性的突然紧张分析后发现，这一局面是多重因素共同叠加的结果。这其中包括了外汇占款增速下降，也有财政与货币的"双紧缩"以及银行资产负债表扩大与修复的变化等。而短期内如此大的波动我们认为更多来自于银行修正资产负债表的扩大与修正导致的在时点上形成了类似的"流动性陷阱"的现象。此外，短期内中行转债的发行和农行 IPO 则加剧了资金面的紧张，也起到了一定的推波助澜的效果，推高了回购利率。

从趋势来看，我们认为这种现象是不可持续的。从基本面来看，外汇占款增速可能有所改善，下半年的新增财政存款减少以及货币政策操作的平稳，都将导致资金投放的增多。同时，在季末银行报表修复的时点过后，资金固化的状况也会得到改善，资金融出意愿将进一步增加。这些都是导致流动性会明显改善。

五、融资渠道多元化与信用扩张

1. 国际经验：影子银行信用创造

2000 年以来，流动性过剩成为全球性问题，由于宏观流动性充足和波动率较低有利于推动银行等金融机构资产显著增长。从大型商业银行的资金构成来看，银行越来越依赖来自货币市场或出售可交易证券中获得流动性。宏观流动性充裕还推动在银行体系之外形成了强大的"准银行实体"（或称影子银行体系），这类机构主要是依赖资本市场融资，包括了发行资产支持证券（ABS）、抵押贷款支持证券（MBS）、CDOs 和资产支持商业票据的特殊目的实体和房地产投资信托公司、全球基金以及美国五大投行等。在 2007 年早期，美国准银行实体大致有 15 万亿的资产，与美国银行的 10 万亿美元资产和欧洲银行 40 万亿美元资产构成鲜明的对比（IMF，2008b）。

近年来，资产证券化领域最重要的创新是抵押化债务债券（CDO）以及基于 CDO 的衍生产品和信用违约掉期（CDS）。根据 Mason Rosner 的统计，截至 2007 年，全球 CDO 发行 1.2 万亿美元，而根据国际掉期和衍生品联合会（ISDA）统计，截至 2007 年底 CDS 市场一度达到 62.2 万亿美元的峰值，7 年间增长了近 100 倍（朱民，2009）。值得注意的是，创新型金融产品对信用创造的作用非常大，同时对流动性极其依赖，这些产品在金融动荡的条件下容易丧失再融资功能，使得市场的整体信用大幅萎缩，进而金融机构和整个金融市场的脆弱性增大，应对金融动荡和危机的能力下降。

2008 年 6 月，纽约联邦储备银行行长盖特纳在演讲中指出：

"在本次繁荣期间，金融体系的结构发生了根本性变化，传统银行体系之外的资产所占比重大大提高，这个非银行金融系统变得非常大，在货币和资金市场上尤其如此。……这一平行金融系统中的很多工具与机构，依靠还款期限短的负债提供的资金，购买了大量风险高、流动性差的长期资产，这使它们在面临传统类型的挤兑时不堪一击。传统银行拥有存款保险等保护制度，足以降低这些风险，但是这些工具盒机构却没有类似的保护机制。

这种融资安排的投资者一旦从这些市场中撤资或威胁撤资，在这一金融系统中，一种自我增强的资产抛售循环就很容易发生。……从而迫使更多'去杠杆化'发生，……这有助于解释，为什么数量相对较少的危险资产能够在远为广泛的资产和市场上破坏投资者和其他市场参与者的信心。"

2. 我国 2009 年的经验

上述分别从货币当局、商业银行体系的角度，对流动性创造和波动进行理论和实证分析，这对解释中国金融体系流动性波动有较强的解释力。但是，随着金融深化和直接融资发展，仅仅关注间接融资体系可能是不够的，需要有更宽度的视野来分析流动性变化。

回顾 2009 年的实践会发现，下半年的信贷调控使得新增信贷规模从 6 月的 1.5 万亿锐减到下半年月均 4000 亿左右的规模，信贷投放明显过紧，但经济增长率却并没有明显下降。我们认为可能有以下几方面原因。

（1）信贷蓄水池效应。所谓的信贷蓄水池效应，是假设信贷不在借贷发生的时点使用，而是像蓄水池一样，企业会在未来一段时间均衡合理的使用贷款，因此当月的信贷规模对经济的影响较小。这种观点认为企业具有较强的学习能力，根据过去若干次宏观调控的经验，在信贷宽松时"囤积"资金，以应对未来可能的紧缩。以 2009 年的实际情况看，当时确实有很多企业采取了这种策略，宁肯多承担一部分资金成本也不希望出现资金断流。因此，信贷蓄水池效应部分地起到了平滑信贷波动的作用。

（2）房地产市场交易活跃发挥的信用创造效应。2009 年中前后，房地产销售再度火爆，如图 3-27 所示。房地产企业由预售获得的流动性，相当于一种直接融资行为。若居民购买住房主要是以自有资金为主，这就意味着这种"融资行为"尽管没有改变信贷规模，但是对货币结构却产生了明显的影响。家庭部门使用存款购买房子，相当于减少了家庭储蓄，在广义货币的构成中，M2—M1 这部分等量减少，而企业获得等量的资金，即 M1 在等量增加。因此这一行为对广义货币总量 M2 没有影响，但是却导致了货币结构的变化，即 M1/M2 占比的上升以及居民存款和企业存贷的此消彼长，如图 3-28 所示。

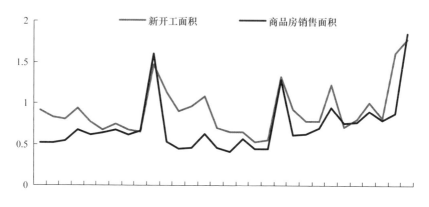

图 3-27　2007 — 2009 年商品房开发和销售面积　单位：亿平方米
（数据来源：WIND，BLOOMBERG）

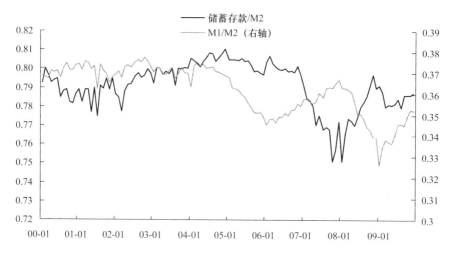

图 3-28　储蓄存款 /M2 与 M1/M2 同比增长率
（数据来源：WIND，BLOOMBERG）

（3）直接融资发展对信贷控制的替代效应。近年来，我国资本市场取得了长足发展，尽管在融资总量中的比重还有待提高，但是在边际上，直接融资的发展足以改变信贷调控的有效性。

从表3-10来看，尽管2009年下半年新增贷款仅有2.8亿，为上半年的36%，但是将国债、股票和企业债等直接融资方式考虑在内，则下半年融资规模为上半年的48%，不如贷款数据显示的那么悬殊。这就部分解释了，为何2009年下半年信贷条件非常紧张，但是企业的融资环境并未明显收紧。

表3-10 我国2008—2009年国内非金融机构融资情况简表

	融资量（亿元人民币）			比重（％）		
	2008年	2009年上半年	2009年	2008年	2009年上半年	2009年
国内非金融机构部门融资总量	60486	88918	130747	100	100	100
贷款	49854	77230	105225	82.4	86.9	80.5
股票	3527	919	5020	5.8	1	3.8
国债	1027	4902	8182	1.7	5.5	6.3
企业债	6078	5864	12320	10.1	6.6	9.4

（数据来源：2008年和2009年货币政策执行报告）

因此，尽管紧缩的宏观调控政策使2009年下半年看似信用收缩明显，但是实际上，综合上述的信贷蓄水池效应、房地产市场的信用创造效应以及多元化融资对信贷的替代效应等因素，以及企业学习能力的增强，企业层面实际的融资环境并未有太大的恶化，也因此导致了信贷变动与经济增长等指标出现分化。

上述分析也表明，随着直接融资的发展，尤其是资本市场和房地产市场的发展，信用创造的过程更加复杂，如果仅仅盯住信贷指标，仅仅盯住商业银行在信用创造中的作用，对于国内的融资环境的理解可能相对片面。从2007年金融危机的原因来看，影子银行以及金融创新导致的信用扩张导致了信用环境的急剧宽松，也导致了金融泡沫和金融危机的形成。对于中国，尽管金融市场发展尚达不到美国的高度，但是近年来房地产市场、债券市场和股票市场的发展，已经形成一定的金融脱媒效应。金融环境的变化，也就意味着货币调控的中介目标可能需要调整，仅仅盯住信贷可能并不够，因为即使控制住了信贷，也未必意味着控制住了货币，未必能达到预期的调控效果，这也是当前货币调控面临的重大挑战。

（2011 年 3 月，本节部分内容曾发表于《中国债券》）

3.5 流动性与金融市场波动的国际经验

一、流动性与资本市场价格波动的相关观点

近年来，国内外有许多关于货币供给与资产价格的实证研究。国外方面，Mashall（1992）运用美国 1959—1990 年间的季度数据，用 M1 增速同消费占 GNP 比例进行比较来衡量货币增长，发现实际股票回报率同货币增长呈弱正相关。Jensen 和 Johnson（1995）分析了 1962-1991 年间美国股票回报率同货币环境之间的关系，发现股票市场同货币环境紧密相关，货币环境宽松时期的股票回报要高于货币环境紧缩时期。Patelis（1997）采用不同的货币政策变量也得出了货币政策对股票市场产生作用机制的结论。Conver，Jensen 和 Johnson（1999）发现一些国家的股票回报同美国货币政策的相关度十分显著，有的甚至要强于同国内货币环境的相关度。Bordo 和 Wheelock（2004）研究了美国历史上的重大金融泡沫和金融危机，发现金融泡沫的形成一般伴随着货币发行和银行贷款的超额增长。Ferguson（2005）用 M3 增长率代表货币供应量的变化，发现货币流动性的增长同股票价格的相关联程度有限，而同房地产价格的关联程度非常高。

国内方面，余明（2003）运用 IS 方程式推导出资产价格与货币供给的函数关系式，认为货币供应量是影响资产价格波动的一个重要因素，并结合方程式运用 IS-LM 模型，从理论上分析了资产价格和货币供应量的关系。金德环和李胜利（2004）以 1997 年 1 月到 2003 年 7 月为样本区间，对我国证券市场价格与货币供应量互动关系进行了研究，结果表明，证券市场价格和 M0、M2 之间存在着长期稳定的协整关系，证券市场价格可以用货币供应量 M0、M2 来解释，而证券市场价格变化不是引起货币供应量变化的原因。彭兴韵（2007）认为流动性过剩不在于货币供应与信贷的较快增长，而应理解为人们持有短期资产超过了合意的均衡水平而长期资产不足，从而解释流动性过剩下相伴随的资产价格大幅上涨和收益曲线平坦化的两个典型现象。北大宏观组（2008）将流动性划分为货币

流动性、银行系统流动性和市场流动性三个层次进行考虑，并提出了相应的度量方法，实证发现超额货币流动性对股票收益有正向影响。他们采用货币度量指标M2表示宏观的货币流动性状况，并据此分析流动性与资产价格的关系。

正是由于货币与资产价格具有相关性，目前西方一些国家已经确立了货币政策双目标——物价稳定和金融稳定。对于潜在的金融泡沫，货币政策应该适度调整，避免泡沫的形成和进一步扩大，更要避免泡沫崩溃后对宏观经济造成的严重灾难。正因为如此，美联储主席Bernanke曾指出，西方国家的货币政策重点已经从通货膨胀转移到资产价格。前美联储副主席Ferguson也指出了货币当局关注资产价格的原因所在：由于资产价格是货币政策传导机制中的重要一环，资产价格的非常变化将导致货币政策无法对经济活动产生有效影响；另外，资产价格中包含了货币政策的重要信息，具有信息揭示作用，央行需要确保其揭示的信息与货币政策相一致。

二、流动性危机理论主要观点

目前对金融危机理论的综述或评论已经很多。大致来说，现代金融危机理论主要包括：以Krugman等为代表的第一代货币危机理论，强调外汇市场上的投机攻击与宏观经济基础变量之间的联系。认为货币危机的根源在于政府的宏观经济政策（主要是过度扩张的货币政策与财政政策）与稳定汇率政策（如固定汇率制）之间的不协调。Obstfeld（1994，1996）等为了解释20世纪90年代发生的欧洲货币体系危机，提出了第二代货币危机模型，强调多重均衡和危机的自促成（self-fulfilling）性质——投机者的信念和预期最终可能导致政府捍卫或放弃固定汇率。为了更好地解释以1997—1998年亚洲金融危机等许多金融危机，一些学者提出了第三代金融危机理论。第三代金融危机理论着眼于金融中介、资产价格变化方面，强调金融中介在金融危机发生过程中的作用。目前，第三代金融危机模型还不存在一个统一的分析范式，也没有一个统一的研究框架，大致包括了道德风险危机模型、金融恐慌模型、流动性危机模型、危机传染模型、孪生危机模型等。在此我们重点对第三代危机理论中的流动性危机理论进行分析。

由于缺乏统一的分析框架和模式，因此流动性危机理论又可以大致分为：流动性无效理论、流动性的挤兑模型以及国际资本流动与传染理论等。

1. 流动性无效理论

该理论认为，由于信息不对称等因素，流动性市场也会出现无效率的情形。

面临短期流动性危机但又具有清偿能力的银行无法在流动性市场获得足够的流动性。这时，在外部冲击下，单个银行的流动性危机就会引起整个金融市场的流动性危机。

流动性无效率理论又分为两类：（1）内生资产价值模型。Allen 和 Gale（1998）将银行在银行资产市场上所能获得的流动性数量内生化，他们的模型表明，银行资产市场提供的流动性肯定不足以满足流动性需求，因为流动性资产的储备是有成本的。Allen 和 Gale（2000）注意到，流动性市场只愿意为那些资产能赢利的、面临流动性危机的银行提供流动性，这意味着面临流动性危机的银行只能以低于"公平"价值的价格出售其长期资产。如果银行面临流动性危机而被迫出售长期资产时，银行的长期资产的价值就会降低，这反过来加剧了银行流动性问题的严重性。（2）银行间同业流动性市场的无效率模型。Bhanacharya 和 Gale（1987）认为，由于信息不对称，银行之间的"搭便车"问题会使得银行间同业市场所提供的流动性不足。Bhattacharya 和 Fulghieri（1994）的模型表明，在满足激励约束条件的次优均衡中，银行间同业拆借的收益要比长期资产的收益高，持有流动性资产要付出一定的成本，但成为银行同业市场中具有流动性的银行是能够获得利润的。在他们的次优均衡中，银行的流动性资产要么过多，要么过少。

2. 挤兑模型

Diamond 和 Dybvig（1983）用博弈论的方法提出了著名的第一代银行挤兑模型（又称 D-D 模型）。该模型的基本结论是：存款人的流动性要求不确定和银行的资产比负债缺乏流动性是产生银行内在脆弱性的根源。Radelet &Sahs（1998）指出，金融危机的原因应该归结为市场上恐慌性的投机冲击，而冲击的产生主要与一国脆弱的金融体系有关，特别与银行的流动性不足有关。他们利用 D—D 挤兑模型来解释亚洲金融危机，认为由于恐慌性的资本流出，大量长期投资项目被迫中途变现，从而使企业陷入资不抵债的境地。Chang&Velasco（1998）针对国的金融体系，提出了国际流动性不足的概念，并构造了开放经济中的 D—D 模型。认为国际流动性不足主要指一国金融体系中潜在的短期外汇履约义务超过了其短期内所可能获得的外汇资产规模。他们认为在汇率固定的且央行承担最后贷款人的情况下，对银行的挤兑将转化为对中央银行的挤兑，及爆发金融危机。Calvo（1998）提出由外资导致金融危机的理论，认为大规模外资的流入、波动与逆转是导致金融危机的重要因素；同时，也强调了外资通过银行业信用过度扩张的传导机制使本国的宏观经济和金融业脆弱性增强。

3．流动性危机的传染理论

这类模型大致可以分为两类：一是银行同业市场中流动性危机的传染。信息的外部性或银行之间信贷关系使得银行破产得以在银行之间进行传染。这种传染主要由两个渠道被进一步强化：（1）信息传染。在一些银行倒闭时，其他银行的存款者会对市场的噪音信号做出反应，并对他们进行储蓄的银行进行挤兑。这时单个银行的挤兑会导致其他银行的金融恐慌。（2）贷款关系传染。银行系统内的负债网络会使得流动性问题或银行倒闭在银行系统得以传染。同时，当银行挤兑发生时，银行必须以低于"公平"价值的价格来售卖其长期资产或者以更高的利率进行拆借，这就使流动性问题转化为清偿问题。银行资产价格的下降又会反过来影响其他银行资产的价值。二是流动性与金融危机的国际传染理论。信息不对称和跨市场套期保值能力是金融危机传染的根本原因（朱波、范方志，2005）。Masson（1998）指出金融危机的传导途径通常有三种：季风效应、溢出效应和净传染效应。所谓"季风效应"是指由于共同的冲击引起的危机传导。溢出效应（Spillovers），通常可以分为两种：一种是金融溢出，另一种是贸易溢出。当一国发生金融危机时，该国出口、外国直接投资和国际资本流入都会大幅减少。所谓净传染传导是指金融危机是由宏观基本面数据不能解释的原因所引起的。

大型全球性机构在许多不同市场和国家进行经营，产生了似乎不相关市场之间出现溢出效应的潜在可能性，这种溢出效应是金融危机传染的原因。Masson（1999）在简单两国模型的多重均衡基础上来讨论金融危机的传染机理，证明了"季风效应"和"波及效应"的存在。

三、从流动性角度解读2008年金融危机

1．流动性的波动和逆转：流动性危机的自我实现机制

金融系统复杂性与微观主体趋同性的共同作用使得金融系统面临较高的流动性风险，通过机构资产负债表变动，尤其是杠杆率的波动可以对流动性的波动和逆转进行较好的解释。事实上这一流动性风险也部分源自于市场对信用风险的关注，当系统流动性处于收缩周期时，金融机构对交易对手的信用风险也空前关注，资金出借方出现"惜贷"等行为，因而进一步加剧了流动性紧缩。从流动性危机的表现形式看，在某些阶段，由于市场对流动性风险的关注程度空前提升，就可能使得流动性危机自我实现。

2000年以来，以美国为代表的主要国家为了防止经济衰退，将利率压低到

非常低的水平，流动性过剩成为全球性问题①。由于宏观流动性充足和波动率较低有利于推动银行等金融机构资产显著增长。从大型商业银行的构成来看，由存款提供融资的贷款在减少、贷款占总资产的比率也在下降，投资增长则明显加快；同时，银行越来越依赖来自货币市场的流动性（即同业借款和其他形式的短期和长期债务）或从出售可交易证券中获得流动性。对于投行而言，在危机前美国投资银行的杠杆率通常为 30 倍左右，甚至更高②。同时，投资银行的负债以短期负债为主，存在比较严重的资产负债期限错配问题，过度依靠短期债务为长期持有的非流动性资产融资。宏观流动性充裕还推动了以基金为代表的市场机构的快速发展。从 2001 年到 2007 年 1 季度，全球对冲基金管理资产总额增长了 5 倍，增至 1.5 万亿美元，在亚洲，对冲基金从 220 亿美元增至 1460 亿美元，增长了近 6 倍（IMF，2007）。对冲基金已经成为金融市场流动性重要的提供者。总之，由于流动性宽裕，以及依赖市场融资尤其是基于对证券化市场的信心，在银行体系之外形成了强大的影子银行体系，在 2007 年早期，准银行实体大致有 15 万亿的资产，与美国银行的 10 万亿美元资产和欧洲银行 40 万亿美元资产构成鲜明的对比（IMF，2008b）。

流动性宽裕助长了各类金融机构"以短养长"的负债模式，金融机构杠杆率大幅上升，融资模式和资产组合的趋同以及金融市场触角的延伸使得金融系统流动性从扩张到逆转的转变可能迅速实现，单个市场参与者的抛售行为可能会产生非常强的外部效应，导致更多的机构加入抛售行列，形成恶性循环。

我们在第一节也提到了市场流动性与宏观流动性之间的互动关系，当市场流动性下降使得资产价格下跌时，可能导致所有金融机构资产价值的大规模蒸发和融资能力的枯竭。从整个金融体系来看，随着金融机构资产负债表的调整，资产价格的大幅下降导致了金融市场的崩溃，并进而导致了市场融资功能的丧失，使宏观流动性由流动性过剩转为流动性不足③。

---

① 例如，美国在经历了 2000 年的 IT 泡沫破灭、"911 事件"之后，美联储一直执行偏松的货币政策，联邦基金利率由 6.5% 降至 2004 年 6 月的 1.25%，为 1958 年以来的最低，M1 增长率分别为 5.6%、8.4%、6.2%、6.1%、10.2%、6.8% 和 5.4%，存在明显的超额美元供给。在这一过程中，世界货币供应增长幅度较快，2001 年至 2006 年期间，发达国家货币（M2）供给年均增长 7.1%，而统计发达国家的 GDP 平均增长为 3% 左右，新兴市场和发展中国家 M2 平均增速为 16.8%，也远远超过 GDP 平均 7% 的增长率。

② 不少投行的杠杆率超高 30 倍，例如在 2007 年底，瑞银的总资产为 2.27 万亿瑞士法郎，而它的净资产只有 425 亿瑞士法郎，杠杆率达到了 53 倍。

③ 从美国的情况来看，也确实如此。在市场流动性最差的时期，例如 2008 年三季度和四季度，是金融市场融资能力最差的时期，证券市场融资规模低于 500 亿，远远低于之前的 1500 亿之上的规模；也是美国 M1 增长速度非常低的时期，M1 增速由 2008 年 3 月份的 6.9% 下降到 8 月份的 5.3%。

总结上述分析，我们可以形成如下结论：宏观流动性宽裕（原因包括了信贷快速增长或者国际资本的大规模流入）——金融机构杠杆提高、机构流动性宽裕——推动市场上涨、市场流动性增强；当市场出现反转或这种预期增强（这时宏观流动性有收紧的迹象例如货币当局开始加息往往是重要的导火索）时，市场流动性下降——金融机构去杠杆化——金融机构流动性下降——金融市场萎缩，融资能力降低——宏观流动性降低。并且上述两个过程都有很强的正循环的特征。

2. 流动性风险与危机的放大和传染效应

2007 年 7 月发生的金融海啸，最初起源于美国次级抵押贷款市场前景的恶化①，但是很快就蔓延到其他市场，最终演变成一场全球范围内的金融危机和经济危机。从本次金融海啸的演变过程来看，尽管危机起因于 2007 年的次贷危机，但是在从次级危机——债券市场、信贷市场危机——美国金融危机——全球金融危机和经济危机的传染过程中，我们将发现流动性危机在其中起到了非常关键的作用。如果说金融海啸起源于债务危机（信用危机），那么危机的传递和扩散更多是一个流动性危机。流动性危机贯穿于整个危机的过程中。

Allen 和 Carletti（2008）分析了流动性在金融危机中的四大效应，即流动性缺失引发金融资产价格下跌效应；资产估值折扣与银行间和抵押市场融资枯竭效应；危机传染恐慌效应和流动性尤其是融资能力降低对实体经济冲击效应。同时指出在本次金融危机中前三个效应是最主要的。克鲁格曼则认为，从根本上讲，美国的情况与东南亚危机的过程是同样的道理，随着危机金融资产的价值不断暴跌，人们不断遭受损失，如此循环，这一自我增强过程的最终结果，实际上就是就是一场大规模的银行挤兑，这场挤兑造成影子银行系统崩溃。影子银行系统崩溃后，一些借款人转向传统的商业银行申请贷款，但传统银行贷款的增加根本不足以抵消影子银行系统崩溃造成的影响（克鲁格曼，2009）。

分析本次金融危机的传导机制，我们发现除了具有流动性危机理论所描述的银行同业市场中流动性危机的传染和流动性与金融危机的国际传染之外，还存在一个重要的传导机制，即信贷市场与资本市场的相互传导，即次贷危机——由于

---

① 次贷危机的导火索是 2007 年 2 月初现端倪的次贷违约的增加，并由此导致了 ABX 指数的大幅下跌。2007 年 2 月 10 日，美国第二大次级抵押贷款公司——新世纪金融公司发布盈利预警，称其 2006 年第四季度业绩可能出现亏损。2 月 13 日，汇丰控股为其在美国的次级放贷业务增加 18 亿的坏账准备。3 月新世纪金融公司无力偿还共计 84 亿美元的债务，引发 13 日的"黑色星期三"，随后经过 20 多天的苦苦挣扎，该公司申请破产保护，成为美国第一个倒下的大型金融公司。2007 年 7 月 10 日，标普和穆迪分别一次性调低 399 只和 612 只涉及资本超过 170 亿美元的高风险抵押贷款支持的债券评级，引发了资本市场大跌，此次事件被认为是次贷危机爆发的标志性事件（朱民，2009）。

证券化，导致资本市场价格大幅下跌，货币市场流动性收缩——为了提高资本充足率，银行降低风险资产比重，银行"惜贷"（张明，2008）。这一传导机制主要是由于银行从主要以存贷关系为基础的业务模式转向更加以交易为基础的业务模式，这就导致了对市场流动性的依赖造成的，而具体的表现就是发起——分销（O&D）商业模式的兴起，在 O&D 模式中，又是以高度的抵押贷款证券化为基础①。证券化增加了金融网络的纬度，因而也提高了金融网络的复杂性。不但如此，在过去 20 年里，国际金融网络的规模显著扩大，相互连同程度大幅提高，节点数大约增加了 14 倍，连接也已经变得更加丰富、更频繁，大约增加了 6 倍。从稳定性的视角来看，国际金融网络变成一个"既强健又脆弱"的系统，这个系统容易对主要的金融中心丧失信心，而且扰动会在国际上快速传播更进一步（霍尔丹，2009）。因此，从国际金融的角度出发，如何提高金融网络的稳定性，是危机之后迫切需要解决的重大问题。

3. 金融海啸中具有重要影响的流动性危机事件

（1）2007 年 8 月第一波流动性冲击，迫使政府积极干预

2007 年 8 月 1—9 日，交易策略基于统计模型的很多计量型对冲基金遭受了巨大损失，引发了追加保证金和降价销售。一窝蜂式的交易（crowded trade）导致了计量交易策略的高度相关。8 月 9 日，银行间市场出现了第一波"流动性紧缺浪潮"。当时，市场所感知的银行违约风险和流动性风险剧增，LIBOR 利率急速攀升。为了应对银行间市场的冻结，欧洲央行向银行间隔夜信贷市场注资 950 亿欧元，美联储也注资 240 亿美元。为了缓解信贷紧缩，8 月 17 日，美联储将贴现率下调了 0.5%，降至 5.75%，9 月 18 日再度将联邦基金利率和贴现率分别下降 0.5 个百分点，分别降至 4.75% 和 5.25%。

（2）贝尔斯登挤兑事件标志危机的深化，并最终形成美国全面的金融危机

2007 年 7 月以来的事件证明，当融资条件恶化的可能性升高，许多投资者试图同时出售资产时，就发生了市场挤兑。同时，挤兑不仅是针对债权人，同样可以扩展到股东，例如对冲基金和共同基金的持有人。2008 年 3 月，贝尔斯登实际上经历了一场类似银行的挤兑。3 月初，美国股市开始流传贝尔斯登可能出

---

① 由于在 O&D 链条中激励机制存在潜在的扭曲和冲突，Dell Ariccia 等人（2008）的研究表明，放贷标准的放松与信贷的超常增长、房价的过快上涨以及按揭贷款的高证券化率等联系密切，呈现正相关关系。由于在 O&D 的过程中，各方为了自身利益而使风险不能充分暴露，导致风险定价过低。在压力时期，风险暴露，恶化了投资者的信心危机，导致灾难。而 O&D 模式的兴起，与放松监管尤其是 1999 年美国通过《金融服务现代化法》，废除了 1933 年《格拉斯－斯蒂格尔法》，允许混业经营有密切的关系。

现流动性危机。这个消息引起投资者的恐慌并纷纷抛售金融股，贝尔斯登不得不发布公告驳斥传闻。但是，越来越多的贷款人和客户开始从贝尔斯登撤走他们的资金，尽管贝尔斯登实际上拥有稳定的缓冲资本，其超额流动性仍迅速殆尽。3月15日，纽约联储银行和摩根大通达成紧急协议，试图拯救贝尔斯登，但是，此举仍无法支撑贝尔斯登，这对市场信心无疑造成毁灭性打击，股价立即大幅下跌53%。3月16日，摩根大通证实以总价约2.36亿美元（每股2美元）收购贝尔斯登，就此，美国第五大投行正式宣布倒闭。

贝尔斯登破产成为危机的又一个标志性事件，意味着市场流动性短缺的进一步恶化。随后各大金融机构纷纷采取去杠杆化的方式来降低风险。但是大量机构同时大规模出售风险资产，导致资产价格暴跌，引起金融市场进一步的动荡。9月之后，华尔街一系列大型金融机构（包括了房利美和房地美、雷曼兄弟、美林、AIG、华盛顿互惠银行等十多家曾经名声卓著的金融机构）纷纷破产、被政府接管或被同行收购，事件愈演愈烈，金融市场一片混乱，金融危机在美国全面爆发。

（3）危机的国际传染：美国之外的故事

根据流动性危机理论的国际传染渠道，爆发于世界经济和金融核心的美国的金融危机，势必对全球产生重大的冲击。从流动性角度，在危机期间，美国对国际货币市场的外溢效应非常明显。IMF（2008）的实证结果表明，在危机之前，美国融资流动性指标（资产支持商业票据与LIBOR利差）与加拿大、欧元区和英国的国际LIBOR利差之间的相关程度较小而且相当稳定。但是在危机期间，两者的相关性急剧提高。同时，国际利差与美国LIBOR之间的相关性，要比国际利差与美国5年期国债利差之间的相关性更显著。这就表明，是融资流动性不足，而不是市场流动性不足，成为危机冲击在各国传导的重要模式。

美国金融危机向全球蔓延的过程，也造成了欧洲各国金融机构出现资金短缺和经营困难。在欧洲，货币市场同样出现了流动性趋紧和银行惜贷的现象，拆借利率在9月到10月短短一个月的时间就上涨了10%左右。由于资金周转困难，在德国，许多人预测第二大放贷机构融资抵押银行（Hypo Real Estate）在2008年底，可能出现高达500亿欧元的资金缺口，这一预期引发了储户挤兑事件，迫使德国财政部不得不宣布，联同中央银行和四大金融机构向该行提出500亿欧元拯救方案。在英国，政府也不得不向金融体系注资4000亿英镑，其中500亿用于向八大银行注资，1000亿用于增加货币市场流动性，剩下2500亿用于担保银行发行的中短期债券，以此来拯救英国的金融体系。类似事件同样发生在比利时、荷兰、卢森堡、冰岛等国家。

在金融危机过程中，各跨国金融机构普遍将资金撤回本国，解决面临的流动性匮乏问题。流动性流向的逆转，对新兴市场国家同样造成了重大的冲击。由于国际资本的大规模撤出，很多国家的股票、债券和汇市都出现了大幅下跌的过程，截至 2008 年 12 月，MSCI 新兴市场股价指数已经累计下跌了 64%。同时，外债压力骤然加大，外汇储备急剧降低，以近年来吸引外资较多的亚洲地区为例，2008 年 1—12 月，韩国外资流出额已经达到了 380 亿美元，是亚洲新兴市场中外资流出额最多的国家。中国台湾地区、印度和泰国外资流出额也分别达到了 150 亿美元、140 亿美元和 40 亿美元。由于资本大量撤离，许多国家的外汇储备积累趋势出现了逆转。据 IIF 的统计，2007 年 1 月至 2008 年 7 月，18 个抽样国家的月净储蓄额平均高达 400 亿美元，然而 2008 年 8 月却出现约 250 亿美元的净额下降（朱民，2009）。随着危机的蔓延，一些国家甚至走向了国家破产的边缘，如冰岛、乌克兰甚至韩国。

总之，从流动性角度来看，由于宏观流动性宽裕、市场波动性降低以及金融技术的广泛应用与金融创新导致了市场变得更加耦合，这种耦合性及其引起的更高流动性使得更容易使用高杠杆，也导致了流动性风险与融资风险、交易对手的信用风险以及资产质量变动等更紧密地联系在一起，当任何一个环节出现问题时，危机很容易就形成了。当流动性蒸发时，一个小的冲击能够放大成一场全面的金融危机，并随着市场网络的全球化而进一步放大了流动性风险的破坏力。因此，流动性危机是本次金融海啸深化发展的最主要因素之一。

（2009 年 6 月）

3.6 流动性与金融市场波动的中国实证

一、中国流动性与股票价格关系实证分析

我们之前曾对自 2003 年以来股票市场与信贷增长进行过相关性分析，结果发现两者的相关性较高，例如货币供应量（M1）与股指的相关性达到了 0.55；而短期贷款与股指的相关性达到了 0.64，表明货币、信贷增长与股票市场的相关性还是比较强的。本部分将在此基础上进行深入研究。

1. 数据和指标的选取

鉴于中国目前仍然是以货币数量调控为主，因此我们选取了衡量整体经济流

动性的货币数量指标，采用 M1 或 M2 来衡量。另外，随着直接融资和表外融资的发展，银行间市场利率也逐渐成为衡量流动性的重要指标，因此，我们同时选取了 7 天回购利率来衡量。除此之外，我们选取了两个控制变量，通胀水平以及经济增速。

本文的实证分析选用了五个变量：上证指数（SH_Y）、工业增加值（VAI）、消费者价格指数（CPI）、广义货币供应量（M1 或 M2）、7 天回购利率（R007）。本文所采用的数据都为月度数据，时间跨度为 1999 年 1 月份到 2010 年 6 月份。

原始序列都先采用 X12 程序进行季节调整。图 3-29 给出了 M1、M2 和 7 天回购利率的对数差分分别与领先及滞后 8 期的上证收益率的相关系数。可以看到，M1、M2 与滞后期上证回报率有正相关关系，而 7 天回购与滞后上证回报率之间有一定的负相关关系。M1、M2 和 7 天回购利率的对数差分分别与同期上证收益率的相关性分别为 0.11，0.16 和 −0.02。

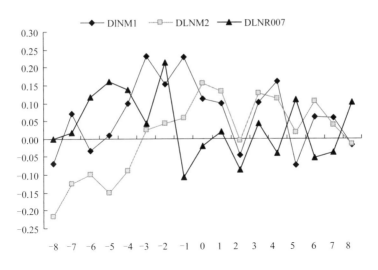

图 3-29 货币供应量（M1 和 M2）、7 天回购利率与上证指数的相关关系图
（注：相关系数都基于上述变量的对数一阶差分计算。）

2. 单位根检验

实证分析之前，本文分别采用两种标准的单位根检验方法（ADF 检验和 PP检验）对变量序列的平稳性进行检验。零假设为存在单位根。如表 3-11 所示，除了 7 天回购利率显著拒绝原假设外，其他所有变量基本上都不能拒绝原假设；一阶差分后的结果都显著地拒绝单位根假设，表明差分后的变量都为平稳序列。

表 3-11　单位根检验结果

时间序列	水平变量		一阶差分	
	ADF	PP	ADF	PP
LNSH_Y	−1.56	−1.94	−6.67***	−11.53***
LNM1	0.60	0.50	−12.50***	−12.66***
LNM2	0.90	1.41	−4.26***	−11.22***
LNR007	−2.91	−2.91**	−12.53***	−12.64***
LNCPI	2.82	1.99	−9.67***	−10.11***
LNVAI	0.83	0.85	−12.13***	−12.13***

（注: LN—表示原始序列取对数; 表中 *、**、*** 分别表示在10%、5%和1%的显著水平上拒绝零假设。）

本文运用结构 VAR 方法估计流动性对股市回报率的动态影响。本文将 M1 或 M2 作为外生的货币供给冲击，而 7 天回购利率作为利率的冲击。至于具体变量的识别，本文假设货币供给冲击为最外生的冲击，其次是利率冲击，这也符合经济逻辑，即货币政策可以由央行外生决定，并进一步传导到实体经济和资本市场中。本文进一步假设每期冲击实现值为上期的期望值和误差项之和：

$$m_t = E_{t-1}\left(m_{t-1}\right) + \varepsilon_t^m \tag{1}$$

$$r007 = E_{t-1}\left(r007\right) + a_1\varepsilon_t^m + \varepsilon_t^r \tag{2}$$

其中 m 为货币变动率，$r007$ 为 7 天回购利率的变动率，ε_t^m、ε_t^r 则分别代表货币供给冲击和利率冲击。

假设实体经济和股市之间只有正向传递关系，即经济增长的冲击直接影响股市回报率或者通过消费者价格通货膨胀间接影响股市回报率，而相反的传递关系不存在。因此，工业增加值、消费者价格通货膨胀以及股市回报率的冲击分别为：

$$vai_t = E_{t-1}\left(va_{t-1}\right) + b_1\varepsilon_t^r + b_2\varepsilon_t^m + \varepsilon_t^{vai} \tag{3}$$

$$cpi_t = E_{t-1}\left(cpi_{t-1}\right) + \alpha_1\varepsilon_t^r + \alpha_2\varepsilon_t^m + \alpha_3\varepsilon_t^{vai} + \varepsilon_t^{cpi} \tag{4}$$

$$sh\_y_t = E_{t-1}\left(sh\_y_{t-1}\right) + \beta_1\varepsilon_t^r + \beta_2\varepsilon_t^m + \beta_3\varepsilon_t^{vai} + \beta_4\varepsilon_t^{cpi} + \varepsilon_t^{sh\_y} \tag{5}$$

其中 vai_t、cpi_t、sh_y_t 分别表示工业增加值、消费者价格的通货膨胀以及上证指数回报率，而 ε_t^{vai}、ε_t^{cpi}、$\varepsilon_t^{sh\_y}$ 分别为上述个变量的冲击。

根据以上冲击的设定可以建立五个变量的 SVAR 模型：

$$B_0X_t = B(L)X_{t-1} + \varepsilon_t \tag{6}$$

其中 X_t 代表变量向量 $[\Delta m, \Delta r007, \Delta vai, \Delta cpi, \Delta sh\_y]$，而 ε_t 为结构残差向量

$[\varepsilon^m, \varepsilon^r, \varepsilon^{vai}, \varepsilon^{cpi}, \varepsilon^{sh-y}]$，$\varepsilon_t$ 为独立同分布的冲击，所以其方差协方差矩阵为对角矩阵 D，B_0 为变量之间的即时关系矩阵，而 $B(L)$ 为滞后阶多项式矩阵。SVAR 可以转化为缩减形式：

$$X_t = B_0^{-1}B(L)X_{t-1} + B_0^{-1}\varepsilon_t \qquad (7)$$

缩减形式的残差向量为：

$$u_t = B_0^{-1}D\varepsilon_t \qquad (8)$$

其方差协方差矩阵为：

$$\hat{\Sigma}_u = E(u_t u_t') = \left[B_0^{-1}\right]E(\varepsilon_t \varepsilon_t')\left[B_0^{-1}\right]' = \left[B_0^{-1}\right]D\left[B_0^{-1}\right]' \qquad (9)$$

要从缩减形式的方差协方差矩阵 $\hat{\Sigma}_u$ 来识别出矩阵 B_0 和 D 需要有 21 个（$k(k-1)/2$）限制条件，给定变量在结构 VAR 中的排列次序，可以通过乔拉斯基分解来唯一决定矩阵 B_0 和 D，矩阵 B_0 为下三角矩阵。根据以上的冲击排列次序，结构 VAR 中变量的排列次序为：

$$\Delta m \rightarrow \Delta r007 \rightarrow \Delta vai \rightarrow \Delta cpi \rightarrow \Delta sh\_y$$

VAR 系统的 10 个特征根全部都在单位圆内，表明 VAR 系统是稳定的[①]。考虑到如果非平稳变量之间存在协整关系，那么使用无限制的 VAR 模型可能会失去一些重要信息，因此，本文还利用 Johansen FIML 方法对变量之间是否存在协整关系进行了检验。但检验结果表明，变量之间基本上不存在有经济学含义的协整关系[②]。因此本文将基于平稳序列（一阶对数差分）构造 VAR 模型。

3. 脉冲反应和方差分解

图 3-30 给出了一个标准差的货币供给冲击以及回购利率冲击对股指的累计影响。可以看到，无论是 M1 还是 M2，股指对货币供给的冲击的反应都是正向的。而股指对回购利率冲击的反应是负向的。从脉冲反应函数图中可以看出，一旦货币供给上升，股指在一个月后迅速做出反应，到 3 个月后累计效应达到最高值。比较 M1、M2 两种货币供给对股市的影响，M1 对股市的影响要强于 M2，M1 主要为企业活期存款，其流动性更强，与股市相关性也越强。而 7 天回购利率上升，股市也在一个月内做出反应，到两个月后累计效应达到最强，此后回购利率对股指的影响逐渐消失。

上述结果表明，流动性对股指有显著的影响。流动性的宽松可以从两个角度衡量，一方面，货币总量的扩张直接刺激实体经济，提高企业利润，有助于股

[①] 根据 VAR 模型的 LR 和 FPE 等滞后期选择标准，选择二阶差分后的 VAR 模型的滞后期数为一期。

[②] 由于篇幅关系，协整检验结果不在本文中列出。

模型一:

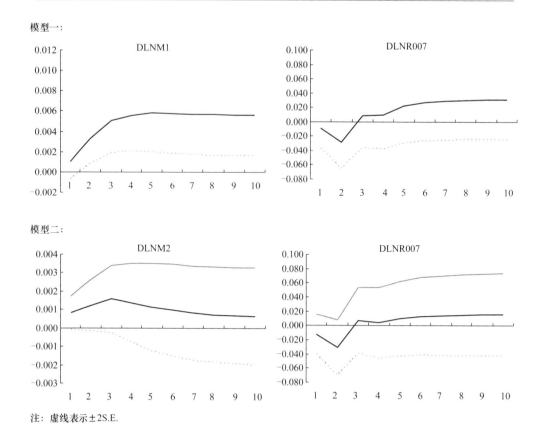

注:虚线表示±2S.E.

图 3-30　货币供应与回购利率对股指的累积脉冲响应函数

市的上涨,另外,部分货币直接流入资本市场推动股市的上涨。另一方面,银行间市场流动性较宽松表明银行的资金较为充裕,融出资金意愿较强,整体融资环境的宽松也有利于风险资产价格的上涨,因此回购利率与股市一般呈反向关系。

　　下面我们将进一步通过方差分解来了解各变量冲击在解释国内股指波动中的重要程度。在股指变动的解释中,股指对自身的解释作用最强,而其他变量对股指变动的解释力相对较弱,但是随着时间的增加解释力有所增大。到了第 3 个季度,货币供给冲击和回购利率冲击分别能解释 0.4% 和 0.8% 左右的股指变动。而经济增长的冲击和物价的冲击对股指的解释力分别在 0.9% 和 0.2% 左右,如表 3-12 所示。

表 3-12　国内价格预测误差的方差分解

	预测变量	预测期	对预测变量的解释程度				
			Δsh_y	Δvai	Δcpi	$\Delta m1$	$\Delta r007$
模型一	Δsh_y	1	100	0	0	0	0
		2	98.7	1.0	0.2	0.0	0.2
		3	97.7	0.9	0.2	0.4	0.8
		4	97.7	0.9	0.2	0.4	0.8
		5	97.5	0.9	0.2	0.5	0.8
		6	97.5	0.9	0.2	0.5	0.8
		7	97.5	0.9	0.2	0.5	0.8
		8	97.5	0.9	0.2	0.5	0.8
		9	97.5	0.9	0.2	0.5	0.8
		10	97.5	0.9	0.2	0.5	0.8
模型二	Δsh_y		Δsh_y	Δvai	Δcpi	$\Delta m2$	$\Delta r007$
		1	100	0	0	0	0
		2	98.1	0.8	0.3	0.6	0.1
		3	97.4	0.8	0.3	0.7	0.8
		4	97.3	0.8	0.3	0.8	0.8
		5	97.2	0.8	0.3	0.9	0.8
		6	97.2	0.8	0.3	0.9	0.8
		7	97.2	0.8	0.3	0.9	0.8
		8	97.2	0.8	0.3	0.9	0.8
		9	97.2	0.8	0.3	0.9	0.8
		10	97.2	0.8	0.3	0.9	0.8

无论从脉冲响应还是从方差分解的情况看，流动性的冲击对股市有显著的影响，但流动性的波动对股市收益率的波动的解释较弱，其波动可能更多地受市场情绪等因素的影响。

4. 结论性评论

本文利用结构 VAR 模型估计了 1999 年 1 月到 2011 年 6 月期间流动性对股市的动态影响。脉冲响应和方差分解的结果表明：（1）股指对流动性的冲击比较敏感，货币供给上升时，意味着股指上升，而回购利率上升时，股市下跌；

（2）流动性和基本面对股指的解释力都相对较弱。

基于上述结论，我们可以看到，流动性的扩张和收缩的确是影响股市的一个因素。但仅仅用流动性来解释股市远远不够，股市变动本身可能受其他因素的影响，比如市场的非理性情绪。从本文的结论出发，我们认为，通过流动性的渠道，货币政策对影响资产价格有一定的作用，但必须承认仅仅货币政策不能决定资产价格。因此将资产价格作为货币政策目标并不现实，而只能作为一个参考指标。

需要说明的是，上述分析样本，未有杠杆化操作影响，但是自融资融券政策推出之后，尤其是 2014 年被称作中国股票市场杠杆化操作元年，流动性波动与股价的互动作用将较分析时更加明显。尽管目前尚未有足够的样本，无法进行更精确的量化分析，但从国外经验来看，融资便利、市场流动性对资产价格将产生更加明显的影响。

二、我国债券市场流动性风险的实证检验

1. 缺乏杠杆与外部约束：交易所债券市场流动性冲击较小

在本节我们试图探明在中国交易所债券市场是否存在流动性黑洞以及流动性对资产价格产生影响。我们采用 Hasbrouck（1991）所采用的向量自回归模型对此进行检验。采用交易所 10 年期国债的高频数据（大概 24 万笔），包括报价数据和交易数据。我们的研究表明，在交易活跃及价格波动大的时期。正反馈交易更容易出现。

下文公式与 Hasbrouck（1991）的计算过程相同，通过这一方程我们可以估算交易指令流对收益的影响。这里，r 代表债券的对数收益率，x 代表指令流的方向。当买方发起交易时为 1，卖方发起交易时为 –1，无交易发生时为 0。

$$r_t = \sum_{i=1}^{5} \gamma\, r_{t-i} + \sum_{i=1}^{5} \lambda\, x_{t-i} + \varepsilon_{1,t}$$

$$x_t = \sum_{i=1}^{5} \alpha\, r_{t-i} + \sum_{i=1}^{5} \beta x_{t-i} + \varepsilon_{2,t}$$

所有数据均来自 bloomberg 系统，我们记录了每一笔交易的交易价格和数量，并每 3 秒记录一次最优买价和卖价以及相应的挂单量。并从交易行为的角度讲一天划分为 4 个阶段，考察每个阶段的影响是否有不同。

图 3–31 是交易所的利率产品（主要是国债）报价和信用产品报价序列。在新股发行量较大和较为密集时，报价价差上升，流动性变差。此时，信用产品的

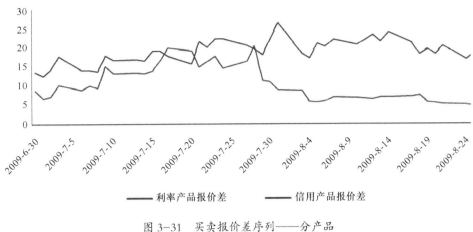

图 3-31　买卖报价差序列——分产品

流动性变得更差。这是典型的"flight to quality"，当市场流动性枯竭的时候，那些本身流动性差的产品，流动性变得更差。并且在利率市场流动性恢复后，信用产品的流动性仍然不见根本性好转。

表 3-13 回归结果表明，利率波动性、公开市场操作、收益率反转以及交易的正反馈特征是影响价格发现过程的重要因素，并且利率波动性与交易的正反馈特征的影响程度更大，表现为价格对交易量的持续而显著的累积脉冲响应和价格变化的负自相关性。

表 3-13　交易所国债收益方程的回归分析

收益率方程	变量的回归系数	回归系数估计	t- 值
截距	α	−0.00002	−79.3
利率的波动性	β_1	−0.02	−5.12
公开市场操作	β_2	0.00056	−8.2
收益率滞后项（5 阶）			
9：30–10：30	γ_1	−0.2354	−2.1
10：30–11：30	γ_2	−0.1132	−1.87
13：00–14：00	γ_3	−0.1457	−1.76
14：00–15：00	γ_4	−0.1326	−2.45
交易量滞后项（5 阶）			
9：30–10：30	λ_1	0.5698	3.1

收益率方程	变量的回归系数	回归系数估计	t-值
10：30-11：30	λ_2	0.3218	2.69
13：00-14：00	λ_3	0.7047	4.72
14：00-15：00	λ_4	0.2321	2.81
收益回归方程的统计 调整 R^2：　　0.673 样本数：240000	交易方程回归的统计 调整 R^2：　　0.762 样本数：240000		

说明：1. 在回归中非虚拟变量都取其对数值。2. 第4列为方差一致的t-值。

由于债券市场的自身因素，即投资者的同质性，导致市场经常表现出单边性，在数据检验中表现为交易量的一阶正自相关。市场价格对新信息的调整速度非常快，即期的价格变化对随后的交易无显著影响。

图 3-32 和图 3-33 是交易的指令流和债券收益的累积影响。可以看出，一份新的交易指令会导致收益率上升大约万分之 0.5 左右，交易对收益的影响远远高于滞后收益对当期收益的影响；同时，当期的一单位额外收益对下一期收益的影响大约在万分之 0.08 左右。

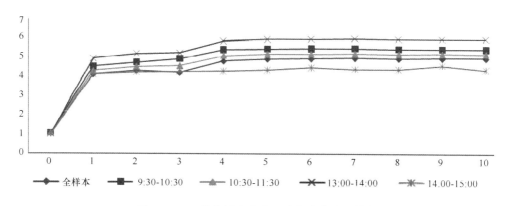

图 3-32　一单位额外净买入对收益的累积影响

上述检验清楚地指出，中国交易所债券市场中交易与报价的变化表现出正反馈的迹象。通常，交易员可能关注的信号包括制度约束（比如止损、风控）、市场流动性的自促成以及趋势形成后的市场重新定价等，这些因素都可能引起交易行为的正反馈，并很快引起收益的同向变化。

上述分析表明，我国交易所市场与国外金融市场"价格越跌越卖、越涨越买"

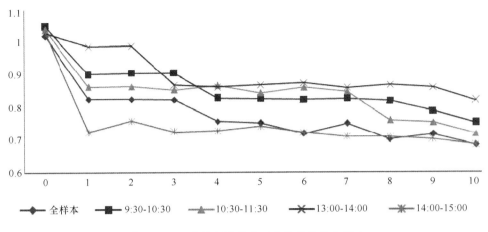

图 3-33 一单位额外收益对净收益的累积影响

以及由此形成的流动性黑洞现象有所不同，这种差异主要原因在于国内交易者没有增加交易杠杆，主要使用自有资金，同时在交易中较少受到盯市影响，因此当价格下跌时，不会形成恐慌性的"羊群效应"。

上述分析结论的一个重要前提是杠杆化操作比重较低，但是从趋势来看，证券市场杠杆化操作将成为重要特征，未来流动性波动引起的"流动性黑洞"风险同样不可低估。

2. 市场格局变化与银行间市场流动性冲击差异

在银行间市场主要的交易主体是商业银行（包括国有银行和股份制银行等）以及保险公司等。他们主要是以自有资金为主，而且很少有要求强制性止损，因此在价格下跌时也往往采取持有策略，流动性变动对价格的整体影响也是相对较小，这一点与交易所市场比较相似。

尽管如此，在一些特殊时期，当主要交易主体由银行转变为其他类机构时尤其是以基金、证券公司时，由于这些机构往往采用一定的杠杆，对交易价格较为敏感，当市场下跌（或对市场下跌形成预期时），他们会降低仓位，对价格产生了正反馈。这一点最为明显的是 2009 年一季度，受到宏观经济复苏预期以及股票市场走强影响，一方面债券利率上升预期开始增强，另一方面，基金被赎回速度加快，产生了"挤兑"效应，基金被动大量出售债券，根据中央国债登记公司的统计，基金仓位在 1—4 月份分别减持了 878 亿、1127 亿、700 亿和 640 亿，基金大规模减仓带动了更多的交易类机构的抛售，最终市场在基本面没有太大变动的情况下，利率大幅上升，短短一个月的时间，5 年期和 10 年期国债利率分别上升了 80BP 和 70BP。这就意味着在这一时期，市场存在较强的流动性黑洞特征。

三、流动性与房地产价格波动的实证分析

1. 短期房价波动主要受货币政策影响

一般来看，影响房地产市场的因素可以分为长期因素和短期因素。长期因素包括人口结构、城镇化、财政体系、经济增长、土地政策、收入分配等，长期因素决定着房价的长期走势。从我国过去的经验来看，在城镇化加快、人口结构变迁等因素的支持下，房价呈现了一个趋势性的上涨过程，如图 3-34 所示。

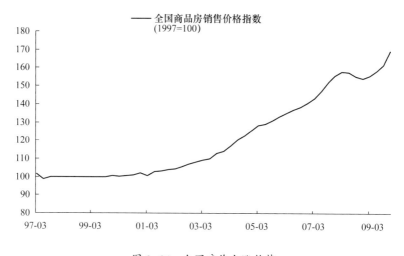

图 3-34　全国房价上涨趋势
（数据来源：WIND，BLOOMBERG）

短期因素则包括通胀预期、利率水平、信贷增长率以及房地产调控政策等，短期因素尽管难以改变房价的长期走势，但对房价的短期波动幅度则具有决定性的冲击，也是导致房地产周期性波动的主要因素。在短期因素中，影响供给面的主要因素包括土地供给等；而影响需求面的主要因素则是通胀预期和利率水平。

从供给面的角度看，2004 年是一个重要的分水岭。之前由于土地供给比较充足，房价上涨趋势相对平缓；2004 年国家大力整顿土地市场后，土地供给受到限制，土地购置面积增长率大幅下降，房屋供给增长率也开始下降。在竣工面积增长较低时，房价上涨较快。数据显示，2004 年后表现出地价、房价和土地购置面积的增长率非常强的同期相关性，如图 3-35、图 3-36 和图 3-37 所示。

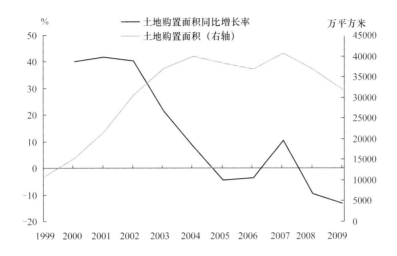

图 3-35　土地购置面积和土地购置面积同比增长率
（数据来源：WIND，BLOOMBERG）

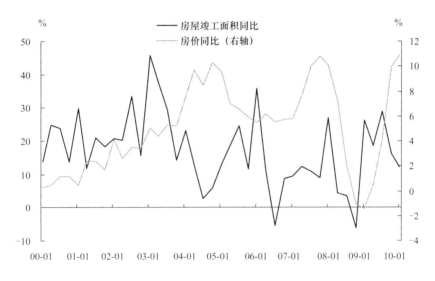

图 3-36　房屋竣工面积和房价同比增长率
（数据来源：WIND，BLOOMBERG）

　　需求层面上，我们主要考虑通胀预期和实际利率水平等因素。可以观察到，通胀预期和实际利率是房价短期波动的主要影响因素。运用 10 年期国债利率与 6 个月国债利率的差衡量通胀预期，可以看到，通胀预期领先房价环比增长率 1 个季度左右，说明在通胀预期相对较高时，房价也会相应地有所上升，如图

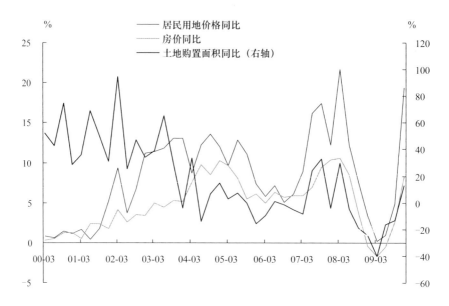

图 3-37　地价、房价和土地购置面积
（数据来源：WIND，BLOOMBERG）

3-38 和图 3-39 所示。通胀预期对房价有较好领先性的原因可能是，在通货膨胀相对较高时，相应的实际利率相对较低，资金的机会成本也较低，房屋作为投资

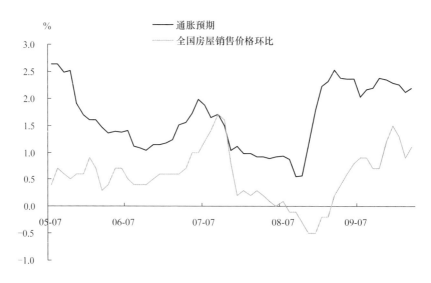

图 3-38　通胀预期与房价环比增速
（数据来源：WIND，BLOOMBERG）

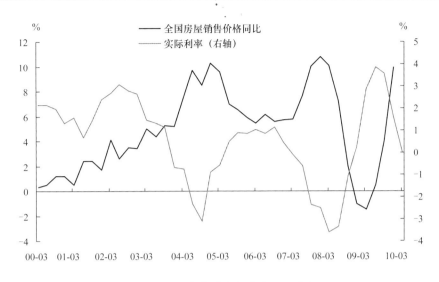

图 3-39 真实利率与房价同比增速
（数据来源：WIND，BLOOMBERG）

品的吸引力上升，房屋需求上升导致房价上升幅度增加；而在通货紧缩时期，情况则正好相反。

需要说明的是，影响通胀预期和利率更深层次的因素是货币政策和整体宏观经济周期。除此之外，政策工具选择例如直接的信贷数量控制还是房地产行业调控政策等也会对房价产生一定的影响。

信贷数量调控是一个比较直接的工具。一方面，对于房地产商，房地产开发贷款可以直接限制房地产企业的投资，但这反而减少了未来房屋的供给，推高房价；另一方面，对于房屋需求方，贷款控制直接限制了购房需求，需求的下降则可能抑制房价的涨幅，如图 3-40 所示。因此，信贷政策对房价的影响具有结构性特征，关键在于调控的对象。

理论上讲，针对房地产的产业政策也可能对房价产生影响。但实际情况可能并不完全如此。2004 年以来，国家密集地出台了一系列针对房地产的调控政策，结果收效甚微，如图 3-41 所示，除了 2008 年受全球金融危机的影响，房价有绝对的下降，其他年份房地产价格上升趋势不减，仅仅在增长率上有所变动。从这些政策的效果看，2005、2006 年的政策调控都伴随着房价增长率的下降，而2007 年、2009 年的调控政策也没有抑制房价增速的上升，2008 年底松绑二套房的政策则对房价的快速上升起到了推动作用。

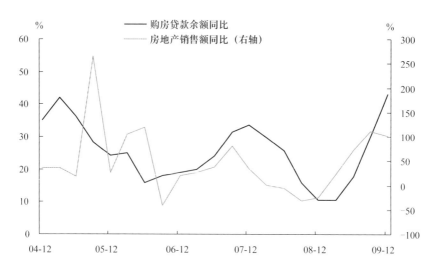

图 3-40 购房贷款余额与房地产销售额同比增长率
（数据来源：WIND，BLOOMBERG）

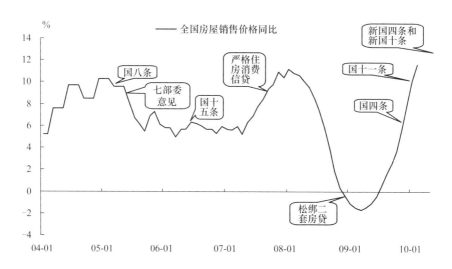

图 3-41 历年房地产调控政策对房价的影响
（数据来源：WIND，BLOOMBERG）

简单地从房价和政策的相关性看，很难判断房地产直接调控措施对房价的波动影响作用到底有多大。这是由于从 2004 年土地供给受到限制后，房价的波动更多地受宏观经济周期和货币政策的影响。在周期上，通胀预期和真实利率基本决定了房价的波动情况，在这些因素没有改变的情况下，暂时性的直接调控政策并不能扭转房价的长期趋势和周期波动，只能在短期内和一定幅度上影响房价的波动。

总之，通过分析影响房价的各种因素，会发现货币因素（包括实际利率变动）是导致短期房价波动的非常重要甚至是主要的作用，这就意味着货币政策变动对房地产调控具有很强的调控效果。

四、主要建议

1. 鉴于流动性对金融市场的重要意义，构建流动性预警机制、完善流动性风险监管制度和流动性补充机制至关重要。

（1）由于流动性尤其是融资市场流动性变动对金融危机的形成和爆发至关重要，因此建立货币流动性的预警机制非常重要。这就需要从市场体系中选择能够反映金融系统系统性风险的关键指标，包括了反映银行融资流动性的指标（例如 SHIBOR 与 R007）、反映市场流动性的指标（例如关键期限的国债利率）、反映企业部门融资流动性的指标（例如中期票据与国债利差变动）、反映偿债能力风险的指标（例如 CDS 变动）以及反映市场波动性的指标（例如股票市场的波动率）等。通过观测上述变量的变化，可以及时判断市场流动性的波动情况。

（2）提高金融市场的流动性，减少流动性黑洞现象的形成。这里包括了对金融市场的保证金要求和定价需赋予市场流动性风险更大的权重；进一步提高市场流动性管理办法的透明度，包括用于结构性产品计值的模型等；加强融资流动性的压力测试，减少资产负债表的流动性错配等。对于我国而言，进一步发展多样化的交易主体、充分发挥做市商职能、加强市场基础设施建设，包括交易平台建设、支付结算体系建设等，对于提高市场流动性至关重要。

（3）对于监管机构而言，应采取更加严格的流动性风险管理标准。2007—2008 年的金融危机暴露出，由于风险暴露的不透明性，资本充足率安全边际很快发生问题。而且一些降低流动性风险的监管或风控要求甚至加大了系统性风险。因此，危机后从宏观审慎监管的角度，一方面将进一步强化对金融机构资本的要求，同时对杠杆率进行适度限制；另一方面，加强对流动性的监管，还要求加强对银行表外业务的监管、加强对金融衍生产品的国际监管和国际合作，包括了信息交流、危机管理等机制。

2. 对于债券市场而言，从趋势来看，随着各类机构市场化程度越来越高，利润追求导向也将更加明显、对杠杆的应用可能会逐渐增多，风控制度（例如盯市制度）也更加严格。因此，当市场出现较大波动时，债券市场流动性可能逐渐成为一个更严重的市场风险。结合本文的理论分析和实证检验，为了改善市场流动性，我们给出以下政策建议：（1）加强资本要求、加强对流动性的监管，尤其是限制杠杆率可以削弱融资条件变化所产生的外部性，从而有利于控制整个金融系统的流动性风险。尽管杠杆率目前在我国还不是主要的风险，加强流动性管理，尤其是限制未来可能的杠杆倍数，对于防止流动性危机仍具有重要意义。（2）对于我国货币市场而言，不合理的新股申购制度是导致流动性冲击主要因素，因此应该进一步改革类似的不合理制度，避免出现类似的套利机制，更充分地发挥市场机制的价格发现功能。（3）进一步发展各类机构投资者。影响流动性的最主要因素是缺乏多样性，目前尽管我国市场成员较多，但是主要的投资主体仍非常集中，因此进一步发展多样化的交易主体，对于提高市场流动性至关重要。（4）进一步发挥做市商职能。（5）加强市场基础设施建设，包括交易平台建设、支付结算体系建设［例如加快推广券款对付（DVP）等］，提高交易和清算效率。（6）充分发挥中央银行最后贷款人角色，在市场流动性出现较大波动时，通过公开市场操作甚至工具创新为市场补充流动性。这方面可以借鉴美联储在处理本次金融危机、向市场投放流动性时所进行的各种创新和努力。

3. 对于中国的货币政策操作相关建议

通过综合运用货币政策工具和监管工具以及资本市场约束，通过准备金率、资本充足率以及对银行在资本市场融资进行约束，全方位地影响商业银行的货币创造行为；通过加强对银行表内和表外资产扩张的控制，实现对社会融资总规模的有效调控；通过关注管制利率和市场实际利率变化，更好地评估政策力度和可能的政策效果，而不应该仅仅观察基准利率变化。在分析货币政策操作时，强调了随着资本市场的发展，货币当局应该在货币调控的同时，应该关注资本市场变化，要将金融市场稳定作为货币政策重要的调控目标，而不能为了调控导致资本市场的过度波动。

充分发挥中央银行最后贷款人角色。根据流动性危机理论，危机处理中最重要的就是避免恐慌性资本外逃，通过对短期资本流入的适当限制、构建国际层面的最后贷款人防范机制和债务协商机制来实现危机防范。本次危机已经证明了中央银行作为流动性的最终提供者所发挥的关键作用，也强调了对中央银行在国内和国际金融安排中所发挥的作用，以及保障宏观经济和金融稳定职责进行评估的必要性。

（2010 年 7 月，本节部分内容曾发表于《中国货币市场》）

第四章　信用是金

4.1　信用风险

一、信用风险的定义

信用风险的定义可分为传统和现代两类。传统定义是指交易对象无力履约，即债务人未能如期偿还债务造成违约而给经济主体经营带来的风险（巴塞尔银行监管委员会，1997）；现代定义是指由于借款人或市场交易对手违约而导致的损失的可能性，更一般的，信用风险还包括由于借款人的信用评级的变动和履约能力的变化导致其债务的市场价值变动而引起损失的可能性（陈忠阳，2001）。

传统定义只考虑到债务人违约或不违约两种情况，而没有考虑到在合约期内可能发生的由于债务人信用状况变化而导致信用资产市场价值降低给债权人带来损失的风险。这一定义不能反映现代信用风险的全貌。随着信用市场的不断发展，包括像贷款在内的大多数信用资产都可以通过一定方式在二级市场上流通变现，其市场价值随着债务人还款能力或信用等级的变化而不断变化的。信用资产不仅会因为债务人的直接违约而发生损失，而且也会由于债务人履约可能性的变化而产生损失。因此信用风险不仅仅存在于合约到期债务人是否履约这一时点，还存在于整个合约有效期间内，其大小主要取决于债务人的信用状况。与传统定义相比，这种对信用风险的解释更切合信用风险的本质。

二、信用风险主要影响因素

1. 宏观因素

周期性是市场经济的固有特征之一。虽然凯恩斯主义经济学盛行以来，各国政府都致力于熨平经济周期，尽量降低经济的短期波动，但遗憾的是，经济危机依然与我们如影随形，而且值得警惕地是，熨平数个小规模经济周期的努力，可能会积聚经济运行中的矛盾，最终酿成大规模、大范围的经济周期。

宏观经济环境的变动对微观企业经营业绩和盈利状况有较大影响，从而直接引起企业信用实力的变动。这一点从公司债信用利差的周期性特征就可以看出，在经济高涨阶段，企业经营状况良好，盈利和现金流充足，信用实力较强，与国债利差缩窄；而在经济衰退阶段，情况则正好相反。我们以信用水平波动最大的高收益债券为例，可以发现高收益债券违约率与经济周期具有非常密切的关系，如图 4-1 所示。

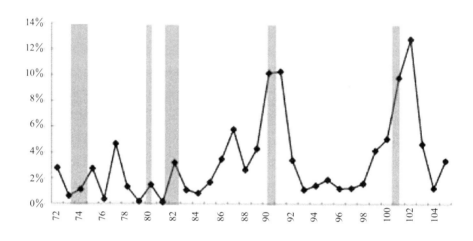

图 4-1　美国高收益债券市场历史违约率与经济周期（1972—2005）
［数据来源：E.Altman(NYU Salomon Center)and National Bureau of Economic Research（图中阴影部分表示经济处于衰退期）］

更进一步，在金融危机这一极端时期，宏观经济和金融市场的极度恶化，导致了微观企业面临非常大的系统性风险，并由此导致利差的大幅上升。我们以 2007 年爆发并蔓延至全球的次贷危机为例，包括美国、欧洲和日本在内的多数发达经济体均陷入深度衰退，并同时引起市场对信用风险的重新定价，不仅仅次贷危机的发源地美国公司债的信用利差大幅扩大，欧洲、美洲以及亚洲市场公司债信用利差均大幅扩大，如图 4-2 和图 4-3 所示。

大致来讲，宏观经济可能通过四个方面对信用风险产生影响，即对违约概率、违约敞口、违约回收率和违约迁移矩阵等。

（1）经济周期对违约概率的影响

经济周期从多方面影响企业的违约概率。当经济陷入衰退之后，需求的萎缩和销售的下滑可能对企业的盈利和现金流能力产生不利影响，而这将进而削弱企

图 4-2 美国公司债券信用利差变化
（数据来源：Bloomberg、中信证券）

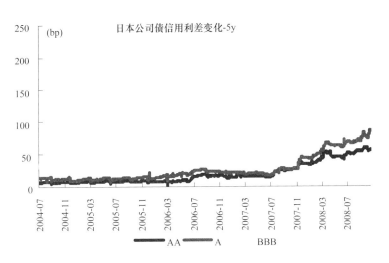

图 4-3 日本公司债信用差变化
（数据来源：Bloomberg、中信证券）

业的债务偿还能力；同时经济衰退时的银行考虑到企业经营状况下滑等原因，可能会限制提高贷款投放标准、控制贷款发放，从而增加企业的融资难度和融资成本，这同样会使企业的违约概率上升。当经济扩张时，情况则相反。Altman 等 (2002) 分析了违约概率与宏观经济周期波动的关系：在 1990—1991 年衰退期，违约概率超过 10%，而且与 1993—1998 年经济繁荣时期低违约概率相比，在

2000 年的经济衰退期，违约概率迅速增加。

（2）经济周期对风险头寸（Risk Exposure）的影响

商业银行的风险头寸也受经济周期影响。当经济陷入衰退时，如果企业预期到银行会提高贷款发放标准，压缩贷款，就可能会增加风险头寸，这一点以贷款承诺表现得更为明显，在经济衰退期，企业支用贷款承诺的可能性和比例都会增加。Asarnow 和 Marker(1995) 实证研究表明，当企业违约时，贷款承诺的支用率显著增加，且这种影响对违约前具有较好信用质量的企业尤其大，因为银行会限制对信用质量较差企业的贷款。

（3）经济周期对违约回收率的影响

当经济陷入衰退时，违约数量的上升一方面会增加追偿的成本和风险，另一方面可能会导致资产交易市场的供过于求，从而降低被处置资产、抵押物或质押物的价值，处置所需的时间也可能被迫延长，违约回收率因此大受影响，如表 1 的数据显示。

表 4-1　商业周期与回收率 (%)（穆迪，1970- 2003)

	均值	标准差	25% 分位数	中值	75% 分位数	样本数
衰退期	32.07	26.86	10	25	48.5	322
扩张期	41.39	26.98	19.5	36	62.5	1，703
全部	39.91	27.17	18	34.5	61.37	2，025

（资料来源：Til Schuermann(2004). ）

（4）经济周期对信用质量迁移的影响

企业信用评级并非一成不变，业务的扩张或转型、管理层变动等因素可能会使得企业信用质量产生迁移，这一信用等级迁移的概率受经济周期影响。

Nickell et al.(2000) 对上述问题进行了分析，并将经济状况划分为三种情形：峰位、正常以及谷底。其结论是（1）高等级债券评级较稳定，不易于降级；（2）在经济处于谷底时，下调评级的概率要高于峰位。例如，AAA 等级下降到 AA 等级的百分比，在谷底为 10%，而在峰位为 7.4%；（3）与投资级债券相比，投机级债券的违约概率对经济周期更为敏感。

2. 市场层面因素

信用风险与信用市场的产生和发展紧密相关，只要信用市场继续存在，信用活动继续发生，信用风险就始终存在。那么从市场层面有哪些因素可以对企业的信用风险产生影响，本小节对此进行简单的分析。

（1）信息不对称所带来的逆向选择和道德风险等问题

一般情况下，信用交易中债权人和债务人所掌握的信息资源是不对等的，存在信息不对称问题。

在合约签订之前，信息不对称可能导致信用交易中的逆向选择[1]。对于贷款人（如商业银行等）来说，由于处于信息弱势，就可能通过提高贷款利率来弥补这部分风险，但是这一行为可能会产生相反的效果。因为贷款利率的提高会驱逐信用较好的企业，因为这些企业希望以相对较低的利率进行融资；而对于信用风险较高的企业，即使高利率也是有吸引力的。因此贷款利率的提高可能使得银行放出较多的低质量贷款，而极端情形下，银行可能根本无法放出贷款[2]。

逆向选择的存在使得一味提高贷款利率并不一定能为银行增加利润，而根据借款人的平均信用水平，控制贷款额度可能更为有效，即使实际中的逆向选择无法完全回避，但根据借款人违约概率分布和私人信息平均来看，银行仍然能够获得利润。

在合约签订之后，掌握更多信息资源的债务人可能会发生道德风险[3]，在成本相对固定的前提下，借款人可能会倾向于采取风险更高的行动。以 20 世纪 80 年代的储贷危机为例，当时联邦存款保险给予储贷机构大量贷款，但是却未对其投资进行限制，因此许多储贷机构就进行了包括长期贷款、抵押担保债券和其他风险资产在内的高杠杆率风险投资组合，以博取较高的风险收益，因为其成本仅仅是储贷机构的资本金，但是如果"豪赌"成功，则可以获得很高的收益。防止提供大额贷款所引致道德风险的有效办法同样是限制信贷额度，以限制借款人的谈判能力，并控制借款者在违约时对银行产生的影响（达菲和辛格尔顿，2009）。

总体来讲，由于信息不对称所带来的逆向选择和道德风险等问题，加剧了贷款人所面临的信用风险，在进行具体定价和分析中值得关注。

（2）贷款人投资偏好带来的信用风险集中

在信用交易中，由于某些原因（如贷款人的投资偏好等），贷款人的信用风

---

[1] 逆向选择（Adverse selection）是指由于交易双方信息不对称和市场价格下降产生的劣质品驱逐优质品，进而出现市场交易产品平均质量下降的现象，该理论最先由 Akerlof（1970）提出。

[2] 如同 Akerlof（1970）的柠檬市场模型和 Stiglitz 和 Weiss（1981）信用配给模型中提出的那样，银行从借款人身上榨取的以贷款利润为目的的柠檬溢价可能会导致某些贷款市场的崩溃。

[3] 道德风险（Moral Hazard）是 20 世纪 80 年代西方经济学家提出的一个经济哲学范畴的概念，是指当签约一方不完全承担风险后果时所采取的自身效用最大化的自私行为，亦称道德危机。

险可能向某些特定行业、特定地理区域集中，如国内商业银行偏好向电力等公用事业、石油煤炭等资源类行业贷款，而在地理位置的选择上更偏向于东部发达地区。由于同行业或同地区企业的违约相关性较高，因此信用风险的集中可能面临较严重的系统性风险，为此衍生产品政策委员会（Derivatives Policy Group, 1995①）的建议是按照行业、地理区域和信用级别来度量（和公布）信用风险。

为防范某一行业或地区可能发生的集中违约事件，需要对集中风险进行度量和控制。如果某个特定行业的贷款总体看来是有利可图的，那么我们需要对这一行业总体信用风险进行度量，并设定相应的贷款利率，然后将贷款资本分配给这一行业的公司。

（3）信用制度的不完善

信用制度作为约束信用交易主体的规范标准及其产权结构的合约性安排，对信用秩序的稳定有重要影响。如果信用制度不完善导致信用交易主体缺乏约束，其在交易过程中可能会发生逆向选择和道德风险现象。如果信用制度不完善导致信用行为主体没有独立财产或产权结构不完善，其在交易过程中就缺乏遵守合约履行义务的能力、动力和压力。

3. 微观企业层面因素

信用风险的微观根源是企业的负债经营和有限责任两大特征，而在本章最初对信用风险的定义也是从微观出发的，因此微观层面因素与债务信用风险直接相关。广义上讲，企业发生的任何一项生产、采购、投融资决策等方面的行为都可能对其信用风险产生影响，但是对于贷款人而言，由于无法时刻跟踪企业的经营运行，无法获得企业的完全信息，只能通过一定指标体系来对企业信用风险进行判断。

判断微观企业信用风险差异的核心是准确对比一个公司与其他公司信用的差异，可以通过企业经营风险、管理风险和财务风险三大板块进行分析。

经营风险包括公司在市场中的地位和竞争力、经营的连续性和稳定性、财务的灵活性等因素；管理风险包括企业管理团队的连续性、开拓性和诚信度等因素，同时包括管理团队的决策水平和执行能力等；财务风险包括企业的财务政策和财务波动性、财务抗冲击能力、偿债能力、盈利能力和现金获取能力等因素。

大多数信用评级机构在对企业进行信用评级时主要考虑都是上述三大因素，并将其最终转化为企业的评级。对于投资者来说，相信权威评级机构的结论是较

---

① 该委员会由瑞士信贷银行、高盛、摩根士丹利、美林、所罗门兄弟和雷曼兄弟的代表组成。

好的选择，但是考虑到投资者与评级机构之间同样存在信息不对称，影响信息获得的准确性和及时性，因此对于有条件和实力的机构投资者，可以选择建立内部评级模型。

三、对我国信用风险影响因素的解释——以 2008 年信用事件为例的具体分析

1. 背景说明

2008 年下半年以来次贷危机逐步演变成一场全球范围的金融海啸。在这一过程中，我国宏观经济和金融市场也受到了较大的冲击。同样，由于宏观环境恶化、企业生存环境越发恶劣，在这一过程中，企业的信用也受到了巨大的挑战。2008 年 9 月份之后终于爆发以力诺事件[①]、江铜事件[②]、魏桥事件[③]为导火索的信用事件，并导致投资者对信用风险的担心甚至恐惧，导致了我国信用债券利率大幅上升。

应该说，本次信用事件对投资者理解信用风险方面上了非常重要的一课。同时也暴露出投资者对信用风险缺乏理性判断，具有较强的"羊群效应"，也部分地夸大了信用风险。

本部分我们希望在结合当时的具体情形，以案例分析的形式对影响我国信用风险的主要因素进行解读。

2. 对 2008 年 10 月份前后信用利差变动的整体评估

（1）信贷利率变动表明企业信用未发生明显变化

贷款是目前我国最主要的融资渠道，因此信贷利差的变动，对于反映当前的信用变动具有重要的参考意义。

从融资成本来看，2008 年上半年企业融资条件并未有明显的恶化。根据央行的统计，实行贷款利率上浮的贷款占比有所上升，6 月份占到 45.58%；较 2007 年 4 季度上升 1.34 个百分点，较 3 月份上升 8.96 个百分点，但是较 5 月份

[①] 2008 年 12 月 15 日《中国经营报》A18 版刊登了题为《力诺太阳增发拖延背后实际控制人去向不明》的文章。公司经过多方努力，仍无法联系到高元坤先生，截至目前，公司也没有得到任何部门与此有关的通知。受该消息影响，该股早盘急速跳水，但随后又在新能源股的带动下大幅走高，单日波动巨大。

[②] 2008 年 10 月 23 日，由于对江西铜业在期货市场亏损不确定性的担忧，市场做出了非常极端的反应，当天债券最多跌幅接近 10%，引发了交易所信用债券的大幅下跌。

[③] 2008 年 10 月 21 日刊载一篇题为《谨慎政策难救纺企于生死》的文章，文中提到，"由于行业低迷亏损严重，魏桥近期已经提出申请破产，只是由于牵扯面过于广泛，而未得到当地政府通过"等内容。该报道引发了对该企业破产的广泛关注。最终，山东省委常委、副省长王军民 22 日在全省工业经济运行会议上公开澄清说，"山东魏桥创业集团 16 万名职工无一人下岗，其中有 14 万名是农民工"。

下降了 28.06 个百分点，如表 4-2 所示。从利率上浮水平来看，高出基准利率的水平整体幅度较为有限，同时也比较稳定，如图 4-4 所示。尽管在 3 季度市场环境发生了重大的变化，以及对未来的预期更为悲观，上述条件可能会有些变化，但是，考虑到贷款利率的连续下降，以及信贷政策的变化，未来信贷条件仍不会明显恶化。同时，如果将 1 年期贷款与国债的利差看作是信用差，我们同样发现当前的利差仍是比较稳定的，如图 4-5 所示，表明从信贷角度来看，信用未发生重大的变化。

表 4-2　2008 年上半年贷款利率各类浮动幅度占比

月度	下浮	基准	上浮					
	【0.9，1)	1	小计	(1，1.1】	(1.1，1.3】	(1.3，1.5】	(1.5，2】	2 以上
1 月	25.93	29.77	44.3	16.13	14.76	6.06	6.5	0.85
2 月	26.51	30.04	43.45	15.46	14.22	5.92	6.91	0.94
3 月	25.46	37.92	36.62	18.77	13.84	2.79	1.11	0.12
4 月	14.87	21.72	63.42	12.89	15.95	24.4	9.19	0.99
5 月	10.49	15.87	73.64	8.8	17.49	22.65	7.04	17.66
6 月	21.6	32.81	45.58	16.4	14.24	6.13	7.66	1.15

注：城乡信用社浮动区间为【0.9，2.3】
（数据来源：中国人民银行）

（2）银行间产品信用差变化

银行间产品我们选取了信用最好的信用产品（AAA 中短期票据）与信用相对较差的信用产品（AA- 企业债）作为分析对象。

数据显示，2008 年 10 月末，信用最好的信用产品与国债利差从 9 月的100bp 左右扩大到 150bp 以上；同时从期限来看，随着期限延长利差扩大的趋势并没有明显改变，但是 3 年期品种的信用利差与 5 年期品种的利差已经非常一致，如图 4-6 所示。对于信用相对较差的产品，信用差尽管较上半年有所上升，但是整体来看，仍处于中值附近，如图 4-7 所示。

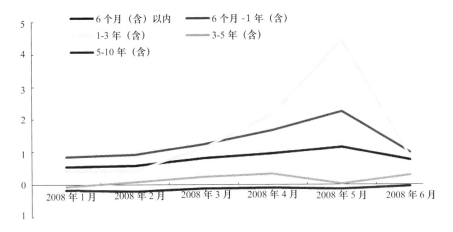

图 4-4　2008 年上半年贷款利率相对基准利率的浮动状况
（数据来源：中国人民银行）

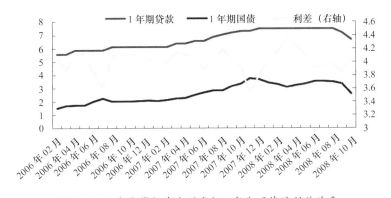

图 4-5　1 年期贷款基准利率与 1 年期国债的利差关系
（数据来源：中国人民银行，WIND）

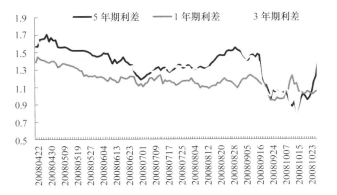

图 4-6　信用最好的中短期票据与国债利差关系
（数据来源：北方之星、Wind、中信证券）

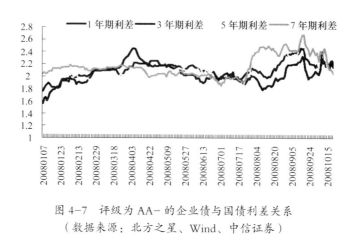

图 4-7 评级为 AA- 的企业债与国债利差关系
（数据来源：北方之星、Wind、中信证券）

对于优质产品信用差的扩大，我们认为是属于恢复性的扩大，即前期由于供不应求导致其利差大幅缩小；而随着中期票据恢复发行，供给预期大幅增加，供求失衡的矛盾得到了较大程度的缓解；同时一些投资者考虑到信用风险因素，减少了对部分产品的投资，因此导致利差的扩大。我们认为这种扩大是理性的，也属于恢复性的，并未表明相关产品信用的恶化。

（3）交易所产品信用差变化

图 4-8 给出了交易所不同信用评级的公司债的信用利差对比。我们可以看出，不同信用评级公司债信用利差明显不同，其中 AAA 公司债信用利差最小，AA+ 和 AA 信用利差次之，而 AA- 公司债信用利差则明显高于其他等级公司债。在 2008 年 10 月末信用利差大幅扩大过程中，AAA 公司债信用利差仅上升 50bp 左右，而 AA+、AA 和 AA- 公司债信用利差则大幅上升 150bp、200bp 和 300bp 左右，信用水平较差的债券利差已经创出了新高。这也表明信用评级越高的公司债信用利差越稳定，信用评级越低的公司债的信用利差波动则越大。

整体来看，与银行间市场相似的是，信用良好的品种，目前信用差主要是恢复到前期的水平，是对前一阶段信用利差大幅缩小的修复；但是信用较差的产品（这是银行间市场基本没有的产品）信用差则呈现了较大幅度的上升。

3. 影响信用变动的深层次因素分析

一般来说，在预算硬约束的前提下，企业信用实力取决于与本身的经营状况

图 4-8　信用利差比较——信用评级
（数据来源：北方之星、Wind、中信证券）

和财务指标，但是在中国，国有企业与政府和银行体系之间密切的联系使得预算软约束的情形仍然在一定程度上存在，而这相当于在企业信用层面加入了一定的国家信用色彩，因此在分析影响企业信用的因素时，除了考察企业财务状况外，还需要分析更加深层次的因素，我们在本小节主要考察所有制、行业及担保等因素对信用利差的影响。

（1）信用利差变动的所有制特征

信用评级的所有制属性可能是中国的特例。主要原因在于国有制（控股）企业往往具有在融资、经营、资源占用等方面具有诸多便利，同时，即使改制上市后也在承担着一定的社会责任，财务指标可能会受到一定的影响，因此 对于国有企业不能简单地从财务报表的角度进行评析，而要考虑其中隐含着国家信用担保。而股份制的民营企业与西方市场化的公司具有相似性，因此在评级上基本可以采取相同的标准。

从所有制的角度，能够比较清晰地看到央企、央企子公司信用利差最低，而且波动率也是最小的；地方性国有企业信用利差相对较高，而且波动率也是相对较大的；民营企业则是信用利差最大，波动率也最大的。从近期来看，信用利差大幅上升的企业主要是民营企业和地方性国有企业，如图 4-9 所示。

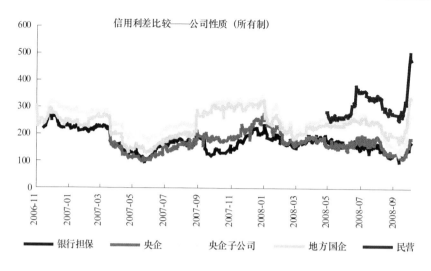

图 4-9　信用利差比较——企业性质（所有制特点）
（数据来源：北方之星、Wind、中信证券）

（2）信用利差变动的行业特征

图 4-10 显示了同属于央企的不同行业公司债的信用利差变动对比，从图中可以看出，虽然同为央企但是各行业的信用利差依然有较为明显的差别：一方面，表现低迷的地产行业信用利差最大，而周期性非常明显的石化和钢铁行业次之，

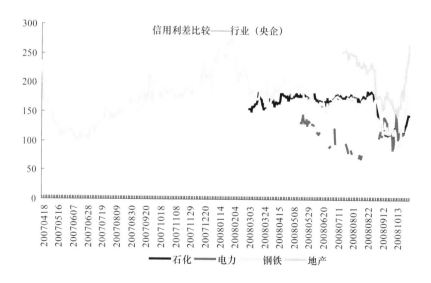

图 4-10　信用利差比较——行业（央企）
（数据来源：北方之星、Wind、中信证券）

较为稳定的电力行业最小；另一方面，在信用利差大幅扩大的过程中，与行业特点类似，地产行业上升超过150bp，石化和钢铁上升50—70bp，电力上升不超过40bp。

图4-11显示了同属于民营企业的不同行业公司债的信用利差对比，与央企类似，同为民营企业但各行业信用利差也明显不同。其中受高油价制约的塑料制品行业与持续低迷的地产行业信用利差最大，而受经济周期影响较小的医药行业则信用利差相对较小。在近期信用利差大幅扩大的过程中，与行业特点类似，塑料制品、地产和医药行业分别上升300bp、250bp和200bp左右。

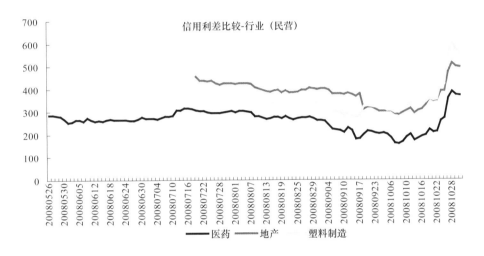

图4-11 信用利差比较——行业（民营）
（数据来源：北方之星、Wind、中信证券）

上述结果表明行业特征对信用利差具有重要的影响，在2008年四季度，受到影响最大的主要是周期性特点较为明显的行业，例如房地产行业等。

（3）信用利差变动的担保特征

对于交易所产品，从信用的角度分析的另一个较好的标准是是否有担保。担保尤其是有银行担保或者企业集团、其它国有企业担保等，意味着通过第三方增信的方式，达到提升债性增级的目的。从效果来看，也是比较显著的。从图4-12可以明显地看到，有担保的产品信用利差明显低于无担保产品，而且从变动来看，波动率也较小，在本轮信用利差扩大的过程中，主要是无担保产品，有担保部分利差扩大幅度相对有限。

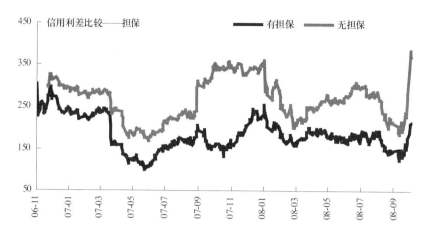

图 4-12　交易所有担保与无担保产品与国债利差变动
（数据来源：北方之星、Wind、中信证券）

概括上述分析，我们可以发现在中国，影响信用的最主要因素可能是所有制，即国有企业抗风险能力明显要强于民营企业；其次是行业特征，周期性强的行业的利差变动明显大于周期性弱的行业。担保的特征主要是通过改变或增强所有制属性来达到信用增级的目的。

四、资本市场变动与信用变化

美联储理事、著名的经济学家米什金曾指出，股票崩溃对金融体系产生的压力表现为利率的风险溢价。股市崩溃产生金融不稳定，导致高信用级别与低信用级别债券之间的利差提高。但是，股票崩盘并不必然导致信用差的提高，根据美国历史，米什金认为有四种情况：一是利差没有扩大，股票崩盘没有显示出对金融体系产生压力，例如 1903、1940、1962 年的股市崩溃。二是股市崩溃发生非常突然，对金融运行产生压力，但是由于美联储的干预，利差没有明显扩大，例如 1929 和 1987 年的股市崩盘。三是股市崩盘与利差大幅上升相联系，并预示严重的金融危机，包括 1907、1930—1933、1937 年等的股市崩溃。四是股市崩溃与利差上升相关，但与第三种情况相比，上升幅度没有那么大，也预示了一定程度的金融风险[①]。通过分析，他们形成一个重要的结论是，货币政策者面对的主

①　米什金、怀特《美联储应如何应对股票崩溃：一个历史的视角》，《比较（32）》。在这个报告中，他们的主要观点仍是强调了中央银行干预股票市场存在的诸多风险，因此核心观点是"货币政策应该关注金融体系而不是股票市场"。

要问题并不是股票市场泡沫，而是金融体系的不稳定，后者可能与股票市场崩溃相伴而生。因此，当利差大幅扩大、导致金融不稳定性增强时，货币当局有必要进行干预。

我国目前的融资体制与美国有着重大的区别：美国融资的市场化程度较高，主要是通过债券等方式融资，因此股票市场变动对企业融资条件的影响较大，也导致信用评级的波动，进而导致融资的波动。但是在我国，目前仍是以银行信贷为主的融资模式，一般情况下，企业信贷融资与股票表现关系并不强。这就解释了为何股票市场大幅下跌，但是银行信贷条件没有发生明显的变化。

尽管如此，从金融市场来看，股票市场大幅下跌，对一些企业信用仍将产生较强的负面效应。一方面，从上市公司角度来看，股票价格大幅下跌可能反映了企业盈利预期的变化，进而导致了投资者对企业信用的担心（甚至过度反映了信用的恶化），导致了信用差的大幅上升。另一方面可能也是最重要的因素是，从市场参与主体来看，许多企业参与了资本市场运作，资本市场的巨大亏损甚至超过了实体经济变动的影响。据北京大学周其仁教授等的调查，2008 年 3 — 4 季度许多企业尤其是部分民营企业经营遇到较大的困境，除了市场变化外，一个非常重要的因素是这些企业较深的介入资本市场，甚至是以杠杆放大的方式介入，当股票市场崩溃，他们面临的困境就更加严重了。因此，资本市场的大幅亏损压垮了企业。

五、主要结论

1. 分析表明，影响国内债券信用差的主要因素是所有制因素和行业因素，担保因素主要是起到了改变或强化所有制优势的增信目的。

尽管我国目前利差有所扩大，尤其是周期性较强的企业、部分民营企业。截至 2008 年 12 月，与国际情形不同，我国的信用利差——无论是贷款、银行间债券、交易所债券，利差主要是以恢复性上升为主，尚不能判断为信用水平的恶化，尤其是不应该认为信用利差将出现根本性变化。

2. 资本市场价格波动已经成为影响部分企业信用变动的重要因素——甚至成为影响当前对信用产品信心的主要因素。股票崩盘已经在一定程度上影响到经济和金融的不稳定，因此，未来管理层有必要对资本市场加大干预力度。

3. 此外，我们在分析国内信用时，不但需要像国外那样关注企业自身的资产负债报表状况，更需要考虑到国情，考虑到国内的所有制因素以及国有银行主导下的间接融资为主的融资体制下，企业面临的外部融资便利情况。同时，我们还需要考虑，在国有经济中，企业尽管进行了十多年的改革，但是我们仍很难说企业是以盈利为最主要的目标，许多社会责任仍是企业必须面对的，而要处理好这些责任与义务，仅仅依靠企业往往是不够的，而需要政府、银行和企业多层面的努力，因此一旦企业出现信用风险时，往往也能够得到来自政府和银行的支持。因此，仅仅关注资产负债表本身是远远不够的，对国情的把握、对中国金融和经济改革所处阶段的深刻理解，是我们在进行信用评估时必须重点考虑的。

（2008 年 11 月份，本节部分内容曾发表于《国债与金融》）

4.2 信用风险与风险定价

一般来讲，公司债与国债的最大区别在于发行主体信用资质的不同，由于国债通常被认为是无风险债券[1]，因此两者之间收益率的差异被称为信用利差（Credit Spread），但是这一所谓的"信用利差"是否真的仅源自信用风险？根据我们之前的分析，这一命题很难成立。事实上，由于金融市场各类风险之间的互相影响、互相作用，信用利差可能缘于公司债市场所面临的诸多风险，本章为此对美国和中国公司债市场进行实证分析，对可能影响信用利差的因素进行研究，主要考虑信用风险、流动性风险和市场风险等。

一、理论简述

目前已经有较多文献对于所谓的"信用利差"形成原因险进行研究。Amato 和 Remolona（2003）提出，从信用利差的实际水平看，由违约风险带来的损失可能并不足以解释如此之高的信用利差。他们运用各信用等级公司债的违约概率、信用等级转移矩阵及违约回收率等数据[2]对债券期望损失进行估计后，得出了对于违约风险所需补偿的收益率，发现其实际信用利差有明显差异，如表 4-3 所示。表中数据说明，期望损失只能解释信用利差的一小部分。例如，对于 3-5 年期 BBB 公司债，实际信用利差达 171BP，而期望利差仅为 20BP。

---

[1] 这里的国债无风险是指无信用风险或违约风险，国债亦称 non-defaultable bond，公司债则被称为 defaultable bond。

[2] 违约概率、信用等级转移矩阵见附件 1、2，违约回收率数据来源于 Altman and Kishore (1998)。

表 4-3 实际利差与期望利差 [①]（单位：BP）

评级	期限							
	1—3 年		3—5 年		5—7 年		7—10 年	
	实际利差	期望利差	实际利差	期望利差	实际利差	期望利差	实际利差	期望利差
AAA	49.5	0.06	63.86	0.18	70.47	0.33	73.95	0.61
AA	58.97	1.24	71.22	1.44	82.36	1.86	88.57	2.7
A	88.82	1.12	102.91	2.78	110.71	4.71	117.52	7.32
BBB	168.99	12.48	170.89	20.12	185.34	27.17	179.63	34.56
BB	421.2	103.09	364.55	126.74	345.37	140.52	322.32	148.05
B	760.84	426.16	691.81	400.52	571.94	368.38	512.43	329.4

运用更复杂的方法，Elton 等（2001）分析了同样的问题，其结论是违约期望损失可以解释信用利差的 20%，而 Longstaff 等（2004）的结论则是违约风险可以解释 50% 的信用违约互换利差。

事实上，大量研究结论已使得大家已经接受如下观点：公司债与国债的收益率利差并不仅仅缘于信用风险。这一结论使得研究人员开始寻找利差的其他决定因素。首先考虑的是税收待遇的差异（因公司债利息收入不免税），Elton（2001）对此进行了分析，其结论认为对于不同等级公司债，税收可以解释公司债与国债利差的 25% 到 75%。Driessen（2003）运用不同的方法和数据，得出结论，认为税收可以解释 34%—57% 的信用利差。

公司债与国债的另一差异是债券流动性差异。与国债发行人不同，由于债券发行人非同质化，且规模远远比不上国债，因此流动性要弱于国债；且公司债流动性在经济运行的不同时期也不尽相同，在经济衰退阶段，投资者倾向于压缩风险债券投资，转而购入高等级债券或无风险债券[②]，因此为使市场出清，公司债信用利差就被迫上升。Driessen（2003）同样分析了流动性风险对债券定价的影响，结论显示流动性风险可以解释 14%—25% 的信用利差，Longstaff 等（2004）认为流动性因素对信用利差的影响随着时间变动而变动。

借鉴已有文献，我们在本节的实证研究分两部分，首先分析美国公司债市场，选取自 2006 年 1 月至 2009 年 11 月的日度数据，考察信用风险、流动性风

---

① 数据引自 Amato 和 Remolona（2003），其中实际利差由 1997 年 1 月 -2003 年 8 月美林公司债 OAS 指数计算得出。

② 即所谓 "flight to quality" 现象。

险、市场风险、宏观经济及货币政策等因素对信用利差的影响。考虑到次贷危机前后各因素的影响可能有所不同，因此我们分两个阶段进行分析，即 2006 年 1 月—2007 年 7 月、2007 年 8 月—2009 年 11 月，所选择的方法是面板回归分析；继而考虑中国公司债市场（主要是银行间信用产品市场）中不同风险对于信用利差的影响，由于国内可获得数据的影响，我们运用横截面回归方法进行分析，考虑 2009 年 11 月银行间市场中票短融的平均信用利差与信用风险、及流动性风险等因素的关系。

二、美国公司债信用利差影响因素的实证分析

1. 数据选择

为进行实证分析，首先要选取能表征信用利差和各类影响因素的合理指标，我们所做的具体的数据处理如下[①]：

（1）信用利差

对于信用利差数据，可以有两种选择，其一是公司债实际交易数据与国债收益率之利差数据；其二则是运用公司债收益率曲线与同期限国债的利差数据。如果使用前者，公司债利差还受期限因素影响，而使用收后者则可以规避这一问题，而且由于收益率曲线同样由当天实际成交数据得出，信息损失较少，因此我们最终选择了后者，即以各等级（包括 AAA、AA、A、BBB 和 BB 五个等级）5 年期公司债与同期限国债的信用利差作为被解释变量，记为 CS。

（2）信用风险因素

我们运用两个指标来衡量信用风险，其一是各等级公司的信用违约互换利差，由于信用违约互换无需本金支付，流动性好于公司债，可基本反映公司的信用风险，因此我们计算各等级较具代表性的 5—6 家公司信用违约互换利差均值，作为衡量信用风险的第一个指标，记为 CDS；第二个指标是公司内部经营的波动性，大多数研究均以此作为衡量企业的信用风险的指标之一。理论上讲，这一波动性可以由该公司公开交易期权的隐含波动性来衡量，由于这一数据获取难度较大，因此我们选取最好的替代指标，即 VIX 指标，该指标由 CBOT 所编制，以 S&P500 指数选择权的隐含波动率计算得来，若隐含波动率高，则 VIX 指数也越

---

① 所选择的数据区间是 2006 年 1 月至 2009 年 11 月，数据全部来源于 Bloomberg 系统。不同指标之间可能具有一定共线性，但是主要反映的是其所属风险，如 CDS 虽然反映一定的流动性风险，但主要受信用风险影响，BAS 也反映一定信用风险，但更多衡量的是流动性风险。

高①，该指数反映出投资者愿意付出多少成本去对冲投资风险。

（3）流动性风险因素

对于流动性风险的衡量，我们同样选取了两个指标，其一是债券的买卖价差（Bid-Ask Spread），我们选择每个等级中 8-10 只交易最活跃的公司债，取其买卖利差的每日均值作为各等级的买卖价差，这一指标衡量各等级债券的流动性，记为 BAS；其二是 LIBOR-OIS 利差②，即三个月期美元 Libor 利率与隔夜指数掉期利率 (OIS) 之间利差，这一指标反映的全球银行体系的信贷压力和整体流动性状况，息差扩大表明银行间拆解的意愿下滑，我们记该指标为 LOIS。

（4）市场风险因素

衡量市场风险同样有两个指标，即国债收益率水平和国债收益率曲线的斜率。前者以 10 年期国债收益率进行表示，记为 R；后者由 10 年期国债和 2 年期国债利差表示，记为 RS。

（5）政策因素

对于政策指标，我们选择美国联邦基金利率，记为 FED，该指标一方面是美联储在应对宏观经济波动的政策工具，因此可以在一定程度反映宏观经济状况，另一方面也是衡量宏观流动性的指标。

2. 模型选择

为考察信用风险、流动性风险及市场风险等因素对公司债信用利差的影响，我们运用固定效应面板回归模型对所选择数据进行实证分析，其中被解释变量为各等级公司债的信用利差，解释变量包括上述提及的 CDS、VIX、BAS、LOIS、R、RS 和 FED，其回归方程为：

$$CS_{i,t} = \alpha_i + \beta_1 CDS_{i,t} + \beta_2 VIX_{i,t} + \beta_3 BAS_{i,t} + \beta_4 LOIS_{i,t} + \beta_5 R_{i,t}$$
$$+ \beta_6 RS_{i,t} + \beta_7 FED_{i,t} + \varepsilon_{i,t} \tag{1}$$

考虑到次贷危机爆发前后，信用利差与各类风险的关系可能有明显变动，因此我们将数据分为两阶段进行分析，目前公认的次贷危机爆发时间为 2007 年 8 月，因此我们将总体数据分为 2006 年 1 月至 2007 年 7 月和 2007 年 8 月至 2009 年 11 月两个样本进行分析，如表 4-4 所示。

① Collin-Dufresne（2001）同样以 VIX 指标来代替单个公司的隐含波动性。需要提出的是，如果单个公司波动性与 VIX 并非高度相关，那么我们的结论可能存在一定偏差。另外，VIX 指标并未分各等级给出，因此对于各等级公司债，VIX 是相同的，可以将其看作是系统性的信用风险。

② 与 VIX 指标类似，LOIS 对于各等级公司债是相同的，因此可看做是系统性的流动性风险。

表 4-4 各变量统计指标 [①]

变量		均值	标准差	分位数				
				最小值	25%	50%	75%	最大值
CS	AAA	79.76	39.80	31.36	47.08	60.36	106.95	184.17
	AA	105.69	55.09	42.21	56.52	84.68	150.13	250.33
	A	135.11	81.73	56.35	65.91	105.82	177.55	370.47
	BBB	198.88	114.17	85.25	100.53	168.33	250.29	481.46
	BB	401.99	251.74	152.76	180.23	367.62	506.47	1109.67
CDS	AAA	20.41	19.70	0	4.00	11.73	30.82	80.30
	AA	43.31	31.43	10.16	15.84	35.68	63.20	130.52
	A	45.65	33.16	12.56	20.89	31.93	55.85	146.28
	BBB	98.36	71.38	25.97	44.07	60.85	132.42	322.44
	BB	200.57	91.23	70.08	125.72	183.73	264.56	515.20
BAS	AAA	2.33	1.52	0.46	1.24	1.74	2.97	7.77
	AA	7.26	3.44	2.55	4.33	6.42	8.87	15.33
	A	8.55	4.87	2.43	3.72	7.58	13.34	17.08
	BBB	9.11	3.81	2.83	5.70	7.98	12.85	18.60
	BB	12.14	6.84	2.03	4.08	12.42	18.81	23.31
R		4.14	0.74	2.07	3.65	4.22	4.74	5.32
RS		1.06	0.99	−0.16	0.03	1.09	1.94	2.79
VIX		23.51	12.85	9.89	13.21	21.14	27.19	80.06
LOIS		50.46	58.28	1.91	8.20	30.63	75.61	364.43
FED		3.16	2.06	0.25	1	4.25	5.25	5.25

[①] 数据来源为 Bloomberg，区间为 2006 年 1 月 3 日至 2009 年 11 月 13 日，对样本的具体介绍参见 4.2.1 数据选择，其中变量 CS、CDS、BAS、LOIS 单位为 BP，R、RS 和 FED 单位为 %。

3. 实证结果

根据我们所提供的（1）模型，面板回归分析得出的实证结果如表4-5所示，表中给出了不同时期的两个回归分析结果。从回归的 Adjusted-R^2 和 F 值看，模型的拟合效果较好。

表4-5 美国信用利差影响因子实证分析结果 [①]

	模型 1		模型 2	
	参数估计值	t 值	参数估计值	t 值
CDS	0.357	19.133**	0.797	15.494**
VIX	0.299	3.721**	1.387	6.066**
BAS	1.236	8.951**	15.704	23.440**
LOIS	0.308	2.138**	0.564	14.230**
FED	13.178	18.270**	−3.862	−1.659
R	−7.695	−7.671**	−61.068	−13.181**
RS	26.322	2.467**	−50.500	−11.578**
常数项	33.101	7.145**	287.958	14.798**
Adjusted-R^2	0.9787		0.8740	
F 值	7923.054		1735.614	

首先我们看模型1的回归结果（可以看作是市场平稳期各变量之间的关系），可以看到所有参数估计值均在5%置信水平下显著。对于衡量信用风险的两大指标 CDS 和 VIX，回归系数为正，这与我们所预期的结果相同。CDS 上升可能缘于公司信用实力下降，也可能缘于市场对公司信用风险的担忧加剧，无论是哪种可能，都会使得公司债信用利差上升，因此 CDS 与公司债信用利差正相关，对于 VIX 的分析也类似与 CDS；衡量流动性风险的两个指标——债券买卖价差（BAS）和 LOIS——与信用利差的相关关系同样为正，这说明流动性风险的上升（即 BAS 或 LOIS 的上升）会使得公司债收益率和国债收益率之间的利差扩大，流动性风险对信用利差的影响同样显著；衡量市场风险的两个指标——10年期国债收益率（R）和国债收益率曲线斜率（RS）——与信用利差关系一负一正，国债收益率上升（R 上升）和收益率曲线扁平化（RS 下降）一般出现在 CPI 和

[①] 回归分析的被解释变量为信用利差 CS，表中模型 1 对应样本数据由 2006 年 1 月至 2007 年 7 月，模型 2 对应样本数据由 2007 年 8 月至 2009 年 11 月，** 表示在显著性水平 5% 下显著。

宏观经济数据向好的时期，这些时期通常也是信用利差缩窄时期，因此回归数据同样符合我们的预期。

另外，模型1显示联邦基金利率（FED）与信用利差的回归系数同样显著为正，这一关系可以解释为：在市场平稳阶段，FED利率更可以看作是宏观流动性的衡量指标，美联储下调FED利率就相当于向市场注入流动性，从而拉低债券价格，缩小公司债与国债信用利差。

对比模型2与模型1的回归结果，我们发现，公司债信用利差对CDS、VIX、BAS和LOIS的回归系数均显著上升（相关关系仍然为正），考虑到CDS和VIX代表公司债的信用风险，BAS和LOIS代表公司债的流动性风险，这一结果表明在次贷危机爆发后，信用风险与流动性风险对信用利差影响明显上升，这正好证明了我们在第三部分的观点，即"次贷危机是信用风险与流动性风险互相影响、互相加强引致"。另外R的回归系数同样有显著上升，说明在危机中市场风险的影响同样急剧上升（也可能缘于各指标之间的显著相关性）。

值得注意的是，模型2中FED的回归系数为负，且并不显著，这一点与模型1显著不同，这一关系可以解释为：在经济危机阶段，FED可以看作是宏观经济和宏观流动性指标的综合体，美联储为应对经济衰退，下调FED利率成为自然的选择，而这一时期正是信用利差大幅扩大的时期，因此从这一方面看，FED与信用利差负相关①，但是FED利率同样是衡量宏观流动性的重要指标，这在上面已经提及，因此从这一方面看，FED与信用利差正相关，模型2中FED的回归系数为负且不显著的原因可能是上述两方面影响共同作用的结果；另外，模型2中RFS的回归系数同样由正转负，这可能是2009年以来国债收益率斜率有所反复，而信用利差则持续缩小所致。

4. 小结

我们运用面板回归分析方法，以五个等级（AAA、AA、A、BBB和BB）公司债5年期信用利差为被解释变量，以CDS、VIX（信用风险指标）、BAS、LOIS（流动性风险指标）、R、RS（市场风险指标）和FED（政策指标）为解释变量，衡量各因素对公司债信用利差的影响，数据区间为2006年1月至2007年7月和2007年8月至2009年11月，实证结果显示：

（1）信用风险、流动性风险和市场风险对公司债与国债收益率的利差有明显影响，各类风险的上升将会导致信用利差扩大。

---

① 这一特征在2008年9月至2009年初这段时期表现十分明显。

（2）对比次贷危机前后的回归结果，我们发现信用利差对信用风险指标和的流动性风险指标的回归系数显著增大，这一结果表明在次贷危机爆发后，信用风险与流动性风险对公司债与国债利差的影响明显上升。

（3）在市场平稳阶段，FED 与信用利差关系为负，但是在危机阶段，回归系数则为负（且并不显著），其原因可能是：在市场平稳阶段，FED 利率更可以看作是宏观流动性的衡量指标；但是在经济危机阶段，FED 可以看作是宏观经济和宏观流动性指标的综合体，一方面，美联储为应对经济衰退下调 FED 利率（可看做是宏观经济指标，与信用利差负相关），另一方面 FED 同样是衡量宏观流动性的重要指标，与信用利差正相关，因此模型 2 中 FED 为负可能正是上述两方面影响共同作用的结果。

三、中国公司债影响因素的实证分析

本部分对中国公司债定价的影响因素进行实证分析，由于国内缺乏各公司的CDS 数据，因此我们运用中信证券影子评分模型对各公司的信用评分来衡量信用风险，考虑到信用评分难以获得足够多的时间序列数据（因财务数据频率较低），因此本部分我们使用横截面数据来进行回归分析，具体数据处理如下：

1. 数据选择

（1）信用利差

我们以银行间市场各机构对短期融资券和中期票据买卖报价收益率的中值作为信用债收益率，通过信用债收益率与国债收益率之差计算信用利差。考虑到实际交易债券的期限并不规则，因此我们在计算信用利差时选择与信用债期限相近的国债收益率作为基准利率[①]。为避免某一交易日信用利差可能出现的扰动，我们取信用债在 2009 年 11 月单月所有交易日信用利差的均值作为其与国债收益率利差的代表性指标，记为 CS。最终样本中短融 92 只，中票 51 只，共计 143 只债券。

（2）信用风险因素

对于信用风险的衡量，我们选择两个指标，其一为影子信用评分分值，这一指标与企业本身的财务和经营指标相关性较强，因此可以较好地反映微观企业的信用实力，记为 SS，SS 最大值为 5，最小值为 0，SS 越高，信用实力越强；其二是行业景气程度，我们选择企业所在行业在 2009 年三季度的景气指数作为衡

[①] 对于期限小于 0.3 年、0.3–0.6 年、0.6–0.83 年、0.83–1.3 年、1.3–2.3 年、2.3–3.3 年、3.3–4.3 和 4.3–5.3 年的信用债，所选取的基准利率分别为 3 月期、6 月期、9 月期、1 年期、2 年期、3 年期、4 年期和 5 年期国债收益率。

量指标，取其对数，记为 HY，这一指标属于较宏观层面指标，行业如果处于景气高点，则微观企业经营整体现状较好，企业还款能力相对较强。

（3）流动性风险指标

对于流动性风险，我们选择三个指标，其一同样为银行间市场信用债的买卖利差，我们计算 2009 年 11 月信用债买卖利差的均值作为最终的指标值，记为 BAS；其二为各只债券的发行量，记为 SCALE，一般来说，债券发行量越高，其流动性相对更好；其三为债券剩余期限，记为 MAT，债券剩余期限一般与其流动性呈负相关关系[1]。

（4）市场风险指标

对于横截面数据，由于所有债券所面临的利率风险基本相同，因此我们未选用相关指标，如表 4-6 所示。

表 4-6　各变量统计指标[2]

变量	均值	标准差	分位数				
			最小值	25%	50%	75%	最大值
CS	129.026	50.173	25.788	95.258	130.653	166.083	261.067
SS	2.667	0.946	0.918	1.933	2.580	3.427	5.000
HY	4.813	0.113	4.602	4.704	4.826	4.861	5.096
BAS	9.639	5.989	0.958	6.038	8.841	12.673	48.125
SCALE	29.392	40.319	3.000	9.500	19.000	30.000	300.000
MAT	1.362	1.366	0.066	0.318	0.838	2.212	4.589

2. 模型选择

本节考虑在国内市场，各类风险对信用债定价的影响，由于数据原因，我们采取横截面数据对所选择的数据进行实证分析，其中被解释变量为各信用债与国债的收益率利差，解释变量包括上述提及的 SS、HY、BAS、SCALE、和 MAT，其回归方程为：

---

① 一般认为债券期限较长，违约概率越高，因此债券剩余期限也能在一定程度反映信用风险。

② 所有变量为横截面数据，数据均来源于 Wind 资讯。其中 CS、BAS 和 MAT 取 11 月均值，SS 和 SCALE 取实际评分值和实际发行量，HY 为 2009 年三季度行业景气指数的对数值。其中变量 CS、BAS 为 BP，MAT 和 SCALE 单位分别为年和亿元，回归样本中共包含 92 只短融和 51 只中票。

$$CS = \alpha + \beta_1 SS + \beta_2 HY + \beta_3 BAS + \beta_4 SCALE + \beta_5 MAT + \varepsilon \qquad (2)$$

3. 回归结果分析

根据上述的（2）模型，我们对所选择的指标和数据进行回归分析，所得的回归结果如表4-7所示。从回归的 Adjusted-R^2 和 F 值看，模型的拟合效果同样较好。

表 4-7　中国信用利差影响因子实证分析结果 [1]

	参数估计值	t 值
SS	−31.533	−7.646**
HY	6.805	0.256
BAS	−0.625	−1.305
SCALE	−0.052	−0.546
MAT	24.053	11.016**
常数项	155.168	1.195
Adjusted-R^2	0.5657	
F 值	35.696	

考察两个信用风险指标的回归系数，SS 的回归系数显著为负，说明企业评分越高，信用利差越低。考虑到回归系数为 −31.533，说明信用评分每下降 1 分，信用利差就上升 31.53BP。这一关系说明在国内市场，信用风险对债券定价有显著影响；同时也从侧面说明我们所构建的影子评级模型是合理的，得到了市场定价认可。HY 的回归系数并不显著，说明在国内公司债定价中，可能更多地考虑微观因素，行业侧面的考虑相对较少。

对于三个流动性风险指标，MAT 的回归系数显著为正，说明期限对信用利差由明显影响，这也符合国内信用债的定价特征，同时由于期限指标同时反映了流动性和信用风险，因此这一结果可能是信用风险和流动性风险共同作用所致；BAS 对信用利差的影响则并不显著，可能的原因是，国内银行间市场有买卖报价的债券就是流动性较好债券，因此流动性差异并不显著；SCALE 对信用利差的影响同样并不显著。

此外，需要提及的是，我们的分析并未具体分解出各类风险对信用利差的解释比重，主要原因是，第一，回归分析的结果更多体现变量之间的相关关系及其显著性，很难分解出哪个变量更重要；第二，要分解出各类风险的影响比重，需要另外构建信用风险定价模型（如结构模型或简化式模型），这需要加入若干假设和分析，所得出的结论也未必准确，而直接进行回归分析就可以确定哪个变量对信用利差有显著影响，这已经能满足我们的研究目的；第三，在中国，要构建结构模型或简化式模型来对信用风险进行定价，数据比较匮乏，可行性不高。

4. 小结

我们运用横截面回归方法，选取银行间 51 只中票和 92 只短融（共计 143 只信用债）数据，分析信用风险和流动性风险是否对信用债与国债收益率利差产生影响，其结论为：

（1）在国内，信用风险的变动显著影响市场对信用债的定价，根据我们的评分模型和回归结果，评分每下降 1 分，信用利差上升 30BP 以上，而行业景气程度的影响则并不显著；

（2）期限同样是影响信用债与国债收益率利差的重要因素，由于期限指标同时反映流动性风险和信用风险，因此这一关系说明流动性风险和信用风险对信用债定价有显著影响；

（3）买卖价差并不显著影响信用利差，可能缘于有报价债券之间的流动性差异不大，发行规模对信用利差的影响同样并不显著。

四、主要结论与启示

本文试图从理论和实证两方面分析各类风险对公司债定价的影响，并得出如下结论：

第一，实证分析结果表明，不论是在美国市场，还是在国内市场，信用风险都是影响公司债的重要因素，这符合投资学中的风险与收益相匹配的原理。同时，在美国市场，流动性风险也是影响公司债收益率的重要原因，而在中国，流动性的影响似乎要相对弱一些，尤其是买卖利差对信用利差影响并不显著。一个重要的解释是，在成熟市场，由于复杂性和紧耦合特征的作用，债券定价高度依赖市场流动性，而公司债受流动性波动的影响更大，因此使得债券收益率与流动性风险高度相关，在一些特殊时期，其他风险对定价的影响甚至超过信用风险。而在中国，由于种种原因，金融机构并未形成高杠杆率，系统紧耦合程度并不如发达国家金融市场高，因此流动性风险的影响可能并不那么显著。

　　第二，上述结论具有重要的政策意义。即在美国等发达国家，由于金融创新、金融杠杆率较高等因素，金融市场存在紧耦合和复杂性的特征，因此风险互动较强。但是在我国，目前杠杆率较低、金融创新不足，因此我国各类风险的耦合度较低。如果说发达市场已经形成复杂的网络结构、风险互动较强，在我国，目前还仅仅是相对孤立的点状结构，风险互动明显弱于发达市场。国际金融危机暴露的很多问题例如金融创新过度、杠杆率高、市场复杂性强等问题在中国尚不明显，我们甚至面临创新严重不足的问题。

　　从金融市场发展的角度来看，如果说发达市场需要做的是加强对金融创新的监管，减少创新的复杂性；限制金融杠杆率的运用等，在我国，我们的任务则是坚持适度创新的方向，通过金融创新提升我们金融市场的深度和广度，提高风险的分散和转移机制。

　　第三，要建立信用层次丰富的信用市场，尤其是大力发展中小企业融资、地方城投债券等，我们必然会面临风险定价问题；对于投资者而言，将面临风险承受与投资收益比较、风险承受与风险控制要求等新的问题。因此，通过加强市场建设，建立风险管理、分散、转移机制，对于化解上述矛盾非常重要。从具体措施来看，大力发展各类合格投资者群体、建立多种信用增级方式、发展包括 CDS 在内的信用衍生产品市场将是未来市场建设的重要方向。

（2010 年 3 月，曾发表于《农村金融研究》）

4.3　信用风险与金融危机

　　信用风险是市场参与者所面临的主要风险之一，但并不是唯一的。复杂多变的金融市场中所蕴含的风险还包括市场风险、流动性风险、操作风险等。在金融危机中，这些风险可能互相影响、互相强化，从而使得危机的不利影响无限放大。本节我们以 2007 年爆发并延续至今的全球金融危机为例，对信用风险与流动性风险之间互相强化的机制进行重点分析。

一、金融系统的复杂性和紧耦合性强化了流动性风险与信用风险的互动

1. 复杂性与紧耦合特征是引致市场失灵的重要原因

　　金融系统的复杂性是高度发达的金融市场的重要特征。在金融机构规模不断膨胀、金融产品大量涌现以及高杠杆率等因素的共同作用下，整个金融体系表现出越来越错综复杂且难以捉摸的特点。这其中金融创新和衍生品的大量出现同样推波助澜，最为明显的是以高度抵押贷款证券化为基础的发起——分销（O&D）商业模式的兴起。证券化增加了金融网络的纬度，也提高了金融网络的复杂性。不但如此，在过去 20 年里，国际金融网络的规模显著扩大，相互连通程度大幅提高，节点数大约增加了 14 倍，连接也变得更加丰富、更频繁，大约增加了 6 倍。从稳定性的视角来看，国际金融网络变成一个"既强健又脆弱"的系统，这个系统容易对主要的金融中心丧失信心，而且扰动在国际上快速传播会更进一步（霍尔丹，2009）。

当复杂性与市场的"紧耦合"特征交织在一起之后，很容易造成金融市场的失灵。紧耦合是工程学中的术语，意指一个程序的各个模块都环环相扣，之间的连接不容有任何误差，也没有重新校准或调整的时间①。由于紧耦合程序环环相扣的特点，任何一个小模块的运行失误都可能引起全局的瘫痪，以通俗的话来讲，即"不出问题则已，一出问题就是大问题"。

基于各类投资或套利机会建立的程序化交易模型是金融系统的紧耦合特征的重要原因，由于金融市场的信息过于繁杂，大多金融机构借助计算机指令捕捉相对有用的信息，并给出交易指令，由于机会转瞬即逝，这些指令被迅速下达并执行；而当今金融系统的高杠杆率就使得使得紧耦合特征更加突出，由于高杠杆率需要持续的大规模融资，对金融体系的流动性要求极高，因此流动性的"风吹草动"将对金融系统的运行产生明显的影响。

流动性、金融创新与高杠杆率的结合导致了紧耦合，同时也加剧了金融系统的复杂性。在由无数金融机构与金融工具组合而成的复杂系统中，如果失误无法预计，如果在问题扩散之前没有时间重设程序，则在出现差错时，危机就不可避免，并且可能不断恶化。长期资产管理公司就是很好的例子，最初它只是遭受了相对较小的损失，但是被迫变现证券迫使价格下跌后，就造成触发了损失螺旋和保证金螺旋效应②；同时由于金融机构的融资模式和资产组合的趋同性，其他机构也会被动加入抛售行列，就导致流动性的缺失和价格的大幅下跌，形成恶性循环（布克斯塔博，2008）。

---

① 如航天飞机的发射过程就是紧耦合程序，从点火、起飞、离开控制塔等步骤，每步骤的时间都必须精确无误，任何干扰都可能会导致整个操作的失败。

② 损失螺旋是指杠杠投资者由于资产价值下降而使资本净值受侵蚀的速度快于资产总值（杠杆的作用），可以借款的额度也随之减少。由于资产的抛售打压了价格，从而引发更多的抛售，从此循环，在这一过程中，保证金螺旋／资产估值折扣螺旋会强化损失螺旋。两者循环，进而导致价格更大幅度的下跌。

2、信用风险与流动性风险互相加强的危机自我实现机制

复杂性与紧耦合性的共同作用使得金融系统面临较高的流动性风险，事实上这一流动性风险也部分源自于市场对信用风险的关注，当系统流动性处于收缩周期时，金融机构对交易对手的信用风险也空前关注，资金出借方出现"惜贷"等行为，因而进一步加剧了流动性紧缩。

当我们进一步放宽视野，综合考虑金融系统外的信用风险，就可以勾勒出信用风险与流动性风险共同作用、互相加强的危机自我实现机制。我们知道，信用风险和流动性风险虽然客观存在，但是在不同时期，市场参与者对于他们的关注程度大不相同。

在市场较平稳且货币政策宽松阶段，宽裕的宏观流动性（可能缘于信贷的快速增长或国际资本的大规模流入）使得持有资金的金融机构急于寻找资金的运用途径，因此对于信用风险和流动性风险的关注程度也较低，在这一阶段，金融机构可能放松信贷标准（不论是对金融系统内还是系统外），因此不论是个人还是机构的杠杆率逐渐提高，进一步促进金融系统的流动性宽裕，推动市场上涨，市场流动性增强，事实上这一循环也是紧耦合金融系统正常运转的过程，但是在这一过程中，金融系统内外的信用风险和流动性风险在不断积聚。

当市场到达一定临界点之后（可能缘于宏观流动性收紧的迹象、也可能是微观主体信用风险逐渐积聚到临界值），由于经济增速放缓及资产价格下降（包括房地产、股票）等因素导致信用实力较低的主体所贷款项大量出现违约（主要是金融系统外），导致直接相关的金融机构资产大幅缩水，出现经营困难甚至破产等现象；而由于金融系统的紧耦合性，再加上大量的违约使得市场对于信用风险关注程度逐渐上升，少数金融机构的经营困难可能使得放款标准逐渐提高，流动性逐渐紧缩，从而出现进一步的信用违约现象（系统内也可能出现违约现象），前期积聚的流动性风险和信用风险逐步实现，而这将使得金融系统流动性下降，金融机构杠杆倍数被迫降低，金融市场逐步萎缩，宏观流动性下降，这一循环正是紧耦合系统出现故障的过程。虽然这一过程比较痛苦，但是从另一方面讲，信用风险和流动性风险逐渐实现的过程，也是风险逐渐释放的过程。

具有复杂性和紧耦合特征的系统的循环性故障，在工程术语上被称为"正常事故"[①]。"正常"二字意味着事故是系统结构的必然结果，而且系统越复杂，

---

① 即"Normal Accidents"，该词由 Charles Perrow 创造，参见 Charles Perrow，Normal Accidents：Living with High-Risk Technologies。此书描述了设计核武器等正常事故的可能性。

紧耦合越强，正常事故发生的频率越高。要降低事故发生的频率，就需要降低系统的复杂性，增加程序的松弛环节。这在金融市场中，就需要降低对数理模型的依赖，减少产品的过度设计和创新。

事实上，我们可以将系统正常运转与系统正常事故两个状态看作是市场的两个均衡状态。从市场实际运行看，前一均衡是系统在大多数时间内所处的状态，而后一均衡虽然时间相对较短，但是破坏力强，而且惯性较大，在没有外力有效解开紧耦合的前提下，危机的影响可能会对金融系统乃至整体经济产生深远的不利影响。

两个均衡之间可以互相转化。根据我们上述的分析，从正常运行到正常事故的转化是必然的结果，紧耦合系统在某一环节出现故障之后（如1987年股灾的中股市初期的下跌、长期资本管理公司的现金流约束、次贷危机中贝尔斯登和雷曼的破产等），金融市场就可能跳跃至正常事故状态，这一跳跃过程可能十分迅速，但是却很难有效地在事前进行预计跳跃的时点；从正常事故状态向正常运行状态的转变则需要外力提供一定的松弛条件（如美联储的流动性支持，宽松货币政策等），这一转变过程可能会比较缓慢，因为灾难过后的金融系统需要较长时间来恢复。

二、信用衍生产品过度发展与金融危机

1. 国际信用衍生产品发展状况

信用衍生品是上世纪90年代末发展起来的一种用于规避信用风险的新型金融衍生工具。按照国际掉期和衍生产品协会（ISDA）的定义，信用衍生品是用来分离和转移信用风险的各种工具和技术的统称，其最大的特点是在保留资产的前提下，能将信用风险从其他类型的风险中分离出来并提供风险转移机制。信用衍生产品产生前，信用风险通常和其他类型的风险结合在一起，而任何一种避险工具或方法都不能同时防范信用风险和其他类型的风险。信用衍生产品使金融机构能单独对信用风险敞口进行计量和规避，因而提高了信用风险的管理能力。

信用衍生品的产生和发展来源于金融机构对信用风险管理的内在需求。最早的信用衍生品（信用违约互换，CDS）出现在20世纪90年代。1993年，信孚银行和瑞士信贷银行为了防止其在日本的贷款遭受损失，开始出售一种偿还价值取决于具体违约事件的互换合约。这种产品允诺如果原生贷款不发生意外，投资者能从合约中获得收益，但当贷款不能偿还时，投资者必须向银行赔偿。

1997年亚洲金融危机和1998年俄罗斯债务危机对信用衍生品市场发生了重

要影响。这两次危机使金融机构充分认识到信用衍生品管理信用风险的有效性和灵活性，信用衍生品市场规模大幅增长，新的信用衍生产品不断涌现。2001 年发生了一系列重大风险事件，如安然公司的倒闭，世界通讯公司财务造假案和阿根廷的债务危机，这些突发性事件致使相关公司的资产价值突然下降而导致信用违约，与其相关联的银行、保险公司等金融机构也遭受重大损失，国际金融市场动荡加剧，全球信用暴露日益扩大，激发了金融市场参与者对金融风险管理的内在要求，市场规模呈现出跳跃式发展，产品创新速度不断加快。

自 20 世纪 90 年代中期第一个信用衍生产品问世以来，信用衍生产品一直保持强劲增长。据英国银行家协会（BBA）2006 发布的全球信用衍生产品调查报告，1997 年，全球信用衍生产品仅为 1800 亿美元，2006 年上半年信用衍生产品的规模已经达到 26 万亿，十年间市场规模膨胀了 140 多倍。根据 ISDA 发行的数据，2007 年底，信用衍生品市场规模已经达到 62.2 万亿美元，相比于 2006 年底的 34.5 万亿美元增长了 81%。2008 年以后，随着美国次贷危机的爆发，基础资产大幅贬值带动信用衍生品市场的急剧萎缩。

从全球信用衍生品市场交易的品种的结构变化来看，在 2006 年前，信用违约互换一直在信用衍生品市场中占有最大份额，但随着指数类产品的交易量的迅速上升，2006 年，其市场份额已超过了信用违约互换，位居第一位。合成 CDOs 也占据了较大市场份额，从 2004 年起，居所有产品的前三位。信用联结票据和篮子产品的份额则逐年下降，如表 4-8 所示。

表 4-8　全球信用衍生品市场交易的品种结构

种类	2000	2002	2004	2006
指数类产品	n/a	n/a	11%	37.70%
信用违约互换	38%	45%	51%	32.90%
合成 CDOs	n/a	n/a	16%	16.30%
信用连结票据	10%	8%	6%	3.10%
篮子产品	6%	6%	4%	1.80%

［数据来源：英国银行家协会（2006）《信用衍生品报告》］

尽管传统的信用衍生产品仍占据市场的主要地位，但其市场份额在逐步降低，信用产品的创新速度明显加快，新产品结构更加复杂。目前，市场上主要的信用衍生产品类型如表 4-9 所示。

表 4-9　信用衍生产品类型

分类基础	类型
单一信用衍生产品	信用违约互换 CDS 二进制式信用违约互换（Binnary Default Swap） 可取消违约互换（Cancelable Default Swap） 或有违约互换（Contingent Default Swap） 杠杆违约互换（Leveraged Default Swap）
	总收益互换 TRS
	信用价差期权（Credit Spread Option）
	信用连结票据（CLN）
组合型信用衍生产品	全指数交易（Full Indes Trades）
	抵押债务债券 CDOs 分档组合违约互换 TPDS 分档一篮子违约互换 TBDS 平方、立方抵押证券等 $CDO^{\wedge 2}$，$CDO^{\wedge 3}$
	一篮子产品（Basket Default Swap & Tranched Portofolio） 一篮子信用违约互换（Basket CDS） 分档组合和分档一篮子互换 (Tranched Portfolio&Basket CDS)
	互换期权 Swaption
	分层级指数交易（Tranched Index Trades）
	其他产品

　　由于监管的松弛和投资者的过度贪婪等原因，信用衍生产品的快速发展过程中伴随着金融的过度创新。一方面，信用衍生产品市场的规模远远大于其对应的基础资产，衍生产品的发展已脱离了实体经济成为投机性的工具，这极大地增加了市场的风险，当基础资产出现违约时，整个金融创新的大厦将轰然倒塌。另一方面，金融机构通过纷繁复杂的技术手段，使得交易链条不断延长，衍生产品与基础资产的距离越来越大，甚至最终找不到对应的基础产品。过度的创新放大了金融风险，增加了金融体系的脆弱性并积聚大量的系统性风险，从而可能导致严重的后果。

　　2. 信用衍生产品在风险分散和转移的积极作用

　　信用衍生产品的出现为信用风险管理开辟了全新思路，引起了信用风险管理方式的重大变化，在微观及宏观层面都具有积极意义。从微观角度来看，信用风险可以分离并独立交易，有利于提高资产的流动性，为商业银行和其他金融机构提供了新的信用管理工具和投资选择；从宏观的角度看，信用衍生产品市场的发展促进了信用风险的转移和分散化，提高了市场透明度及风险定价能力，有助于加强金融稳定。

具体而言，信用衍生品的突出功能主要表现在如下三个方面：

（1）促进信用风险的分散和转移。

在信用衍生产品产生以前，金融机构一般通过提取准备金、授信额度控制、多元化持有资产、贷款出售和资信评级等方式进行防范和控制信用风险。对于商业银行，通常存在着信用悖论现象，即由于客户关系、区域和行业优势、规模效应等造成银行在信用风险管理上有风险集中的趋势，与风险管理时应将投资分散化、多样化、防止授信集中相矛盾。信用衍生产品出现后，商业银行可以选择保留贷款的所有权，但将其信用风险转移给其他市场主体，从而实现了信用风险的转移和贷款组合的分散化。市场主体的多样性使得信用保护买卖双方可以发挥各自的比较优势，从而有利于分散并吸收金融体系可能面临的冲击，增强金融体系弹性。

（2）推动和促进基础产品市场的发展。

信息不对称是金融市场中广泛存在的现象，在没有衍生产品的市场中，投资者可能由于对信用风险的承受能力较弱或者不能准确衡量和分析信用风险等原因，从而放弃对基础产品的投资。信用衍生产品使得基础产品的信用风险得以分离，有助于减缓金融交易中信息不对称，从而推动和促进基础产品市场的发展，也使得低信用评级公司通过债券直接融资成为可能。

（3）提高金融市场信息透明度和效率，有利于金融监管。

在信用衍生产品的交易中，买卖双方通过信息收集、分析和交易，能减轻金融市场上由于信息不对称所产生的逆向选择和道德风险问题，从而促进了金融市场的运行效率。另外，信用衍生产品也会使金融市场上的一些隐蔽信息更加公开化，使金融资产的价格能反映出更多的市场信息，金融资产的定价也更为有效。

同时，对于监管当局而言，信用衍生品市场能够提供更为及时、准确的监管信息，尤其是关于债务人信用水平以及信用风险转移情况的信息。传统的信息来源主要来自于统计数据，有一定的滞后性，而信用衍生品价格可以及时反映市场对信用风险的评价，其走势也可以反映市场对整个信用环境的看法。监管当局可以借助信用衍生品市场的相关信息来监测某些行业或机构信用质量的变化，整个市场的透明度得到显著提高。

信用衍生产品的出现引起了信用风险管理方式的重大变化，实现了信用风险转移与分散，提高了市场透明度和定价效率，金融体系的弹性得到增强。近年来，美国相继发生安然、世通等公司破产事件。这些破产事件之所以没有给金融体系带来严重危机，很大原因是因为众多市场参与者都不同程度地使用了信用衍生品来转移其信用风险①。美联储前主席格林斯潘认为，信用衍生产品起到了"减震器"的作用。

3. 信用衍生品与次贷危机

对于美国次贷危机的起因和发展，一般认为美联储宽松的货币政策导致的房地产市场泡沫是根本原因，而以次级抵押贷款支持证券（MBS）、信用违约互换（CDS）和抵押债务证券（CDO）为代表的金融的过度创新则在危机的发展中起到了推波助澜的作用，大大加重了次贷危机的危害程度。

2001年IT泡沫破灭后，美国经济出现衰退。为了刺激经济，美联储采取了极具扩张性的货币政策，低利率和宽松的货币政策促进了房地产业的繁荣和房地产贷款市场的空前火爆。美国金融机构不断放松住房抵押贷款标准，在很少首付甚至零首付的情况下，大量偿付能力较低的住户通过抵押贷款进入房地产市场，这造成了潜在的偿付风险，形成大量Alt-A贷款和次级贷款。这些低质量的抵押贷款的违约成为后来次贷危机爆发的重要导火索。

抵押贷款机构为了分散风险和回收资金，以抵押贷款为基础资产进行证券化，从而将信用风险由房地产贷款机构向资本市场传递。这个过程大致是：首先，贷款机构把符合一定条件的住房抵押贷款集中起来，形成一个抵押贷款资产池（asset pool），利用资产池定期发生的本金及利息的现金流入为支撑发行证券，即MBS。MBS通过约定投资者获得本金和现金流的顺序来实现内部信用增级，发行不同信用级别的债券。通过证券化，信用风险从房地产贷款机构转移至MBS证券的投资者，实现了信用风险的转移和分散。这一过程可以简单描述为：

---

① 在世界通讯发生公司危机时，由于美国的花旗集团、美洲银行和摩根大通等银行为了防范信用风险，已将他们承购的世界通信290亿美元债券，以及安然的80亿信贷额度中大部分的信用风险通过信用衍生品交易对冲，因此在这次突发事件中并无实质性风险损失。

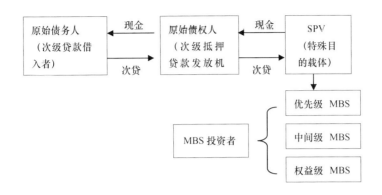

图 4-13　抵押贷款证券化结构示意图

然后，由于中间级 MBS 的信用评级相对较低，难以出售，发行 MBS 的金融机构希望提高这些资产的收益，于是以中间级 MBS 为基础，进行新的一轮证券化。以中间级 MBS 为基础发行的债券被称为担保债务权证（CDO）。CDO 与 MBS 的主要区别是：CDO 的资产池的资产已经不再是次贷，而是中间级 MBS 和其他债券，如其他资产支持证券（ABS）和各种公司债。根据同 MBS 类似的现金收入流的分配规则，CDO 也被划分为优先级、中间级和股权段。再次，中间级的 CDO 可以再作为基础资产，进一步被证券化，从而出现 CDO^2，CDO^3 等。通过证券化，房地产按揭公司将大量按揭贷款证券化，从而筹集了相当部分的资金，为进一步放贷提供了充足的资金来源。同时投资银行通过多次证券化，从而获得更高的融资金额，提高自身的金融杠杆比例。但由于 CDO 是一般债券产品的复杂衍生，以至于最后产品与实体资产之间越来越脱离，CDO 的定价过程越来越复杂，风险评估越来越困难，各个不同金融产品之间的防火墙也失去了作用，彼此之间的相关度很高，一旦房地产市场出现问题，就可能引起整个金融系统的连锁反应，投资者因债券资产贬值而出现大幅亏损。

除 MBS 和 CDO 外，信用违约互换（CDS）是次贷危机中扮演重要角色的另一重要衍生金融工具。CDS 的作用是将某种风险资产的违约风险从合同买方（信用风险资产的投资者）转移到合同卖方（信用风险保险提供者）。对于低信用评级的 CDO 投资者，通过购买 CDS，实现将信用风险转移给 CDS 的卖方。尽管 CDS 能够实现证券风险的转移和对冲功能，但 CDS 也潜藏着巨大的风险，主要包括：CDS 中交易对手的违约风险难于衡量；由于缺乏中央清算系统，CDS 交易面临较大的清算风险；CDS 交易链条较长，链条的断裂将导致系统性的连锁风险等。

通过多次的证券化和结构化，这些组合产品形成了从抵押贷款–MBS–CDO–CDS的次贷产品链，次贷危机的爆发正是由于这一金融创新链条的过度膨胀而造成。

2003年美国经济开始复苏。为防止通货膨胀反弹，从2004年开始，美联储连续上调联邦基金利率。美联储不断升息导致住房贷款市场利息率的上升和房价的下跌，购买者无力偿还新贷款，因此住房抵押贷款违约率不断上升，使提供次级贷款而又未实现次贷证券化的住房金融机构倒闭，这是次贷危机爆发的第一个阶段；次级抵押贷款的损失引发了连锁反应，随着次级抵押贷款的违约率不断上升，次级贷款支持的金融产品MBS、ABS等，因基础资产出现问题，其违约风险骤然上升，价格急剧下降，或出现有价无市的现象，使购买了大量较低级别MBS和CDO的投资人损失严重；同时，评级机构对较高等级的MBS和CDO进行重新评估，这些产品的信用级别被调低，市场价格也相应下跌，从而使购买信用评级较高的MBS和CDO的商业银行、保险公司、共同基金和养老基金等也随之受到冲击。随着危机的深化及金融机构亏损和计提减值准备的不断增加，这是次贷危机的第二阶段；由于违约事件发生，为CDO等金融产品提供信用保护（CDS）的卖方机构如AIG等出现巨亏，被美国政府接管，整个信用市场交易对手信用风险增加，银行间拆借市场出现流动性短缺，拆借市场利息率随之上升，逐渐演变为流动性危机，最终演变为信贷危机并导致全球经济衰退，这是次贷危机的第三阶段。

从次贷危机的发生和发展过程可以看到，大量高风险的次级贷款是导致次贷危机发生的直接原因，MBS、CDO和CDS等信用衍生产品在次贷危机的发展过程中起到了进一步推波助澜的作用。衍生产品过度创新以及金融机构财务杠杆过高，放大了金融市场风险，从而房价及利率的波动将产生一系列连锁反应，造成市场的整体波动，演变为全球性危机。

三、放松紧耦合的努力

前面已经提及，在紧耦合系统陷入正常事故之后，很难由系统本身进行修复，需要由外力来提供松弛条件，给予系统喘息之机，放松过于紧凑的耦合系统，逐渐实现向系统正常运行的转变。

由于本次危机是信用和流动性的双重危机，各国在采取政策时需要同时缓和系统的流动性风险和信用风险。

为有效缓解金融系统的流动性风险，美联储采取了多方面的措施。第一，连续下调联邦基金利率，并于 2008 年 12 月将联邦基金利率下调至 0—0.25% 这一历史低点，向市场大量提供流动性；第二，为抑制资产价格持续下跌的趋势，美联储大量购买债券，2008 年 11 月 25 日，美联储宣布购买总额不超过 1000 亿美元的机构债券和 5000 亿美元抵押贷款支持债券，2009 年 3 月份，美联储又将机构债券购买总额提高至 2000 亿美元，将抵押贷款支持债券购买总额提高至 1.25 万亿美元，并购买总额不超过 3000 亿美元的国债，这一措施有效地稳定了资产价格，同时增加了证券的流动性；第三，创设非常规的流动性工具。2008 年 11 月 25 日，美联储宣布创设短期资产抵押债券信贷工具（TALF），以解冻住房信贷市场和消费信贷市场。其他国家中央银行也纷纷降低利率水平并采取多种非常规性货币政策工具。

为缓和金融系统的信用风险，各国央行同样采取了大量措施。2008 年 10 月 10 日 G7 在华盛顿召开财长和央行行长会议，会后发表的联合声明指出，各国将协同行动以稳定全球金融市场。随后财务的措施包括，第一，扩大存款保险项目、为非存款类负债提供担保，缓解市场对个人、企业以及银行信用风险的担忧；第二，进行广泛的银行救助计划，为银行注入公共资金等，美国在 2008 年 11 月和 2010 年 1 月分别宣布了对花旗银行和美洲银行的援助计划。同样，欧洲也宣布了对一些大型金融机构的救助措施，包括英国接管苏格兰皇家银行，比利时、卢森堡和荷兰三国救助富通银行等；第三，美国于 2008 年 10 月通过问题资产救助计划，计划提供 7000 亿美元来维持金融体系的稳定，2009 年 7 月，由美国财政部、美联储和 FDIC 联合推出公司合营投资计划（PPIP），希望通过此计划消化银行体系内的有毒贷款和有毒证券产品；第四，美联储与其他监管部门对全美 19 家大型银行进行压力测试，并向市场公布压力测试结果，进一步稳定了金融市场情绪和信心。

各国央行的联合行动有效地稳定了金融市场，短期融资市场运转逐渐恢复正常，公司债券发行规模大幅回升，股票市场反弹明显，住房按揭贷款利率也大幅降低。关键的一点是，人们对金融崩溃的担忧情绪大大缓解，经济在经历过去一年大幅萎缩之后近期呈现出触底迹象，尽管全球经济已经度过了最艰难的时期，但未来仍将面临诸多困难和挑战：全球金融市场的压力仍然存在，一些金融机构的损失还将进一步增加，许多企业和家庭仍难以获得信贷支持，由于种种原因，经济复苏步伐一开始会相对缓慢，失业率只会逐步从高位回落（伯南克，2009）。

总之，信用风险和流动性风险的双重影响使得本轮次贷危机成为大萧条以来最为严重的经济危机。由于金融创新、衍生工具和技术的广泛应用、高杠杆率的的作用使得市场变得更加耦合，这种耦合性及其引起的更高流动性使得更容易使用高杠杆，也导致了流动性风险与交易对手的信用风险以及资产质量变动等更紧密地联系在一起，当任何一个环节出现问题时，危机很容易就形成了。当流动性蒸发时，再佐以金融系统内外的信用危机和市场的极度恐慌情绪，一个小的冲击能够放大成一场全面的金融危机，并随着市场网络的全球化而进一步放大了危机破坏力。因此，本轮危机是信用风险与流动性风险互相作用、互相加强、自我实现的最终结果。

四、主要结论与启示

1、由于金融创新、衍生工具和技术的广泛应用、高杠杆率的作用使得市场变得更加复杂和紧耦合。从危机传染来看，一方面，金融体系的紧耦合性将各类金融机构紧密联系在一起，因此，危机传染渠道也更加多样化，包括了银行同业市场中流动性危机的传染、信贷市场与资本市场的相互传导以及金融危机的国际传染等三大渠道。另一方面，金融体系的紧耦合性意味着，当任何一个环节出现问题时，一个小的冲击能够放大成一场全面的金融危机，并随着市场网络的全球化而进一步放大了危机破坏力。

2、本次危机的爆发表明系统越复杂，紧耦合越强，正常事故发生的频率越高。要降低事故发生频率，就需要降低系统复杂性，增加程序松弛环节。具体来说，应该包括以下几方面：

（1）降低金融机构杠杆率。本次金融危机表明，如果不对杠杆率实施必要监管，会严重影响金融市场的稳定性。危机的教训使各方都在反思现有监管框架的缺陷，尤其是对杠杆率的要求。合理的杠杆率不仅保证资本可以缓冲资产非预期损失，而且在可以在一个相互联系的金融体系中保持负债的稳定。尤其是在金融创新的过程中，控制杠杆率是分散业务风险的前提，是控制创新业务风险范围的必须。从监管层面来看，实施合理的杠杆率限制，涉及到以下几个方面：直接限制杠杆倍数、直接限制抵押贷款的抵押率、详细分析高杠杆经营机构是否真正隐含风险，并高度重视对其进行流动性监管等几方面内容。

（2）对金融创新尤其是衍生产品过度创新进行监管。危机之后另一个重要反思就是需要重新审视金融创新。衍生产品的扩张一方面导致了抵押率大幅提高，增强了杠杆率；另一方面又通过保险方式将银行、金融市场机构、保险公司等各层面机构紧密的捆绑到一起，形成了错综的金融合约体系，导致了金融体系的紧耦合性。一旦某一环节出现问题，整个金融合约体系出现崩溃。因此，过度金融创新实际上制造了金融体系、金融制度的重大缺陷。危机之后，限制过度创新，对于控制杠杆率、缓解市场耦合度，重建金融体系，具有重要意义。

（3）充分发挥中央银行最后贷款人角色，放松金融体系紧耦合性。

在紧耦合系统陷入正常事故之后，很难由系统本身进行修复，需要由外力来为其提供松弛条件，放松过于紧凑的耦合系统，提供喘息之机，逐渐实现向正常运行的转变。而这一外力主要来自充当最后贷款人角色的货币当局。上述分析表明，危机过程中，货币当局的积极干预对于化解流动性危机和缓解信用危机发挥了非常重要的作用，也有效地缓解了金融系统的紧耦合性，有利于金融系统的逐步修复。

3、中国与美国信用市场发展阶段不同，决定了我们当前市场的复杂性较低、市场风险的紧耦合性特征较低，因此风险特征与美国有着根本的差异。

美国金融危机暴露的信用产品过度发展、杠杆率较高以及由此产生的风险耦合问题，这些问题在中国仍不是主要的问题。从债券的发展阶段来看，美国信用产品市场经历了从简单到复杂的三个发展阶段，如图4-14所示，尤其是在市场的高级阶段，衍生市场发展远远超越了现券市场，形成了倒金字塔的信用分布结构，如图4-15所示。但是我们国家信用市场发展还刚刚从最初级产品到初步具有结构性特征的阶段发展，仍处于发展的初级阶段，如图4-16所示。由于发展阶段不同，同时，在我国债券投资的杠杆率较低，因此信用风险与流动性风险耦合度较低，这一点从影响信用债券定价中的流动性因素和信用风险因素的差异可以进一步看出。

总之，上述分析的基本结论是，随着市场复杂化、网络化程度的增强，市场风险紧耦合性特征将增强。这一点在美国市场中尤其在本次金融危机中反映得非常充分。但是，从比较的角度来看，我国由于市场发展仍处于初期阶段，市场的复杂化程度较低，网络化特征也不很明显，在这种市场结构中，风险仍呈现"点状"分布，由于偶然事件引发的系统性风险的可能性仍非常有限。

图4-14 美国信用市场发展的三个阶段

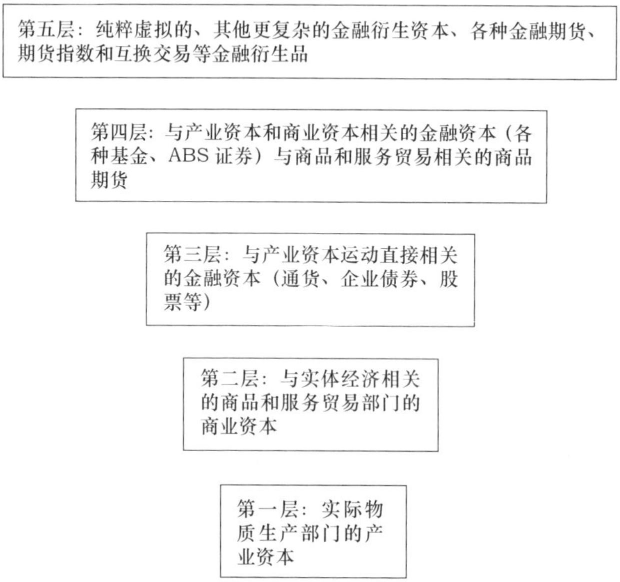

第五层：纯粹虚拟的、其他更复杂的金融衍生资本、各种金融期货、期货指数和互换交易等金融衍生品

第四层：与产业资本和商业资本相关的金融资本（各种基金、ABS 证券）与商品和服务贸易相关的商品期货

第三层：与产业资本运动直接相关的金融资本（通货、企业债券、股票等）

第二层：与实体经济相关的商品和服务贸易部门的商业资本

第一层：实际物质生产部门的产业资本

图 4-15　经济的倒金字塔结构图

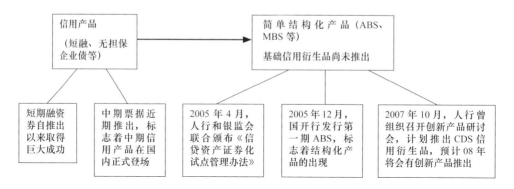

信用产品

（短融、无担保企业债等）

简单结构化产品（ABS、MBS 等）

基础信用衍生品尚未推出

短期融资券自推出以来取得巨大成功

中期票据近期推出，标志着中期信用产品在国内正式登场

2005 年 4 月，人行和银监会联合颁布《信贷资产证券化试点管理办法》

2005 年 12 月，国开行发行第一期 ABS，标志着结构化产品的出现

2007 年 10 月，人行曾组织召开创新产品研讨会，计划推出 CDS 信用衍生品，预计 08 年将会有创新产品推出

图 4-16　我国信用市场发展的两个阶段

　　因此，从发展阶段的角度来看，我们判断，与美国等国家有着根本性的区别，在中国除非发生大的宏观性系统风险，否则市场层面或微观企业层面的信用风险很难形成系统性冲击，因此很难产生系统性风险、进而形成自发性危机。因此，我们没有理由因为美国的信用风险而产生恐慌情绪，也没有必要由此而因噎废食，压制我国信用产品市场的发展。

（2010 年 7 月）

4.4　构建信用风险的识别与应对机制

一、完善评级标准，建立适应国情的评级体系

信用评级对债券市场的健康发展和信用风险的防范，具有重要的作用。债券市场上，投资者与发行人之间的信息不对称是普遍存在的，这加大了发行人的融资成本和投资者的投资风险。信用评级机构通过提供专业的评级服务以减少投资者选择的不确定性，并且拓宽投资者选择的范围，有利于更好地管理投资风险。由于评级机构的专业性、中立性，评级结果被广泛接受，在很大程度上改变了市场参与主体之间信息不对称的现象，从而起到了防范并降低信用风险。

1、金融危机后对评级公司的批评

在此次美国金融危机发生过程中，信用评级机构受到了各方的批评，各方对其在危机中的能力表现提出了质疑，其自身信用也受到极大的挑战。

一是评级机构的利益冲突问题。评级机构的利益冲突主要有两大原因：一是发行方付费的业务模式。评级机构的主要业务收入来自发行方支付的评级费用，这使得评级机构有动力给予更高的评级。二是业务多元化发展。评级机构除了评级以外还提供如咨询、风险管理等其他服务，这使得评级机构对购买咨询等其他服务的客户的评级可能会受到相关利益的影响。此外，在结构性融资产品的信用评级中，评级机构不仅评估信用风险，而且还参与结构性融资产品的构建过程，发行方会获得评级机构的建议或者至少能运用评级机构的评级模型进行预构建。在这一过程中，评级机构极易产生利益冲突问题。

二是评级的透明性问题。金融危机前，评级业务技术和细节基本是一个"黑箱"，评级机构一般不会披露信用评级所采取的方法、模型与假设等，这一方面导致投资机构过度依赖于评级公司的评级结果，但对参数、假设前提等关键变量全然不知；其次，信息不透明使得监管机构监管难度加大，对信用评级的约束力降低；再次，信息不透明和约束力的降低，导致信用评级机构更容易产生道德风险。

三是信用评级机构的技术性问题。信用产品数量巨大并经过多层次创新，复杂程度显著提高，信用评级机构面临较大的技术性问题，难以对产品的信用给予准确的评价。比如美国证监会2008年对评级机构的调查就认为，面对MBS和CDO的复杂性，评级机构不能验证其模型是否准确。目前，评级机构主要采取定性和定量相结合的评级方法，但定性分析中影响因素太多，主观因素更难以避免；定量分析中，存在较多的限制条件和假设前提，诸多参数的准确性也难以保证。

四是信用评级机构的预警严重滞后。预警信用风险是信用评级机构的主要功能之一，但信用评级机构未能预警本次金融危机，并且在危机发生后集体大规模调低债券的信用评级，加剧了市场恐慌。

2、危机后对评级改革的相关要求

信用评级机构在金融危机中暴露出来的问题，促使各国金融监管机构采取一系列改革措施。2009 年 7 月，美国财政部向国会提交了信用评级机构改革方案，该改革将围绕三条主线展开，即减少评级机构的利益冲突，增强美国证券交易委员会对信用评级机构的监管权和降低金融体系对信用评级的依赖。减少评级机构的利益冲突措施包括：禁止评级机构向受评企业提供咨询服务；要求评级机构公布受评企业获得评级需缴纳的费用，评级报告必须包括受评企业两年以来的费用支付历史；对于存在"预评级"①的，需要公布受评企业所谋求的初步评级等。该项法案允许美国证券交易委员会审查用于确定评级的各项政策和程序。美国证券交易委员会将设立一个专门办公室对评级机构进行监管，同时有权要求企业进行注册。此外，要求各政府着手研究减少金融体系对信用评级依赖程度的具体措施。总体来看，美国财政部的改革方案通过改革评级机构具体操作程序，增加市场多样性，增强行业透明性等措施，间接缓解"发行人付费"模式的内在冲突，促进评级机构进行更加公正、独立的评级。欧洲和欧盟委员会于 4 月 23 日通过的"信用评级机构一揽子规章"（package of ratings agency rules），对信用评级机构采取了最严厉的监管措施。新规章要求，在欧洲运营的信用评级机构要在欧洲证券监管机构委员会（Committee of European Securities Regulators，简称 CESR）登记注册，并要遵守欧洲严格的规章制度，要求评级机构不得提供咨询服务；必须披露信用评级依据的模型、方法以及关键的假设；必须要以特定的符号将复杂产品的信用评级结果区别开来；必须出具年度透明度报告等。

3、建立符合我国国情的评级标准

我国的信用评级机构发展起步较晚，目前尽管积累了一定的经验，但还存在着诸多的问题，比如：①评级机构恶性竞争，评级机构的独立性不足，直接影响到信用评级业务的公正、客观以及信用评级机构的可信度。②评级机构采用的评级方法、分析模型不同，得出的信用评级结果也差异较大，这为投资者决策产生

---

① 预评级，又称"兜揽评等"，是指发行人在信用评级时将评级委托给数家评级机构进行预评级（shadow rating），再从中选择能给予发行人最理想评级的机构签订合同，评级机构有牺牲评级的客观公正性以追求短期利润最大化的动机。

了一定的混乱。③由于我国经济发展的国情和国内统计数据的缺失，信用评级机构依赖的信用违约率、回收率等基础数据严重不足。④信用评级机构的方法和结论大部分未经历过完整经济周期或压力测试的检验；模型和假设参数等也可能没有考虑到极端的情况。

对于我国，不能因为信用评级机构在次贷危机中的负面作用而因噎废食，相反要抓住时机大力发展信用评级机构，推进我国债券市场的发展。

（1）积极推动建立符合我国国情的信用评级标准。由于信用风险的形成因素是多方面的，与一国的政治经济制度、经济发展水平、法律体系、国民素质以及文化传统有密切关系，因此我们不应当简单借鉴国际信用评级机构基于他国的信用评级模型、数据等，而应当将信用评级标准本土化，建立符合我国国情的信用评级标准，从这一角度看，第二章构建的影子评级模型就是我们在这一方面所做的尝试，模型在充分借鉴国际机构评级模型的基础上，加入了许多"中国元素"，如企业性质、管理团队及分析师调整等。

（2）加强对评级机构的监管，实行资格准入和资信审查制度。目前，我国缺少一个对信用评级机构的统一监管机构，信用评级最初因企业债券而产生，一直处于多头管理状态，这容易导致管理标准无法统一，政策、法律、法规不一致、不连续的情况，必然阻碍评级机构健康发展。因此，有必要建立或指定一个监管机构对评级机构进行监管。此外，在我国目前市场发展尚不成熟、社会评级意识不足、评级机构评级同质化较强的背景下，很难由市场通过对评级结果进行评价来对评级机构进行资格认定。因此，在当前的市场情况下，我国应当实行严格的评级机构资格准入制度和资信审查制度，该资格认定和资信审查可以由统一的监管机构负责。随着信用评级发展成熟到一定阶段，出现一些公信力较好的评级机构后，可取消资格认定转而对评级结果进行认可。

（3）评级机构应当公开评级方法、模型和参数等，使评级过程透明化。美国次贷危机表明，金融市场（包括投资者、评级机构）的错误并不都是由不良激励引起的，更多的责任在于错误的模型。这些模型总是不能在市场崩溃之前观察到问题的存在，或者远远低估了极端情况的破坏作用。因此，有必要要求信用评级机构公开其信用评级方法、模型和参数等，让市场投资者充分了解评级过程细节和信息来源、评级方法，提高评级的透明度，以做出更加审慎的判断和投资决策。

（4）加强评级机构的约束机制，评级机构应当对评级结果承担责任。由于信用评级机构在债券市场发展中的重要作用，因此应当建立对信用评级机构的约束机制，对于因采用发行人付费的收费模式，信用评级机构违反公正性和独立性原则，提供不当或者虚高的信用评级；由于评级方法、模型和参数等方面出现明显错误导致评级结果出现错误，信用评级机构应当对评级结果承担相应的责任，防止因评级结果不实而引起投资人的损失以及进而诱发的金融风险。

（5）建立信用评级机构的淘汰机制。监管机构应当加强对信用评级机构的监督检查，对评级机构的评级质量进行评价，建立符合市场规律的淘汰机制，防范信用评级机构违规行为和道德风险的发生。

二、发展多种信用增级方式

信用增级是成熟债券市场常用的信用风险分散方式之一，通过信用增级，可以将部分信用风险转移给信用增信的提供方，从而实现信用风险的分散。

1、国内已经建立了较为丰富的信用增级形式

从国内债券市场的信用增级方式看，主要包括外部增级和内部增级两种方式，外部增级主要以担保为主，包括第三方担保、抵押担保和质押担保等；内部增级主要包括优先/次级的分层结构和偿债基金等，优先次级的内部信用增级结构主要在信贷资产和企业资产证券化中广泛使用。

（1）第三方担保是指由债券发行人以外的第三方为债券的还本付息提供担保，在国内实际操作中，第三方担保大多采用"不可撤销连带责任保证"的担保方式。2007年以前，我国第三方担保的担保人通常由商业银行担任，这主要是因为我国商业银行资金实力雄厚，信用资质优异，具备较强的信用增级能力；同时，由于被担保人通常都是商业银行的客户，担保费率也较低；除商业银行外，我国缺少实力雄厚的专业担保公司且担保费率较高也是原因之一。2007年，为了防止控制银行担保的信用风险，银监会出台了禁止商业银行融资性担保行为。此后，第三方担保的担保人从商业银行转化为集团公司、母公司和专业担保公司等，部分公司甚至采取了相互担保的方式。第三方担保的增信效果主要取决于担保人的信用水平及担保人与发行人之间的违约相关性。第三方担保的优势是：由于采用不可撤销的连带责任保证担保的形式，能够有效地提升债券的信用水平，起到信用增级作用；第三方担保操作简单，投资者认可程度高；能有效拓宽投资者范围，使保险公司投资具备了条件。因此，第三方担保是目前我国信用债券市场最主要的增级方式。

（2）抵押担保是指发行人或者第三方不转移财产的占有，将该财产作为发行债券的担保。在债券存续期间，发行人不履行本息偿还义务时，债权人有权按募集说明书、抵押担保协议等的约定以该财产折价或者以拍卖、变卖该财产的价

款优先受偿。根据担保法的规定，房地产、机器、交通运输工具、土地使用权等可以作为抵押担保的财产，但由于国内法律法规的不完善和投资者接受程度较低，目前国内债券市场多采用房地产和土地使用权作为抵押财产。抵押担保方式的信用增级效果关键在于抵押率的设定，抵押率越低，对债券的信用增级效果越好，对债券持有人的利益保护也越高，但过低的抵押率对发行人的资产规模提出较高的要求，同时也限制了债券的发行规模。抵押担保增信的不足之处在于：方案操作复杂；对于以房地产、土地使用权作为担保财产的，通常需要进行财产的价值评估，但目前国内价值评估结果难以得到投资者的认可，因此投资者对抵押担保的认可程度也相应较低；抵押担保对债券的信用提升水平有限；根据规定，保险公司仍不能投资抵押担保证券，因而未能有效扩大投资者的范围。

（3）质押担保是发行人或者第三人将质押物移交由债券受托管理人，以该财产作为债券本息偿还的担保，债券存续期间，发行人不履行本息偿还义务时，债券受托管理人有权按募集说明书、质押担保合同等的约定以该财产变现后的价款优先受偿。质押担保包含动产质押担保和权利质押担保。从理论上讲，可以作为企业债质押担保物的财产 / 权利有很多，不过实际操作中，由于财产 / 权利存续时间和资产评估难度等原因，适合作为中长期公司债的质押担保物不多，多以上市公司股票、应收账款等为主。上市公司股票二级市场交易活跃，具有良好的流动性和变现能力，其价值客观且容易获取，因此适合作为质押物；应收账款尤其是对政府的应收账款，由于其坏账风险小、现金流容易预测等特性，也适合作为债券的质押物。2009 年以来，部分城投类公司发行的企业债券，就采用了对政府的应收账款作为质押资产，取得了较好的效果。与抵押担保类似，质押担保的增信效果取决于质押率，质押率越低，对债券的信用增级效果越好，对债券持有人的利益保护也越高。质押担保的不足之处在于：投资者对质押担保的认可程度较低；对债券的信用提升水平有限；保险公司仍不能投资质押担保债券。相对而言，对以政府应收账款为质押担保的企业债券，投资者认可程度较高，是较为可行的增信模式。

（4）优先 / 次级结构是内部增信方式，是指将债券分为优先级债券和次级债券，次级债券的利息收益和本金偿还权均排在优先级债券的后面。通过该结构性安排，次级债券为优先级债券的本金和收益提供了保障，提升了优先级债券的信用水平。这种信用增级方式主要运用于资产证券化中，其优势在于无须为债券发行进行外部增级，节约了外部增级的成本；其劣势在于：一是次级债券对优先级债券的信用提升效果有效，在损失超过次级债券时，优先级债券仍将承受损失；

二是目前国内资产支持证券的投资主体主要为商业银行，其他投资者的投资规模非常小，这导致信用风险仍然保留在银行体系之内，未能实现信用风险的有效分散；三是由于次级债券的信用评级较低，在目前国内以商业银行和保险公司为主体的投资者结构下以及其他监管限制下，次级债券的投资者群体缺乏，许多商业银行被迫保留次级债券，导致该商业银行仍然承担了大部分信用风险。

（5）偿债基金是国际债券融资中重要的信用增级方式，运作良好且保障充分的偿债基金有助于提高债券的信用评级，有利于促进投资者认购。国内偿债基金的一般的操作为：发行人在监管银行处开设一个专门银行账户，该账户受发行人、监管银行和债权代理人三方监管以保证该账户资金的安全性；发行人按照约定的时间和比例提取偿债基金，同时约定该账户资金仅能用于支付本期债券的利息和本金，发行人不能将该资金用作其他用途使用。偿债基金的增级效果主要取决于偿债基金的提取时间和比例，提取时间越早、比例越高，信用增级的效果越好，但也降低了债券发行人的资金使用效率。从国内偿债基金的实践看，尽管偿债基金有利于保护投资者权益，增加投资者信心和认购意愿，但其信用提升水平非常有限，同时保险公司仍然不能购买仅采用偿债基金进行信用增级的债券。

2、中小企业融资难与信用增级方式的多样化——中债信用增进投资股份有限公司的重大意义

中小企业融资难的问题逐渐成为近年来我国需要面对的重大课题，由于中小企业资产规模小，业务经营程度单一化，偿债能力和抵御经济风险的能力较弱，因此通过债券市场直接融资的难度较大。我国借鉴国外的经验，开始采取"集合债券"的形式解决中小企业债券融资的问题，2007年发行了总额为13.05亿元的中小企业集合企业债券。2009年，又发行了12.65亿元的中小企业集合票据。中小企业集合债券的发行为中小企业直接融资进行了有益的探索，集合票据发行的一个重要特点是均由第三方提供担保，担保人包括商业银行、普通企业和专业担保公司。

从国内的实践，商业银行担保已经叫停，普通企业担保实力有限，专业担保公司的担保是未来中小企业集合债券更为现实的信用增级手段。尤其是2009年交易商协会主导成立的中债信用增进投资股份有限公司，注册资本60亿元，成为我国担保实力最为雄厚的专业担保公司，获得国内主要评级机构AAA级的信用评级。中债信用增进投资股份有限公司业务发展初期的主要服务对象为优质中小企业及部分低信用级别的大型企业，为其债务融资工具发行提供信用增进服务，对于发展直接融资市场，完善信用风险分担机制，缓解中小企业融资困难的现状

具有重要作用。

3、丰富增信手段的建议

通过信用增级方式，有利于提升债券的信用水平，分散信用风险。从我国目前的实践和债券市场国情看，第三方担保仍然是目前阶段我国信用债券市场增级的主要方式；随着我国法律法规的逐渐完善和投资者认可程度的提高，抵押、质押等其他形式的信用增级手段也必将在信用风险分散中起到重要作用。因此，我们建议：（1）继续大力发展多种信用增级方式，包括第三方担保、抵押担保、质押担保和偿债基金等；（2）进一步完善法律法规，尤其加强抵押担保、质押担保等司法实践和执行，为有效实现信用增级提供法律保障；（3）加强对审计机构、资产评估机构的建设，使其审计和评估结果公正合理，增强投资者的认可程度；（4）进一步放松投资者的投资限制，比如放松保险公司投资抵押担保、质押担保债券的投资限制；（5）鼓励发展和增强专业担保机构的担保实力，为企业债券融资尤其是中小企业债券融资提供增信服务。

三、稳健地发展我国信用衍生产品

1、我国发展信用衍生产品的必要性

尽管信用衍生产品在次贷危机中起到了推波助澜的负面作用，但根本原因在于宽松监管下，美国金融市场的过度创新和金融机构的过度投机。这与我国金融市场的发展情况截然相反，即我国金融市场不是过度创新，而是创新不足；不是监管宽松，而是实行严格的监管。同时，由于投资者结构失衡和风险管理工具的缺失，金融机构的信用风险高度集中。因此，当前在我国发展信用衍生产品，具有较强的必要性和迫切性。

首先，发展信用衍生产品是银行间债券市场参与者分散风险的需要。前面我们已经分析，我国债券市场的投资者结构失衡，商业银行和保险公司是主要的投资者，其他类型的投资者发展滞后。目前，商业银行和保险公司持有我国信用债券存量规模的80%以上，这导致债券的信用风险过于集中。如果再考虑到商业银行还持有各类人民币贷款约39万亿，则商业银行的信用风险聚集程度和风险敞口则更大。通过CDS、证券化等信用衍生工具，可以构造出各种不同风险水平的产品及组合，从而满足银行间市场参与者的不同风险承受能力和避险需要，达到分散风险的作用。

其次，发展信用衍生产品有助于促进我国基础产品市场的发展。近年来，我国信用产品市场发展迅速，但也存在一定的问题，比如，由于投资者难以对信用风险进行准确衡量和定价，投资者对无担保债券的需求有限，导致无担保债券发行风险较大，融资成本较高；另外，我国信用债券二级市场流动性不足，尤其是评级较低的信用债券，基本没有流动性。因此，使用信用衍生产品分离信用风险，有助于扩大我国信用债券市场的规模和增强二级市场的流动性，从而为衍生产品市场的发展奠定更好的基础。

再次，发展信用衍生产品有利于降低银行系统风险，增强抵御突发风险的能力。银行是信用衍生品交易的重要参与者，但是因为银行经营的稳健性，以及资本充足率的压力，其风险承担能力和风险偏好都较小，因此银行一般是信用风险转出的需求方。这意味着信用风险从银行系统流出，在一定程度上降低了银行的系统风险。次贷危机中，美国的次级贷款证券化使得次级债的信用风险从银行系统向金融系统分散，有效控制次级风波对银行系统的过度冲击[①]。

2、我国发展信用衍生产品的原则和政策建议

国际信用衍生产品发展的经验和教训表明，信用衍生产品是一把双刃剑，它既是一种有效的信用风险分散和转移的金融工具，同时，它也带来了新的风险，脱离经济需要的过度创新和金融机构的过度投机往往会导致严重的后果，并给金融体系带来了一定的不稳定性。

因此，我国发展信用衍生产品，应当借鉴国际市场发展信用衍生产品的经验和教训，要与我国基础信用产品市场的发展状况、法律法规和制度建设、市场参与者的风险控制水平和监管机构的监管水平相适应，始终坚持控制风险在先，分步骤适度发展，遵循由简到繁、循序渐进的发展原则；要充分警惕完全抛弃实体经济的发展模式，防止过度创新。

对我国发展信用衍生产品，具体建议如下：

（1）积极发展基础信用产品市场，为信用衍生产品的发展打下基础。信用衍生产品的发展离不开基础信用产品。只有基础性金融市场发展到一定的广度和深度，才能从基础信用产品分离量化出信用风险，并将分离量化后的信用风险变成可交易的衍生产品。如果没有发达的基础信用产品市场，信用衍生产品价格将难以合理确定，对冲交易无法实现，这将扭曲信用衍生产品对冲和转移信用风险的基本功能，并可能导致其成为一个投机市场。

近年来，我国基础信用产品市场快速发展，商业银行各项存贷款业务发展迅

---

① 部分抵押贷款银行遭受损失时来源于其尚未证券化的次级按揭贷款；还有部分商业银行的损失来由于为对冲基金提供杠杆融资。

速，企业债券、公司债券和中期票据市场呈现良好发展势头，尤其是 2007 年以来信用债券市场更是呈现爆发式发展的局面。截至 2009 年 10 月底，我国商业银行各项人民币贷款余额达到 39 万亿元，银行间市场企业债和中期票据存量规模达到 1.7 万亿，为发展信用衍生品奠定了一定的基础。尽管我国债券市场的发展已取得了长足进展，但债券市场的品种结构、期限结构、流动性等仍有待提高，基础信用产品市场仍然存在较多的不足，主要体现在（1）我国基础信用产品市场的规模仍然偏小。到目前为止，我国还没有建立起完善的商业银行信贷转移市场；其次，我国企业债券、中期票据等中长期信用债券的存量规模仅占整个债券市场总规模的 10% 左右，该比例远低于发达国家。再次，我国 2007 年以前发行的企业债券主要是商业银行担保的有担保债券，其不能反映企业自身的信用水平。（2）我国信用债券二级市场流动性较差，成交不活跃，导致基础信用债券的二级市场定价与其合理定价之间存在一定的偏差，从而不利于准确为信用衍生品定价；同时，在基础信用产品市场容量较小和流动性不足的情况下，信用衍生品的卖方在出售信用保护后，很难利用有效措施进行套期保值和转移信用风险，这可能导致信用衍生品卖方的缺失。（3）我国信用债券市场投资者同质化较强，目前主要以低信用风险偏好的商业银行和保险公司为主，其他类型的投资者发展较为缓慢，投资规模有限。

因此，应当加快信用基础市场的发展，提高其广度和深度。积极推动无担保企业债、公司债的发行，实现真正的企业信用；推进信用市场投资者的发展，建立多层次、多类型的投资者结构，丰富信用产品投资者的层次，促进真正的信用产品的发行、充分交易，推进信用产品的市场化定价和定价的有效性。

（2）采取严格的市场准入制度和资本监管制度相结合的方法。通过制定准入标准，建立信用衍生产品交易许可制度，从限制交易主体方面来控制部分风险。同时严格执行新巴塞尔协议对资本金的要求，健全被监管机构的内部控制体系，保证信用衍生品交易的顺利进行，减少交易对手风险。此外，还可以考虑建立信用衍生品交易的保证金制度和平仓制度。目前，信用衍生品交易中并不存在保证金制度和平仓制度，但从美国金融危机的教训来看，很多信用风险保护的卖方都是由于没有合理地控制仓位，导致最后违约，加速了危机的扩散。

（3）完善信息披露机制。信息不对称是金融市场中最为重要、最为普遍的因素，市场信息的不透明容易加剧投资者的信心危机，使市场极其脆弱，突发信用时间可能会演变成投资者恐慌，造成金融危机。以次贷危机为例，在抵押贷款证券化的过程中，投资者不能获得资产池组合的相关信息及风险状况，过度依赖于信用评级机构的信用评级进行投资决策；在信用衍生品的交易过程中，交易对手潜在的风险也未得到充分的披露。因此，完善的信息披露制度是金融市场的基础。对于信贷衍生产品，由于交易结构复杂，信息披露完善与否对其影响更为明显。如果与金融衍生产品相关的业务没有得到真实的反映，投资者将难以对市场价格形成理性预期，不利于市场的健康发展。从目前我国金融市场发展情况来看，股票市场、债券市场、资产证券化市场均已建立了完善的信息披露管理制度，信用衍生品市场在发展过程中可充分借鉴已有的经验，如建立强制性信息披露制度，根据各种衍生品特征制定相应信息披露规范等，最终建立一个可信赖的、透明的、完善的信息披露制度。

（4）探讨建立信用衍生品的中央清算制度。在市场动荡中，信用衍生产品的参与者面临严重的交易对手风险和信用风险。美国金融危机中，由于交易链条中有一家企业违约，其余的都不能进行清算，以至于出现系统性的风险。因此，建立信用衍生品的中央清算制度是解决信用衍生品市场信用风险的重要手段。在中央清算制度下，还可以借鉴目前已经发展成熟的风险控制机制，比如当日无负债结算制度、结算担保金制度、各项风险处置制度等，进一步降低信用风险。

（5）加强衍生工具的监管，防止过度投机。从美国次贷危机的爆发过程可知，信用衍生品市场频繁的信用风险转移，在缺乏有效监管控制的情况下，会使市场风险溢出放大。在次贷危机爆发前，大多数国家都对衍生产品的交易监管都比较宽松，这种宽松的管理有利于维持市场的活跃度，但同时造成的监管缺位也给信用衍生市场带来了巨大的风险隐患。因此，在我国信用衍生品发展尚处于初级阶段时，尤其要注意信用衍生工具的规范管理，对信用衍生品的发行标的物标准、交易主体的交易资格、交易的确认、信用事件的认定等都进行严格的规定，规范金融衍生品市场的竞争机制与金融机构及其它各市场参与者的行为，使市场逐渐步入规范健康的发展轨道。

四、发挥货币当局最后贷款人的角色

金融市场多次发生的金融危机表明，金融危机和流动性风险往往是相互伴随，相互加强的，这一点我们在第三章已经进行了详细分析，如 1987 年美国股灾、1997 年东南亚金融风暴，1998 年长期资本管理公司破产以及俄罗斯金融危机等。美国爆发的次贷危机，起源于次级抵押证券的信用风险，但在危机的深化过程中，流动性问题起到了进一步的推动作用。

在金融危机中，投资机构恐慌性贱卖资产和变现头寸，将导致流动性良好的信用类产品市场流动性瞬时消失，货币市场迅速冻结。市场流动性的骤然消失，抛售资产价格急剧下降与卖盘的持续增加并存，又进一步恶化了流动性紧缺状况。此时监管部门和外部审计部门也加强了监管，机构为投资组合调整、满足流动性要求和避险目的进行调仓，纷纷逃离风险市场，更进一步加剧了流动性的紧张。随着市场波动性突然增加，而所投资的高风险市场的流动性突然丧失，进一步造成市场卖方上升、买方消失、大批的银行和金融机构破产倒闭，交易对手风险剧增，流动性危机不断扩散蔓延，投资者的信心遭到重创并最终崩溃，形成流动性黑洞。流动性黑洞可能将市场中的流动资金吸收殆尽，最终导致金融市场和金融机构甚至政府的偿付危机。

在美国次贷危机中，作为最后贷款人的美联储，采取了一系列措施，以化解流动性问题，防止信用风险和金融危机的进一步扩散。美联储采取的主要措施包括：（1）通过声明迅速明确表明中央银行控制危机蔓延的意图和制胜的决心，以稳定和增强市场参与者的信心；（2）通过公开市场操作直接向银行间市场参与主体投放货币；（3）通过再贴现窗口、贷款拍卖等方式向机构提供资金；（4）通过降低利率，利用银行货币创造机制增加货币供给；（5）协调金融机构联合出资救市等。

次贷危机中美联储有效地履行了"最后贷款人"职责，在一定程度上延缓了金融危机的恶化和蔓延，减小了对经济和社会的负面影响。美联储在防止危机进一步恶化的积极作用，给我们的启示是：

1、货币当局在危机和流动性不足时，应当积极发挥最后贷款人的作用，为市场提供流动性以稳定金融市场。尽管货币当局稳定金融市场的措施可能会导致信用风险，但在流动性不足、危机进一步恶化之前，中央银行实施最后贷款人救助是必需的，也是正当的。同时，应当通过法律明确"最后贷款人"职能定位，坚持公开性原则，加大惩罚力度，降低道德风险。

2、加强国内监管机构与国际机构的合作。在处理金融危机的过程中，货币当局应当加强国内国际合作。一是建立包括"一行三会"和财政部门等多方的信息交流共享机制，明确"一行三会"在有问题金融机构救助过程中的分工和协作，避免职能重叠、提高救助的效率。二是建立和巩固与国际金融的合作，在金融危机发生时，加强信息共享、统一行动，及时联合采取措施稳定市场。

（2010 年 4 月）

第五章　投资要有大局观

5.1　我们仍需闯大关

一、简要回顾：经济增长低于预期

在 2011 年底《市场在担心什么》的评论中，我们指出，"以保障房和基础设施建设为主要拉动力的政府主导型经济增长模式，尽管能够保证短期经济增长，但是从中长期来看，可能恶化了资源配置，……这就意味着速度与质量、保增长与可持续发展之间存在着较为明显的结构性矛盾。能否化解上述矛盾可能是资本市场主要担心之处。"在 2012 年 2 月《新闻事件、道德风险与投资偏好》[①]的评论中进一步指出，"在中国，由于今年处于比较特殊的政治周期和经济周期交集中，在各方利好的极度渲染下，道德风险很可能是一个比较大的风险，即市场知道了政府的'底牌'，类似一个'格林斯潘卖权'在中国逐步形成，因此未来投资偏好可能会持续强化，这是影响未来投资的重要因素。这也可能导致未来一段时间风险资产例如股票、中等信用债券等投资收益可能要高于此前市场预期。"

从 2012 年上半年的走势来看，对政策的期待和对政府的信任，是推高前 4 个月权益资产和中低等级信用债上涨的重要因素。之后随着宏观数据的超预期下调，投资者的视线再度回到对经济运行面临的深层次问题的思考。

在 5 月份国务院会议之后，政府加大了政策刺激力度，"保增长"放在更加突出的位置。央行上半年连续下调准备金率和降息，积极的财政刺激政策也在实施中，地方政府更是积极响应，纷纷制定庞大的投资计划。

这些政策，如果在以往可能会刺激投资者的神经，激发市场做多动力，但是在当前，针对以基础设施和保障房为主要着力点的刺激政策，市场表现反复，这意味着在内外较为复杂的情况下，投资者对未来经济增长依然持相对谨慎的态度。

[①] 上述两篇评论见作者在财新网博客。

下面我们希望从货币条件的角度，对金融与经济增长的关系进行讨论，并进一步从中期角度对经济面临的不确定性进行分析。

二、货币条件偏紧是抑制经济增长的重要因素

2012 年以来，经济持续超预期回落，从货币角度来看，尽管中央一直倡导"预调、微调"，通过相对积极的货币政策，提升对宏观经济的支持力度，但是从实际情况来看，当前的货币条件仍是相对较紧的。

从货币供应的角度来看，具体表现在以下三个方面：

一是在过去一段时期，货币增速无论是 M1 还是 M2 都处于一个偏低的水平，5 月份信贷、M1、M2 增速分别为 15.7%、3.5% 和 13.2%。M1 已经连续两个月低于 4%，是过去 20 年最低的，如图 5-1 所示。

图 5-1　货币增长情况

（数据来源：WIND，中信证券）

二是贷款增长的结构性问题。在新增贷款中，中长期贷款的占比呈现持续下降的走势，短期贷款占比增加，表明企业更多需要短期流动性支持，而非中长期投资性需求，如图 5-2 和图 5-3 所示。与此相对应的是，企业定期存款占比大幅上升，如图 5-4 所示，这也意味着企业未来生产性活动意愿减弱。

三是，如果进一步比较货币增长与名义 GDP 增长的关系会发现，当前货币增速与 GDP 增速已经进一步收敛，如图 5-5 所示。数据表明，当货币增速持续高于名义 GDP 增速时，往往会引发通胀；反之，如果低于则往往会引发名义 GDP 增速的下行和通胀向通缩的演变。当前的数据表明，货币条件已经与名义

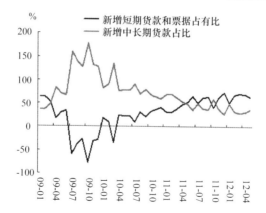

图 5-2　企业中短期贷款占比变动
（数据来源：WIND，中信证券）

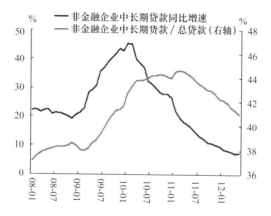

图 5-3　企业中长期贷款增速与占比变动
（数据来源：WIND，中信证券）

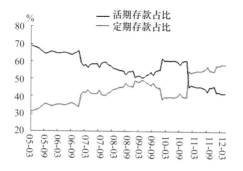

图 5-4　企业存款占比变动
注：非金融企业存款中活期存款和定期存款的占比（口径有变化）
（数据来源：WIND，中信证券）

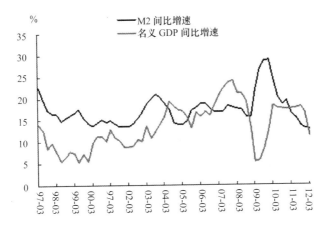

图 5-5　货币增长与名义 GDP 关系
（数据来源：WIND，中信证券）

GDP 持平，所谓流动性过剩状况已经有了很大的改变。如果货币增速持续在低位，未来一段时间经济增长很难有明显的反弹，通胀也不是主要矛盾。

从利率角度来看，我们发现，当前企业面临以下窘状：一方面企业盈利能力在降低，如图 5-6 所示，另一方面，融资成本处于高位，如图 5-7 所示。这种反差意味着当前货币条件并不宽松，财务成本高企已经成为制约投资的重要因素。

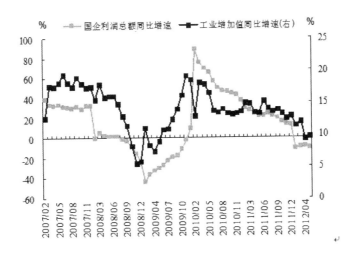

图 5-6　企业利润增长变动
（数据来源：WIND，中信证券）

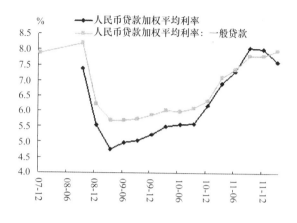

图 5-7　贷款利率变动
（数据来源：WIND，中信证券）

从历史来看，实际融资成本（剔除通胀的实际贷款利率）偏高对投资起到较大的制约。在过去 20 年的时间内，实际利率与固定资产投资关系形成了周期性变化，当实际利率持续上升时，往往是投资增速下降周期，如图 5-8 所示。

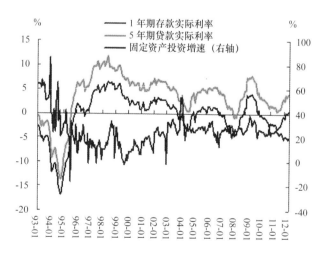

图 5-8　实际利率变动与投资的关系
（数据来源：WIND，中信证券）

从汇率角度来看，尽管当前名义汇率略有贬值，但是从实际有效汇率的角度来看，当前人民币汇率仍处于高位，如图 5-9 所示。强劲的货币因素导致了出口贸易条件变差，也成为出口增速放缓的重要因素。

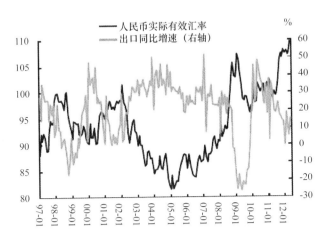

图 5-9　人民币实际有效汇率与出口增速关系
（数据来源：WIND，中信证券）

总之，数据表明，当前的货币条件仍是相对偏紧的，这对稳增长是明显不利的。从这个角度来看，未来货币条件需要进一步宽松，这就包括了货币宽松（进一步较为明显的下调准备金率）和利率下调（尤其是降低贷款利率）。

三、利率市场化与管制并存的纠结

2008 年金融危机后，全球范围内出现了两个非常重要的逆市场化现象：一是新兴经济体加强了资本管制。比较典型的表现是，一些国家如巴西、韩国、印尼、泰国、菲律宾等，强化或引入新的资本管制措施。例如，2010 年 6 月，韩国以降低资本流动波动为名实施三项新的宏观审慎措施，包括对银行的外汇衍生产品交易设置上限，规定银行的外汇贷款仅限于海外使用，提高银行的外汇流动性比率；11 月份，在首尔峰会召开前夕，韩国决定恢复对外国投资者投资国债和央行债券征收 14% 的预扣税和 20% 的资本利得税，12 月，韩国决定从明年起开始对银行存款以外的外汇负债按期限不同征税。IMF 的态度也有所改变。面对残酷的现实和不争的事实，IMF 于 2010 年 1 月发表《资本流入：管制的作用》的报告，罕见地承认短期资本流动不稳定性的负面影响，并认可在一些情况下有必要对资本流入施加管制措施。二是日本、欧洲、美国等发达经济体通过采取扩张性货币政策，长期保持低利率，即形成了金融抑制尤其是利率抑制的现象。这主要是由于危机之后经济增长乏力，而且主要经济体负债扩张迅速，如表 5-1 所示，通过金融抑制，有益于降低债务成本和融资成本，刺激经济复苏。而且从趋势来看，由于危机可能会持续较长的时间，利率抑制也将持续存在，这就意味着低利率将是未来一个重要的金融现象。

表 5-1　主要国家债务结构与总杠杆率的占比　（占 GDP 的比重，%）

	居民债务占比	非金融企业债务占比	金融机构债务占比	政府债务占比	总债务占比
日本	67	99	120	226	512
英国	98	109	219	81	507
西班牙	82	134	78	71	363
法国	48	111	97	90	346
意大利	45	82	76	111	314
韩国	81	107	93	33	314
美国	87	72	40	80	279
德国	60	49	87	83	279
澳大利亚	105	59	91	21	276
加拿大	91	53	63	69	276
中国	28	105.4	13	22.4	168.8

注：中国数据为 2010 年，其他为 2011 年第二季度（意大利为 2011 年 1 季度）

［数据来源：李扬（2012），《经济研究》2012 年 6 期］

与国际上存在金融抑制和资本管制相反，我国正在加快金融改革，加快利率、汇率市场化和人民币国际化步伐。

当前很多投资者担心，利率市场化是否会导致利率水平上台阶，也将导致市场利率曲线整体上移。

我们认为，利率市场化解决的主要问题是利率的形成机制问题，并不一定是解决利率水平问题。也就是说，未来利率对宏观经济的变动反映应该更加敏感，而不是像过去那样，利率波动持续低于通胀变动的现象。同时，利率市场化在改变实际利率为负、保持实际利率为正的同时，也不应该让实际利率过高，否则同样会产生新的问题。如果说过去存款实际利率持续为负，是导致投资扩张、形成以房地产泡沫为主要特征的经济泡沫化现象，那么未来如果利率高水平为正，同样会是投资增长下降、房地产价格大幅回落以及经济下滑的重要条件——类似20世纪90年代中后期形成的现象。这种结果未必是管理层所希望的。因此，利率市场化并不一定意味着高利率，而是意味着利率对宏观经济的反映更加敏感。

当然，在短期，由于我们处于利率市场化的过程中，定价可能存在一定的偏离现象，这种偏离表面上反映了两方面的原因：一是利率市场化初期，尤其是在储户还习惯于通胀和过去负利率的情况下，通过确定有吸引力的实际正利率有利于提高储蓄的竞争优势；二是银行对存款的过度竞争，导致了价格成为重要的竞争手段——所谓的价格战。

这种现象的产生一方面是利率市场化过程中形成的问题，另一方面，则是市场化改革的同时，其他管制措施已然形成约束。目前比较明显的约束就是贷存比限制。在之前的报告中，我们也曾经讨论过，在制定《商业银行法》并确定贷存比标准时，银行的负债主要来自存款，因此确定主要资产——信贷比重不超过存款的75%具有一定合理性。但是现在银行的资金来源已经多元化了，一是资本金更加充足，二是银行可以通过发行债券的方式进行融资，三是理财市场快速发展，并由此导致了存款增速的放缓。由于银行资金来源多元化，而贷款仍是银行主要资产，将贷款与存款密切挂钩也就逐渐失去了合理性。但是由于这种具有管制性质的监管指标的存在，导致了银行为了扩大贷款规模，必须保持一定的存款增长。这种政策要求就导致了银行的恶性竞争，也导致了在利率市场化条件下，由于缺乏有效的约束机制，"价格战"成为必然选择，也导致了利率的高企。因此，当前利率市场化单兵突进，没有其他配套措置的配合，在一定程度上降低了市场化改革的有效性，同时，可能加大了改革的风险。这就意味着在推动利率市场化改革的同时，也应该同时推动相应的配套措施，取消或淡化贷存比指标限制也成为市场化改革的内在要求了。

从市场角度来看，由于利率市场化，可能导致短期利率下行速度放缓，甚至有可能不变，但是这种局面是否会导致中长期利率或者说整条收益率曲线水位线的上移呢？我们认为这种推导可能并不成立。主要原因在于，决定中长期利率的应该是企业投资回报率和通胀变动等基本面因素，如果企业利率放缓和通胀可能在一定时期处于相对较低的位置，那么，中长期利率并不具备处于高位的条件，这也是为什么在成熟经济体，收益率曲线存在平坦化或者倒挂的原因。随着利率市场化的推进，如果宏观条件变差，类似的曲线形态在中国也将出现。更进一步，我们不应该忽视一个大的国际背景——全球经济处于危机过程中的利率抑制问题。同时，在危机过程中，投资风险偏好降低也会导致对安全资产的高溢价。在这个过程中，中国也将面临类似的选择。

四、中国经济面临的趋势性不确定性因素

上述我们分析了短期内中国货币条件偏紧，对经济增长产生的抑制作用。从趋势上来看，未来中国货币化过程基本结束，中国经济将从货币化走向金融化的过程。中国经济过去面临的典型性金融现象正在发生趋势性的变化。这些典型性现象包括：一是过度依赖信贷的间接融资结构决定了当前货币增速较快，也形成了非常高的货币化程度；二是双顺差的持续性存在，而且增长较快；三是存贷款期限错配而且矛盾增大；四是有限的市场化程度，导致存款实际利率为负成为一个常态；五是人口结构特征，导致高储蓄率的持续存在，六是国有部门在金融中的垄断优势依然明显。随着未来货币增速逐步放缓、利率水平逐步变正、储蓄率逐步下行，需要资本市场的快速发展，尤其是债券市场的发展，为实体经济提供强有力的支持。反之，如果这一过程中，金融市场发展没有预期那么快，则实体经济发展面临的金融环境可能处于"紧平衡"状态，各部门应该习惯在此背景下选择经济行为。

除了货币条件变化的不确定因素外，人口红利的趋势也面临拐点性变化（这一点讨论较多，而且基本形成共识）。这两个因素是当前研究者判断经济呈现趋势性下行的重要因素。

如果视角再开阔一些，我们还可能发现，中国正处于历史重要的关口。在充分消化了之前的制度红利、人口红利、国际化红利和货币红利之后，未来经济可能面临巨大的不确定性。

1、改革处于重要关口

在金融海啸之后，政府采取了很多的救市措施，凯恩斯主义政策已经用到了极致，未来尽管仍有一定的政策空间，但是仅仅依赖宽松政策对经济的刺激作用在逐步减弱。从趋势来看，改革而非政策，将决定未来中国经济的走势。

从过去30多年的经验来看，改革是推动经济增长的根本性动力，例如中共十一届三中全会和20世纪80年代的农村承包责任制、国企改革；1992年初邓小平南巡讲话和20世纪90年代初期的市场经济改革；21世纪初期的加入WTO，这些重要举措奠定了随后10年增长的重要基础。当前，改革已经成为共识，政府也在积极推动相关改革措施。比如，2012年央行推动的金融改革，包括利率市场化、汇率改革和人民币国际化，这些措施为未来经济发展奠定了重要条件；

政府推进了对垄断部门的改革，放松了民营资本的"准入条件"。此外，收入分配改革、产权保护等改革措施也被寄予厚望。总之，当前处于一个关键的改革时点，改革方向、改革力度将对未来经济增长产生重大影响，能否形成像过去那样具有深远影响的改革措施值得期待。

2、危机演变的重要关口

当前全球经济关系的本质是"中心经济体—次中心经济体—外围经济体"，分别对应着"美国—欧元区（加上日本、英国）—新兴经济体和其他"，以及"美元—欧元（加上日元、英镑）—新兴市场货币和其他"。2008—2009年，经济金融危机的核心是"中心货币"美元和"中心经济体"美国的危机；2010—2012年，经济金融危机的核心是"次中心货币"欧元和"次中心经济体"欧元区的危机。在危机之前，受益于全球化、美元贬值周期和全球资本流入等因素，新兴经济体发展迅速，并形成了"金砖四国"这样的发展典范。在这两轮危机中，新兴经济体都受到了巨大的负向冲击——资本大量外流、汇率的贬值、资产价格的大幅回落以及需求减弱、经济增速大幅回落等。2012年6月11日，标准普尔发布了《印度是否将成为金砖国家第一个堕落天使？》的报告，指出经济增速放缓可能加大印度失去投资级主权债务评级的风险，印度将成为第一个失去这一评级水平的金砖国家。巴西2012年第一季度的增长只有0.2%，而且5月份巴西贷款违约率达到6%，创下2000年有记录以来的历史最高水平。中国在增长中也面临着诸多深层次问题。当前，危机的传染是否会从中心国家、次中心国家逐步传染到新兴市场国家？值得高度关注——早在2011年8月彭博报道就警告"金砖四国或面临信贷危机"。

这种宿命意味着，在全球化的背景下，如果我们承认外部经济环境对本国发展将产生重要甚至关键性作用，那么可能没有国家能逃过全球周期性危机。这也意味着，对中国而言，如果我们要摆脱这种宿命，就必须提升内需对经济增长的贡献，减少对全球经济的依赖，同时应加强对金融系统和金融市场的监管，减少资本大幅波动的冲击。

3、中美关系（地缘政治）处于重要关口

在开放经济条件下，地缘政治环境是影响一国经济发展的重要因素。中美关系作为最重要的双边关系，在过去30多年，中美战略关系出现过三次战略合作机遇期：一是1978年12月中美建交和之后的邓小平访美，奠定了20世纪80年代第一次战略机遇期；二是上世纪90年代克林顿政府时期，尤其是1997年10月江泽民访美，发表了《中美联合公报》，将两国关系定位于"建设性战略伙伴关系"。但是，整体来看，克林顿执政是中美建交以来关系最复杂多变、跌宕起伏的时期；第三次战略机遇期是"911"之后中美和解的大局下，中美开始了"直率的、建设性的和合作的关系"。

上述三个重要时期与中国快速发展的三个阶段正好契合，也都对随后中国发展尤其是经济增长产生了重要的影响。当前反恐战争结束，2009年奥巴马政府推出"重返亚洲"战略，美国一连串重返亚洲战略的行动，对中国政治、军事、经济、社会的影响也逐步显现，这很可能导致我国过去30年原有发展的生态环境发生重大变化。这种变化，可能意味着中美第三次战略机遇期进入尾声，未来是否有第四次重要机遇期以及如何展开未来的战略合作，值得关注。

总之，从地缘政治的角度来看，未来中国可能面临着与过去30年迥异的外部环境，如果再进一步考虑当前面临的全球危机背景，复杂的外部环境也将对未来的经济增长带来巨大的不确定性。

综上分析，从中长期来看，中国经济可能处于重要的拐点。例如，货币条件变化、人口结构变化、改革诉求、地缘政治变化、国际金融危机传导等不确定性因素集中在较短的时间窗口。这种巨大的不确定性意味经济增长面临更加复杂的环境，而且意味着要寻找新的经济增长动能并非易事。

五、结语

上述从货币条件角度分析了短期经济面临的困境，同时从改革诉求、地缘政治关系、国际金融危机传导等多角度分析了中长期面临的不确定性因素。巨大的不确定性，意味着经济保持较快增速并非易事。同样，巨大的不确定性，也意味着无论是发达国家还是新兴经济体（包括中国），很可能会在较长的一段时期保持相对较低的利率环境；巨大的不确定性，同样意味着风险偏好增强尚需时日，避险需求仍可能导致安全资产高溢价的现象持续存在。

（2012年7月，发表于路透网作者专栏）

5.2 而今迈步从头越

一、从两种观点说起

2013年消费占GDP的比重第一次超过投资，标志着中国经济结构拐点的出现，也意味着中国经济转型取得了重大进展。

对于中国经济转型的路径，人们喜欢进行国际比较和借鉴，并依此做出一些预判。2013 年有一种观点认为，中国经济与当年日本、中国台湾面临同样的困境，即人口和资源制约下依赖第二产业的发展模式难以为继，消费比重过度失衡；转型需要相当长一段时间，而且会带来经济下滑的阵痛。例如，日本经济转型发生在 20 世纪 70 年代，经济增速由 1955–1969 年的 9.4% 下滑到转型期的年均4.4%，转型期第三产业占比上升，第二产业占比下降，制造业内部钢铁、化工等劳动密集型的传统工业比重逐步下滑，而信息设备等技术密集型的新兴工业比重不断上升，构成了产业结构的优化升级。在转型期，股市表现一般，日本 70 年代东京指数年均涨幅仅有 9.9%，远低于转型前的年均 15.6% 和转型之后 1981–1990 年的年均 20.1%。台湾地区也有类似的经验。借鉴海外经验，有人认为在中国经济转型没有完成前，中国股市很难再有牛市，甚至有提出 A 股长期熊市或已开始，这种观点在 2013 年甚至 2014 年一段时间内具有较大的影响。

在 2014 年末有另一种观点认为，2015 年中国经济将步入增速换挡下半场的关键期，未来中国经济和资本市场前景类似日本 1975—1980 年，中国台湾 1986—1990 年的表现。日本在 1973—1980 年进入增速换档期的下半场，经济改革和结构调整，1975 年以后产业升级，增速换挡取得积极成效，无风险利率从 10% 大幅下降至 7%，股市出现一波大牛市，涨幅超过 100%，中国台湾地区、韩国也有类似的经验。借鉴海外经验，提出了全局性大牛市观点，即股票市场行情属于典型的转型宏观下的转型时钟和"转型牛"。在 2014 年下半年市场出现大幅上涨的乐观情绪中，类似观点也受到投资人的认可。

比较两种观点，会发现有一些差异：一是对转型的预期不同，前者相对谨慎，后者较为乐观；二是对转型做出阶段区分，即后一种观点不是看整个转型期，而是将改革分为上下半场。并进一步认为当前转型已经步入了下半场，标志性事件是 2014 年 2 季度开始的房地产长周期拐点的到来；三是预期不同导致对股票市场走势判断产生重大差异。

二、双重转型迎来拐点

（一）中国经济转型进入下半场

一般认为经济转型包括产业升级和经济结构调整。这也是日、韩、台湾地区等国家和地区经济转型的一般性经验。在中国对于经济转型，我们的认识可能要更深入一些。

改革开放以来，中国经济一直在走双重转型之路，即经济结构转型和经济体制制度转型同时进行。回顾30多年我国渐进式经济体制改革创新历程，大致可以划分为："目标探索"、"框架构建"、"体制完善"三个阶段。

从1978年中共十一届三中全会到1992年十四大确定实行社会主义市场经济体制，这一时期是改革的启动和目标探索阶段。改革从农村开始，逐步向城市推进；从开展改革试点，积累经验，再逐步推广；对外开放从兴办经济特区向开放沿海、沿江至内地推进。在企业改革方面，开展了多种形式的国有企业扩大自主权试点，集体经济和个体经济逐步恢复和发展。随着改革取得巨大成功和改革共识的逐步形成，1984年10月中共十二届三中全会通过《关于经济体制改革的决定》，确定了"公有制基础上的有计划的商品经济"。改革重点从农村转向城市，以搞活国有企业为中心环节全面展开。中共十四大确立社会主义市场经济体制的改革目标，十四届三中全会通过《中共中央关于建立社会主义市场经济体制若干问题的决定》，正式确立社会主义市场经济的改革方向和基本体制框架。

之后又经历了10年的制度框架构建阶段：从1992年中共十四大到2002年中共十六大。在这一阶段改革创新取得多方面成就：国有企业改革确立了以公有制为主体，多种所有制经济共同发展的经济制度；按照建立现代企业制度方向，抓大放小，积极推进国有企业改革和国有经济布局的结构调整。宏观管理体制方面，1994年提出对财政、金融、外汇、计划和投融资体制进行系统改革的方案。在社会保障方面，逐步建立起社会统筹和个人账户相结合的养老、医疗保险制度，建立了失业保险、社会救济制度以及城镇居民最低生活保障制度。

从2002年至今，进入体制完善阶段。2002年中共十六大提出到2020年建成完善的社会主义经济体制的改革目标，2003年中共十六届三中全会对建立完善的社会主义市场经济体制做出全面部署，在中共十八大之前改革取得了明显的成就：取消了农业税，放宽了非公有制经济的市场准入，公共财政体制不断完善，国有商业银行股份制改革迈出实质性步伐，投融资改革继续深化，社会保障体系不断完善。

通过改革，我国实现了三大历史性转折：一是成功地实现了从高度集中的计划经济体制到充满活力的社会主义市场经济体制的历史性转折；二是成功地实现了从封闭半封闭到全方位开放的历史性转折；三是在前两个转折基础上，实现了由生存型向发展型社会的历史性转折（高尚全，2008）。

从过去的经验来看，中国式双重转型，一直是以体制转型带动发展转型，带动经济结构升级。当前双重转型的任务尚未完成，在体制上要进一步完善社会主义经济体制；在经济发展模式上要改变以投资拉动为主的粗放型经济发展方式。在2008年国际金融危机之后，随着中国经济进入换挡期，结构性矛盾非常严重，比如随着国际市场扩张放慢和我国经济增速放缓，产能过剩矛盾严重；又如，近年来企业用工成本、融资成本呈现较快上升势头，原有的低成本竞争优势减弱；企业创新能力不足的问题日趋显现；能源资源约束持续强化，各种矛盾和问题更加突出地暴露出来。这些变化表明，继续依靠大规模投入，依靠生产能力扩张支撑经济增长的空间明显缩小，投资和出口驱动的经济增长动力已经减弱，必须加快经济结构调整和经济转型。

在上一节我们提到仍需闯大关的观点，尤其强调中国面临经济改革、对外地缘政治经济关系、金融危机传导等大关。吴敬琏教授（2014）也强调，在20世纪末，我们建立了市场经济初步框架，但是在一些领域，改革的大关仍没有过。目前形成的经济体制是半市场、半统制的过渡体制。我们站到了新的历史十字路口上。

中共十八届三中全会通过了《中共中央关于全面深化改革若干重大问题的决定》，提出了从广度和深度上推进市场化改革，强调使市场在资源配置中起决定性作用和更好发挥政府作用。这是重大的理论创新，意味着今后经济体制改革将紧紧围绕使市场在资源配置中起决定性作用展开，必将为经济转型、产业升级和企业发展带来更多机遇，创造更好环境。

从改革所涉的领域，自上而下的顶层设计，各类政策措施以及时间表安排等方面来看，本次改革的力度是前所未有的，改革力度超过以往的改革。因此，对于本次改革，不能仅仅理解为应对经济下滑、经济调整与升级，而应站在体制完善、制度完善的高度理解。本轮改革的总目标是"完善和发展中国特色社会主义制度，推进国家治理体系和治理能力现代化"。因此本次改革也必将对中国长期经济发展产生广泛而深远的影响。

由于中国经济转型与国际一般性经验是不同的，具有双重转型特征，而且体制转型处于主导方面，因此在判断中国转型特点以及对资本市场的影响时，也不能完全搬照国外经验。

我们认为，判断中国经济转型步入下半场的标准，不应仅仅看某种经济现象或具体经济指标，而是体制改革方略、政策、措施的推出和落地。从这个角度来看，中共十八大以及中共十八届三中全会的召开标志着我国进入建立完善的社会主义市场经济体制的下半场，标志着本轮经济转型进入下半场，也标志着中国开始了闯关的新征程。

三、预期明朗，证券市场迎来波澜壮阔的大牛市

2012 年在《我们仍需闯大关》中，我们提到中国正处于历史重要关口，并

从货币条件变化、人口结构变化、改革诉求、地缘政治变化、国际金融危机传导等角度进行分析，认为中国经济金融面临巨大的不确定性。两年多过去了，随着中共十八大和十八届三中全会的召开，这些担心和疑惑都变得明朗、预期也更加平稳，甚至出现众多超预期的利好信息。

首先，中共十八届三中全会做出了全面的改革部署并在后续采取了相应的政策措施。这些改革包括：一是转变政府职能和完善市场体系方面，进一步取消和下放行政审批事项，建立权力清单；清理废除妨碍统一市场和公平竞争的各种规定和做法；深化资源性产品价格改革；完善政绩考核；强化对创新驱动的激励。二是完善基本经济制度。界定央企功能，完善法人治理结构；一些垄断行业开放和推出一批允许非国有资本参与的项目；深化国有企业和国有资产管理体制改革的总体思路和方案。三是推进财税体制改革。制定了《深化财税体制改革总体方案》，重点推动三方面的改革：第一是改进预算管理制度，强化预算约束，规范政府行为，实现有效监督，加快建立全面规范、公开透明的现代预算制度。第二，深化税收制度改革，优化税制结构，完善税收功能，稳定宏观税负，推进依法治税。第三，调整中央和地方间财政关系，进一步理顺中央和地方收入划分，合理划分政府间事权和支出责任，建立事权与支出相统一的制度。新一轮财税体制改革2016年基本完成重点工作和任务，2020年前基本建立现代财政制度。四是深化金融体制改革。继续推进利率市场化，建立存款保险制度；推进由民间资本发起设立的中小型银行等金融机构；调整外资银行准入和开办业务条件；深化政策性银行改革；实现股票发行注册制改革等。五是城镇化方面，推进户籍制度改革，实行差别化的落户政策；土地试点，包括征地制度，农村宅基地、农村集体经营性建设用地试点；培育新型经营主体，建立农村产权交易市场。六是扩大开放，深化上海自贸区改革；改革境外投资管理体制；进一步扩大开放工作，将上海自贸区经验总结、推广。

2014年各个领域的改革均在推进，各项措施也正在逐步落实。2015年是前期改革方案落实和剩余改革领域规划部署的关键一年，尤其是在国企改革、自贸区推广、土地改革等方面将有关键性突破。

其次，以改革推进经济结构调整。一是推动传统产业转型升级。加快了淘汰落后产能，坚决遏制产能过剩行业继续扩张，加强增量产能准入管理。二是加快培育战略性新兴产业，适应产业竞争格局新变化，加快培育节能环保、新一代信息技术、高端装备制造等战略新兴产业。三是增强创新驱动发展能力，充分利用市场机制，倒逼企业加强创新能力建设，促进企业加强产品创新、品牌创新、产业组织创新、商业模式创新，大幅提升企业创新能力。四是促进现代服务业发展，加快发展研发、设计、标准、物流配送、供应链管理等生产性服务业，增强对制造业提升价值链的支撑作用。五是鼓励企业"走出去"战略，鼓励企业到海外建立生产基地，加工组装基地，支持企业建立全球生产营销网络，培养形成一批具有国际竞争力的跨国企业。

经过努力，我国经济结构开始改善。这种迹象主要表现在：一是最终消费率的回升趋势在 2011 年之后开始出现，2014 年尤其是随着整体地产大潮的退去，宏观经济去房地产化，消费回升趋势已经正式确立，经济需求层面已趋于合理。二是产业层面的优化更为可观，主要表现在二三产业的调整，同时产业内的细分行业也出现令人欣喜的变化。2012 年开始，第三产业对经济的贡献率逐步超过第二产业，而且这种趋势在 2014 年得到加强。细分行业中，第三产业中地产有所下降，而更广泛的其他生产性和生活性服务业增速在 2014 年出现快速上升。在第二产业整体增速不高的情况下，高技术行业，比如铁路、船舶、航天、设备制造和计算机、电子通信等行业，保持着更高的增速和更高利润。三是新技术广泛渗透。当前全球正掀起新的技术革命浪潮，中国在很多领域已成为创新领袖。例如中国专利申请者由十年前占全球 5%，升至当前的 14%。新技术正在深入地渗透到各个行业，重构生活方式，提升企业生产效率并开辟新的市场，有望成为经济新引擎。具体来说，通过科技创新与结构调整的持续互动，有利于为经济升级抢占制高点。因为本次结构调整有别于以往，本质上是一场抢占新科技制高点的全球竞赛，并由此催生出具有强大发展推动力的战略性新兴产业。通过科技创新转换经济增长动力机制，为产业升级提供新动力。同时，随着信息技术创新不断加快，有利于推动与高新技术产业相耦合的高端现代服务业。四是存量调整加速市场出清。从增量上看，行业景气差异导致资金流向随之变化。2014 年前三季度，有色金属和煤炭行业的累计投资均为负增长，黑色金属的投资增速只有 6%。而信息技术、互联网和软件服务的投资增速则高达 38%，44% 和 56%。在存量方面，随着需求下降，企业或者减少资本开支，或者以破产、关闭等方式退出市场，而且从趋势来看，收购兼并加速资源整合的高潮也即将来临。

第三，金融改革，资本市场迎来爆炸式发展，市场创新动力显著，证券市场在资源配置、资产定价、财富管理、风险管理等方面的功能得到了较为充分的展现，在宏观经济中的地位和作用显著提升。相关具体内容在第二章已经做过分析。

最后，积极开展大国外交，有效应对美国"遏制"战略，形成中国对外开放新格局。自美国重返亚太以来，遏制中国是其既定战略目标。过去两年新一届政府领导人开展积极外交，强化了大国外交风采，无论是加强与俄罗斯关系，出访非洲、南美，还是欧洲和周边国家，中国新型大国外交理念已深入人心，并取得良好效果。大致观察最近几年政府的经济外交政策，可以清晰地看到以下工作重点：一是与美国建立以相互尊重、互利共赢的合作伙伴关系为核心的新型大国关系。这是崛起国与既成大国之间处理冲突和矛盾的新方式，目的是避免大国对抗和零和博弈的历史覆辙。二是积极参与多边政策框架的改革。2014 年 11 月，中国主办 APEC 峰会，把克服中等收入陷阱列入会议议程，还大举推进了亚太自贸区的讨论，现在已经决定主办 2016 年 G20 峰会。三是，中国加强了与非洲、南美国家的能源战略合作，强化了在金砖五国合作机制，设立了金砖国家银行，注资 400 亿美元成立了丝路基金，并与印度等国成立亚洲基础设施投资银行，提出并推动了"一带一路"重要战略，加强了中国同中亚、南亚、西亚和东南亚、中东欧等国家地区的连通。这些战略性举措使中国在融入世界经济的同时，更是通过发挥大国优势，积极倡导甚至主导国际和区域经济合作，为全球经济走出危机发挥积极作用。

正是由于一系列重大政治、经济改革战略和政策推出，释放出巨大的制度红利，增强了投资者的信心，成为本轮证券市场大牛市的主要支撑因素。展望未来，随着相关政策措施的落实，中国经济转型的成功，未来资本市场有望迎来持续性的牛市行情，证券市场将成为中国金融体系极其重要的组成部分，在资源配置、资产定价、财富管理、风险管理等功能将得到更为充分的体现。

四、对看空、做空中国相关观点的反驳

当前除了券商报告普遍持乐观基调外，我们也听到一些不同的声音，有的观点值得我们冷静下来，认真思考未来的经济走势；有的观点则可能需要进行辩论，厘清问题本质。

李扬教授在 2014 年曾提出中国经济遇到一些新挑战：一是尽管 7.5% 左右的增长速度令世人羡慕，但如何将增长速度控制在合理区间，同时促进结构优化和发展方式转变，考验着决策者的智慧和定力。二是当城镇化战略在城乡一体化大框架下重新设置，全国房地产登记系统将于 2014 年 6 月启动时，城乡发展显出清晰层次差别，房地产市场将出现新局面，其潜在风险不容忽视。三是产能过剩严重存在，未来如何选择投资领域、投资方式和投资主体，将很关键。四是相比发达国家的宽货币、低利率、紧信用的组合，中国金融业目前呈现的宽货币、高利率、贷款难、贷款贵的组合，加之金融机构目前自我服务倾向明显，考验着金

融业能否成为经济稳定增长的正能量。五是地方政府债务风险。总体上看不存在大问题，但局部存在隐患。尤其是，增长速度下滑、城镇化战略转型、房地产市场调整，都可能压缩地方政府的还债空间，使部分债务趋于恶化。李扬教授认为，要预防和改变上述隐忧的治本之策，就是对经济发展方式进行战略性调整，对高度扭曲的经济结构进行根本性改革。

除了上述理性判断和建议之外，近年来看空做空中国经济的声音也不绝于耳。2014 年末和 2015 年初，有人再度提出中国经济金融危机论。这其中不仅有海外机构、民间分析人士，更有诺奖获得者。应该说这些观点和理由已不是新现象、新问题，在过去几年一直存在。

概括起来，他们的理由主要有三点：一是高投资模式的不可持续性；二是房地产投资大幅回落导致中国经济硬着陆；三是中国庞大的债务问题，将产生债务危机并冲击银行业，导致金融危机。

1、投资危机论

对于中国投资率过高问题，在过去十年一直是争论的焦点，从当年许小年提出"没有温度的高烧"开始，市场一直关注中国高投资率能否维持的问题。

过去几年很多经济学家也对此进行过严谨的分析，例如北大宋国青教授，清华的白重恩教授，他们从投资回报率的角度，论证了由于投资回报率相对较高，中国投资率尽管高但并非过度。李扬教授则从储蓄—投资关系的角度论证，由于中国一直拥有很高的储蓄率，为高投资提供了充足的资本保障。而且过去尽管存在争论，但一个客观现实是这种现象已经存在近二十年，表明高投资在中国自有其合理性。从趋势来看，一是中国消费增长的同时，储蓄率会有一个下降的过程，但这个过程是渐进式的，整体看中国资本仍是充足的。二是随着中国经济进入新常态，经济增长从高速进入中高速甚至中速区间，投资增长也必然会下降，这也是正常的经济现象。三是当前产能过剩严重的情况下，选择投资领域和投资方式很关键。中国在 2014 年房地产投资大幅回落的同时，通过基础设施投资对冲房地产投资，投资并未呈现断崖式下跌。2014 年基础设施投资稳定在 20% 以上，成为投资增长的稳定器。

展望未来，首先，中国仍存在很多投资机会。林毅夫教授指出，存在许多经济和社会回报率高的投资机会，是发展中国家和发达国家的最大差异之一。中国未来的投资机会主要集中在四个方面：产业升级需要大量投资；基础设施；发展环保产业；城镇化中蕴含的投资机会（林毅夫，2014）。其次，中国有足够的资本支持投资增长。目前中国政府债务累积只占 GDP 的 40%，与其他国家相比属于较低水平，还有相当大的财政空间实施积极的财政政策；中国的储蓄率接近50%，为投资提供比较充足的资金来源。第三，未来投资总体增速回落的同时，也可能呈现新的变化特征，即地产和制造业投资有望继续下滑，低位运行，基础建设和服务业投资维持高位，呈现"两低两高"的格局。第四，未来随着改革开放深化，民间投资有望崛起，尤其是广泛参与基础设施方面。"一带一路"经济战略提出，也将推动中国海外投资增加。

总之，未来中国投资会呈现很多新特征，投资不太可能出现断崖式回落，形成重大的经济危机。因此，投资下滑危机论，可能性并不大。

2、房地产调整危机论

2013-2014 年房地产的调整引人关注，甚至有人担心房地产是否会崩盘，并由此引发金融危机？

我们认为，一方面从长周期来看，房地产行业迎来拐点，因此房地产投资下滑也是必然的。另一方面，过去几年房地产发展过热，因此调整也是必然的，而且调整越晚风险可能越大，但这种调整未必会发生崩盘。主要原因包括：一是我国处于城镇化的快速发展期，对住房的刚性需求仍巨大。二是当前的价格调整是对过去非理性繁荣的修正。三是一些三线城市和市县地区由于房地产供给过多，供求失衡，存在大幅调整的压力。但这种调整并不足以引发全国性崩溃风险。从美国次贷危机经验来看，一些三级城市房价波动较大，危机后也未回升到之前水平，但纽约等大城市房价已恢复到危机前的高点，这种结构性的变化也符合房地产作为金融投资产品属性特征。四是我国与房地产相关的贷款只占总贷款的38%左右，而且银行处于强势地位，土地和房屋抵押给银行时估值往往较低，也降低了银行风险。五是中国房地产贷款没有证券化，金融衍生产品很少，房价波动不会产生连锁反应。在美国次贷危机之所以演变成全局的金融危机，主要原因在于美国资产证券化以及相关衍生产品过度发展，形成了倒金字塔的市场结构。复杂而紧耦合的市场结构加大了危机的传染和危害性，这一点与中国有很大差异。整体来说，中国还是简单而松散型的金融结构。

2014 年针对国际上认为中国金融风险即将爆发，甚至认为中国已处于危机期等观点，银监会主席尚福林明确表示，金融本身就是一个管理风险的行业，目前银行业虽然积累了一些风险，但风险总体可控，而且抗风险的实力还比较强。尚福林的主要理由是：第一，宏观层面，中国经济基本面较好，持续保持健康发展势头，为银行资产质量稳定创造了良好条件。第二，银行业不良贷款率很低，截至 2013 年底只有 1%，信托业风险资产比例仅为 0.54%，远低于国际平均水平。第三，银行应对风险准备充足。银行不良资产拨备覆盖率为 282.7%，有较强的抗风险能力。第四，银行资本雄厚。截至 2013 年底，商业银行资本充足率为 12.19%，远远超过国际标准，资本净额超过 8 万亿元。尚福林的解释应该很有说服力。

总之，我们在承认房地产存在风险，并应该采取有效措施化解风险的同时，不能对房地产"妖魔化"。房地产的调整将是一个渐进过程，房地产崩溃论和金融危机论仍然是耸人听闻。

3、债务危机论

债务危机论又可以分为三种情况。一是地方政府债务危机，二是企业高杠杆的危机，三是货币超发的危机论。

李扬教授 2012 年在《经济研究》发表文章，曾对主要国家债务结构和总杠杆率作过统计。数据显示，中国总负债（包括居民、非金融企业、金融机构和政府）占 GDP 的比重为 168.8%。这一数值远远低于日本 512%，英国 507%，美国 279%。这表明从国家资产负债表的角度来看，中国处于较为健康的状况，整体而言不存在大的债务危机风险，如表 5-1 所示。

统计数据还显示，中国居民负债占 GDP 比率只有 28%，显著低于其他国家 50%—100% 的区间。政府整体债务占 GDP 比重为 22.4%，也低于其他国家 70%—200% 的区间，表明政府的负债率也处于安全区间。值得关注的是非金融企业债务占比为 105.4%，在比较的 11 个国家中只是略低于西班牙的 134%，高于日本 99%，美国 72% 和德国 49% 的水平，表明当前企业杠杆率偏高，因此企业有去杠杆的要求。

（1）企业债务风险问题

2013 年以来中国企业也开始了艰苦的去杠杆化过程。2013 年的"钱荒"据说一个重要原因是央行希望以高利率倒逼企业去杠杆。企业面临产能过剩、经营利润下降的环境，也通过减少投资、偿还债务、并购重组等方式去杠杆。在这一过程中，包括房地产在内的企业并未出现系统的债务危机。而且从趋势来看，随着压缩产能过程趋于尾声，企业盈利能力有所上升，应对债务的能力也在提升。2014 年后期货币条件宽松，融资相对便利和融资成本下降也使企业面临的资产负债表调整压力有望减弱。同时，2014 年以来通过大力发展股权融资市场，构建多层次资本市场体系，也为企业提供了更多的权益类融资渠道，有利于降低企业负债率，化解企业面临的债务风险。

此外，历史上，我国应对企业债务危机采取的一个重要方案是"债转股"；

美国在危机后的重要应对方案是：将私人部门的风险公共化，公共风险债务化，债务风险货币化。借鉴国内外应对危机的救市机制，会发现即使出现比较紧急状况，政府有较多的可选择手段来处理私人部门的危机。

（2）地方政府债务风险问题

对于地方政府债务问题，过去几年讨论很多，审计署、银监会也多次进行摸底统计调查。根据审计署审计结果估计，2011年地方政府债务达到15.8万亿，而到2014年估计为18—20万亿。

对于地方债务风险问题，我们一直有以下观点：一是中国作为中央集权制国家，中央政府对地方政府的支持力度要大于联邦制政府。二是随着改革的深化，中央对地方政府的监管和约束将更加严格，这将在很大程度上改变过去地方政府的"任性"行为。2015年新预算法将实施，这将成为控制地方债务的有力的制度保障。根据《关于加强地方政府性债务管理的意见》，将存量债务纳入预算管理，统筹财政资金优先偿还到期债务；2016年起，只能通过省级政府发行地方政府债券方式举借政府债务。存量甄别、清理，增量规范，开辟正规的融资渠道，在这样的制度安排下，地方政府债务的系统性风险整体可控。三是与其他国家不同，中国政府除了税收、债务货币化等化解风险手段外，无论中央政府还是地方政府，都具有各类国有资产，甚至很多资产是以上市公司股权的方式存在，这也是应对短期流动性或债务性风险的重要手段。

（3）货币超发风险问题

除了上述担心，还有人认为中国存在严重的货币超发问题，存在潜在债务、金融风险。主要判断指标是M2/GDP比重过高，超过200%。应该说，在全球普遍采取量化宽松政策的背景下，谈中国货币超发及其风险，本身意图已很清楚。即使如此，我们还是有必要进行理性分析。

中国货币量规模大，是一个客观现实，但是否超发，需要深入考虑以下问题：一是货币需求问题。货币供应量是由央行、金融机构、私人部门共同创造的，根据货币内生性理论，货币供应量取决于各部门的货币需求，中国货币供应量大，表明货币需求大。例如在中国储蓄率比较高，国民储蓄率超过50%，储蓄率高增加了经济主体对存款的需求，从而使M2相对较高。二是需要考虑金融体系问题。中国是以间接融资占比较高的经济体，企业主要以贷款等方式融资，又以存款的方式将资金存放银行，形成企业存款，推高M2。而在以直接融资为主的国家，例如美国80%的融资是通过资本市场直接融资完成的，对贷款需求较少，最后形成的M2也相对较少。因此在作国际比较时，不应简单比较M2/GDP，还应区分金融制度的差异。三是衡量货币是否超发主要指标是宏观数据，即物价、GDP、就业水平变化。近十年来我国物价涨幅整体平均在2%—3%，经济增长在9%—10%，并未出现明显的高通胀和经济过热状况，因此所谓货币超发论也未必成立。

总之，我们判断中国经济双重转型进入重要拐点，通过体制转型、体制完善，推动发展转型，带动结构调整，是本轮改革的突出特点和强大动力。当前中国经济转型出现很多积极变化，并形成了稳定、明确的预期，各界对转型成功普遍抱有乐观情绪。当前中国经济正步入新常态："经济从高速增长向中高速增长，经济结构不断优化升级，第三产业消费需求逐步成为主体，城乡区域差距逐步缩小，居民收入占比上升，发展成果惠及更广大民众。经济从要素驱动、投资驱动向创新驱动"。这对我们认识和理解未来形势十分重要。同时我们也应看到，新常态不是一个稳定的经济形态，而是动态优化过程。这意味着未来将有更多变化，包括资源不断优化配置；行业发展分化更加明显；收入分配更加公平合理，居民收入占比将不断上升。也包括未来社会主义市场经济体制更加完善的过程。

同时，在改革和转型中不可避免的可能出现一些问题和风险，通过对一些危机论进行了分析和反驳，一个重要结论是，中国经济在转型过程中，将遇到一些风险和区域性、局部危机风险，但整体而言，中国经济、金融比较健康，系统性危机爆发的风险很小。

五、长期来看中国会进入"零利率"时代吗？

从2014年下半年以来，支撑市场走强的一个重要理由是，无风险利率可能大幅回落。有一种论调认为，从国际经验来看，转型期都伴随着无风险利率的大幅下降并由此推动资本市场上涨。这种乐观情绪随后发展成，随着人口老龄化，未来中国有望迎来"零利率"时代，这将成为股票市场和债券市场持续大牛市的重要因素。

利率走势对于股票、债券行情具有重要影响。对于市场过于乐观的情绪，我们有必要对利率可能的走势进行更为深入的讨论。

（一）经济下行周期，利率有进一步降低的必要性

在本章第一节，我们讨论了2012年货币条件偏紧对经济增长产生了严重的抑制作用，并指出，中国经济面临的典型性金融现象正在发生趋势性变化。在这一过程中，如果金融市场发展缓慢，实体经济发展面临的金融环境可能处于"紧平衡"状态。2013年和2014年大半年时间，货币条件还是相对偏紧，尤其是

2013 年甚至出现"钱荒"，这对宏观经济和资本市场产生了重大冲击。由此可见利率和流动性确实是一个非常重要的宏观变量。

无论货币条件从紧的出发点有多美好，但现实很残酷，尤其是中国经济处于周期性衰退中，货币条件偏紧加大了经济下行的压力和风险。2014 年经济下行、通缩压力较大，央行在 11 月份开始下降存贷款利率并下调存款准备金率。货币政策开始全面宽松。从央行的政策操作来看，一方面表明经济下行是周期性而非仅仅是结构性的，因为货币政策是总量工具而非结构性工具。另一方面，通过货币宽松，降低实际利率水平，有利于降低企业和居民的债务成本。2015 年初 1 年期存款利率 2.75%，考虑到大部分银行上浮利率 20%，以及 2015 年的 CPI 估计在 1.5%—2%，PPI 更是负值，这就意味着当前的实际利率仍偏高，因此央行存在进一步降息的空间。

（二）对利率降幅不应有过高的预期

对于未来利率变动，我们有以下观点：一是存在降息空间，央行甚至会有两次降息操作。这一点应该说已是市场共识。二是不能期待利率水平的大幅下降。很多人通过比较美、日、欧采取零利率和量化宽松政策，期盼中国也如此。但是由于中国与欧美相比，货币政策工具选择较多，央行还不会采取非常规操作，而且危机后，周小川行长曾多次表示，利率政策的有效性还取决于金融机构的激励问题，如果存贷款利率偏低，可能会打压银行贷款的积极性，因此央行在政策操作上会与美欧有很大的区别。三是降低社会利率水平，不仅取决于央行政策操作，更取决于金融改革和发展。例如，通过大力发展债券市场，以债券替代信托等高成本融资方式；大力发展中小银行解决中小企业融资难、融资贵问题；深化对银行业改革，解决银行发展存在的"贵族化、模式化、逐利化和中心化"的发展倾向，通过加快利率市场化改革，促进银行经营方式转变，向实体化、平民化和个性化服务转变。

总之，社会融资成本下降是一个系统的问题，取决于金融体系的效率，取决于金融改革。

（三）从中长期来看，中国是否会进入"零利率"时代？

当前支持"零利率"观点的主要理由是人口老龄化，主要的经验是美国过去 100 多年的历史。那么中国是否随着人口红利拐点的到来，利率逐步走向"零利率"呢？

1. 利率走势的理论探讨

在 2012 年和 2013 年的研讨中，有分析师曾指出，随着人口拐点的到来，货币将迎来下行周期，利率则会出现上升，因此，未来股票市场将迎来持续的熊市。其主要逻辑是，在老龄化社会中，储蓄率下降，货币增速放缓，资本供不应求，利率必然上行，进而导致股票、债券市场呈现熊市。

对此观点，我当时提出了不同看法：利率作为资金价格，取决于资金供求，在货币增速放缓、资金供给减少的情况下，利率走势取决于货币需求，如果未来投资增速放缓、经济增速放缓、通胀温和，那么12%的货币增速，对应8%的经济增长和2%的通胀，可能比15%的货币增速对应10%的经济增长和5%的通胀，货币环境反而显得更宽松。因此，不能简单从货币供给角度进行判断。这是从总量角度的分析，我们还可以从结构的角度分析，即随着金融改革深化，例如利率市场化、汇率市场化和人民币国际化、金融机构多元化，完全改变过去的金融压抑状况，金融效率提高也将有利于资金价格的下降。因此，利率未必会呈现趋势性上升态势。

2014年以来，同样面对人口老龄化的类似前提条件，市场出现了相反的观点：认为未来中国将进入"零利率"时代，正如日本、美国那样（需要看到的是，美国由于有效的移民政策，并没有特别大的老龄化压力，这与中国、日本是不同的）。

零利率政策和量化宽松政策在本次金融危机后被各国广泛使用，非常规政策操作反而被认为习以为常，甚至成了"常规"操作。这种认识上的误区，足以表明当前全球经济仍处于危机状态，并没有走出危机，正如我们在第一章危机新阶段部分所论述的。

应该说，利率作为资金的价格，影响因素比较复杂，我们可以从以下几方面进行讨论。

首先，从供求关系角度来看，利率取决于储蓄和投资。如果未来没有出现明显的货币供给过剩的状况（例如2006年全球性流动性过剩），供求关系不太可能出现根本性失衡。老龄化社会的一个重要经济金融现象就是，消费增加，储蓄减少，因此，未来除非出现非常规的政策放水，再度出现持续性流动性过剩的可能性并不是很大，供求关系不会出现明显失衡，那么利率不应该持续的、显著低于均衡利率。

其次，从利益分配的角度来看，利率取决于社会资本回报率。即如果社会资本回报率比较高（可以参考的指标例如名义工业增加值、GDP增速等），对资本的需求增强，资本也应该分享到较高的利率，这时利率水平就会提高；反之，在衰退状态下，社会资本回报率偏低，甚至陷入流动性陷阱中，这时利率只能是偏低的，甚至是零利率。日本上世纪90年代以来的利率表现与经济增长关系也证明了这一点。

这就需要讨论，老龄化是否会导致社会资本回报率大幅下降和经济增速大幅下行，即经济必然出现日本化趋势？因为只有在经济增长比较低、甚至面临持续的通缩压力时，利率才有可能长期保持在零利率附近（这里又有一个悖论：这种情况下的零利率，能否带来资本市场的繁荣和长期牛市？）。

在现代经济增长模型中，经济增长的影响变量包括资本、土地、劳动力，还包括了企业家才能、创新甚至金融因素等。因此，劳动力只是其中一个重要影响因素，而不是全部，我们重视老龄化对人口红利的影响，但是，如果在劳动力减少的同时，经济转型成功，制度红利充分释放，资本效率提高（金融生态改善）、企业家的创新作用显著增强，那么，经济未必会出现大幅的下行。

社科院的蔡昉教授曾指出，中国在丧失支撑长期高增长的人口红利之后，可以通过转变经济增长方式，即依靠全要素生产率的提高来保持长期增长。中共十八届三中全会以来，通过户籍改革来增加劳动力供给潜力，通过投融资体制改革，来提高金融效率，通过鼓励创新和创业，来提高全要素生产率。通过改革，有利于提高经济潜在增长率、收获改革红利。根据蔡昉的研究，如果2011—2020年期间，每年把劳动参与率提高一个百分点，可以把潜在增长率提高0.88个百分点，如果每年全要素生产率增长速度提高一个百分点，可以把潜在增长率提高0.99个百分点。如果通过生育政策调整把总和生育率提高到接近1.8的水平，则可以在2030年以后，潜在增长率提高到大约10%–15%。

最后，从货币当局的角度来看，考虑到社会分配公平的问题，货币当局一般希望保持实际利率为正，即名义利率高于通胀率（或者通胀预期）。这就意味着，如果未来存在持续性的温和通胀，那么，从货币当局的角度来看，也不太希望基准利率水平偏低，会通过相应的政策操作引领市场利率适度上行。

2. 利率走势的国际经验

在《动荡的世界》一书中，格林斯潘大致描绘了利率的变化轨迹，可供参考。

格林斯潘指出，早在公元前5世纪的希腊，利率水平的表现就已非常接近于我们今天的市场。英格兰银行在1694—1972年执行的官方政策利率一直在2%-10%波动，在20世纪70年代后期的高通胀中提高到17%，此后又回到了个位数的历史区间。在美国1880年以来，美国的私人储蓄率一直相当稳定，私人储蓄率在一个多世纪的时间跨度内表现的如此稳定，无风险实际利率历史数据的长期稳定表现，使"我们有充分的理由推断，时间偏好没有明显的长期变动趋势"。

对于2000—2005年全球长期名义利率和实际利率的大幅下降，他认为简而言之，主要原因是"地缘政治事件"导致的。具体来说包括了苏联解体、东欧剧变，以及中国、印度等国家加入市场化进程中。或许由于文化习惯影响、消费信贷不足以及东亚危机后的应对措施等，发展中国家的消费受到限制，储蓄率远远超过了全球投资的增长速度，因此导致了利率的大幅下降，并导致了住房价格上涨。

2013 年以来随着欧洲、日本等国加入量化宽松政策之后，全球呈现资金供给大于资金需求（即储蓄大于投资）的格局，这就导致当前利率维持在低位，利率偏低导致了这两年美国、欧洲、日本等国家股票价格大幅上涨，处于典型的流动性推动下的牛市行情。对于利率偏低的现象，存在明显的判断分歧：有的认为这是一种阶段性的现象（尤其是经济衰退过程中的现象），随着经济走向复苏，利率会有所上升；有的则认为这是较长时期的现象，主要原因在于从全球来看，投资会持续处于低迷状态，资金供给大于需求的格局会持续存在。

对未来利率的走势，格林斯潘认为，到 2013 年中期，M2 与基础货币的比率达到了 1940 年以来的最低点，美联储需要控制现有规模，其中最简单的手段就是出售美联储的资产，这必然会导致利率的显著提高。而且他假设，如果今年（2013 年）的美联储准备金规模保持不变，我们不难想象物价涨幅将从每年 3% 左右蹿升到 5–10 年后的两位数。"如果导致长期投资严重萎缩的经济不确定性持续下去，同时财政政策仍陷于僵局，则通胀很可能会得到控制。但随着经济不确定性最终被我们的乐观倾向消减，商业活动、通货膨胀率和利率水平也会相应提升。"

我们比较认同上述格林斯潘的观点。

3. 简单的结论

总之，利率是一个比较复杂的问题，人口问题不是唯一的影响变量。在正常的经济环境下，利率应该是周期性变化的，主要影响变量是资金供求关系、社会资本效率、货币当局态度[①]等。从格林斯潘的分析和展望，由于"动物精神"的存在，时间偏好长期基本保持稳定，无风险实际利率具有长期稳定表现。"零利率"并非美国的常态，随着美联储退出宽松政策以及美国经济的复苏，利率将呈现上升的趋势。

中国除非出现极端情况，零利率也不应该是常态，不应该成为未来主要的发展趋势[②]。

[①] 2006 年为了人民币汇改，央行刻意压低利率，1 年期央票利率只有 1.3% 左右，7 天回购利率只有 0.8% 左右，如果考虑到超额存款准备金率 0.7% 左右的机会成本，当时，中国短期利率实际上已经是零利率。尽管如此，在与人民银行官员的讨论中，当我提出零利率观点时，遭到了央行官员的批评。从之后周小川行长的很多表述来看，央行并不希望实行零利率政策操作。

[②] 此外，从技术角度来看，美国、欧洲等国家的"零利率"主要是隔夜利率等超短期利率，与中国当前市场讨论的利率可能是不同的，因此，简单类比也可能并不合适。

从中国的实践来看，过去经济高速增长时期，由于金融压抑，资金成本为人为控制，导致了资金饥渴症，投资需求偏高，也导致了中国的利率水平持续相对较低，实际利率甚至持续为负。在过去几年，中国又面临"宽货币、紧信用、高利率、贷款难、贷款贵"的问题。展望未来，一方面经济增速会从高速转向中高速（7% 左右）、再转向中速（5%—7%），即使随着经济体量增大，经济增速降为 3%—5% 的中低水平（相当于美国危机前的水平），中国社会投资回报率下降，利率有下行的可能；另一方面，随着金融改革，尤其是利率市场化、金融自由化，从根本上改变了过去认为金融压抑的状况，金融系统效率提高，资本能够合理地分享经济增长的红利，改变实际利率或者为负或者融资成本偏高的不合理状况。这样，我们有可能会出现美国在金融危机前的常态对价关系，即如果经济增长 3%—5%，通胀 2% 左右，长期利率水平大致在 3%—5% 的区间水平。这就意味着未来相对于当前 3.5% 左右的 10 年期国债利率而言，中国长期无风险利率并不存在明显的下降空间。与此同时，随着金融效率的提高，风险溢价有望降低，即社会实际融资成本有望降低，体现相对合理的风险溢价率。

当前，市场上关于利率的热议和观点的激进，反映出比较狂热的情绪，这种乐观情绪主要来自改革红利、流动性宽松。短期来看，资本价格大幅偏离实体经济表现可能有其合理性，例如预期未来经济的改善。但是如果投机气氛过于浓烈，市场风险还是值得关注的。金德尔伯格在其著作《疯狂、惊恐和崩溃》中非常明确地指出，"投机过热一般都是在货币和信贷扩张的助长下加速发展的，有时，很可能就是由于货币和信贷的扩张才促成了投机狂潮"。研究国外主要的泡沫经济史案例会发现，金融资产泡沫与信用扩张具有高度的相关性。1825 年后，金融危机的历史演进表明，在泡沫经济形成的过程中，信用扩张是最主要的幕后推手。从另一个角度来看，预期固然重要，如果由于突发性因素，导致预期不能兑现，市场失望甚至恐慌情绪可能再现，那时市场可能出现逆转，这也不利于市场的长期健康发展。因此，投资过程中，保持一定的理性和对市场的敬畏心态，还是非常必要的。

（2015 年 1 月）

5.3　投资要有大局观

被称为史上最伟大的基金经理的彼得·林奇，在《战胜华尔街》一书中有句名言：投资要有大局观。他认为，在美国最大的大局观不是经济和市场周期性波动，而是从长期来看，股票投资回报率远远超过债券。因此鼓吹以股票为主的投资策略。他认为，只有坚定股票是最佳投资品的信念，才可能克服股票下跌时的恐慌，才能在长期投资中战胜市场。

投资要有大局观，强调在投资中要具有战略眼光和战略思维。在中国，一代红顶商人胡雪岩也有类似的观点："贵乎盘算整个大局势，看出必不可易的大方向，照这个方向去做，才会立于不败之地。""生意做得越大，眼光越要放的远，做大生意的眼光，一定要看大局。"

一、中美投资理念差异比较

林奇强调股票强于债券的投资观，主要是来自历史数据的统计分析，他并没有对这一大局观的理论和逻辑做出深入阐述。不过，通过研读其著作，能够对其观点形成的依据做出推测：一是林奇对美国经济的自信，即从长周期来看，美国处于上升阶段。正是基于对美国经济的自信，他才能够也敢于在 20 世纪 80 年代初期大规模投资汽车类股票。二是相信随着经济增长，股票市场能够最大化地分享经济发展红利。三是完善的制度基础和制度保障，形成较为稳定的预期，有利于投资者长期投资和坚持价值投资理念。

我们在学习借鉴林奇的大局观时，需要考虑国情差异，毕竟过去 10 多年在中国尚没有明显证据表明股票投资优于债券投资。即使在美国，尽管林奇强调股票优于债券，但一个现实是，在他那个时代，居民在债券基金的资产分配明显超过股票基金。这种反差也许隐含了很多其他因素。

在中国我们会发现，国情差异可能是导致股票吸引力不同的重要因素，也是普通投资者对股市信心不足的重要原因。这些因素包括：

第一，资本市场是否宏观经济"晴雨表"。中国二十年经济高速增长并未带来股市繁荣。一个重要原因，股市尚不能有效反映宏观经济变化，而是受到政策、制度等多重因素干扰。当前随着市场规模扩大，干扰有所减轻，但依然不容忽视。

第二，股市能否分享经济增长的红利。这涉及很多问题，这里只想讨论经济增长模式。在美国经济危机之后，政府采取了积极救市政策，尽管政府面临货币超发、货币贬值、财政悬崖等一系列难题，但企业负担减轻、资产负债表改善、赢利能力增强，因此，股市充分分享到经济复苏的喜悦，股指不断创出历史新高。在中国原有的以政府主导的投资拉动的增长模式下，尽管推出 4 万亿救市政策，经济复苏的同时，资源错配严重，资本效率下降，企业面临的融资环境恶化，赢利能力减弱，因此资本市场并未明显的上涨，甚至下跌。比较中美刺激政策重心差异：美国将负担转向政府，通过政府救援，将私人部门的风险公共化，公共风险债务化，债务风险货币化。中国则使企业负担有所加重，效果不同也就不言而喻了。

第三，市场制度因素。美国作为成熟的资本市场，尤其是以保护投资者为核心的理念，形成了较为稳定的市场预期。但在中国，作为新兴市场，仍以强调融资功能为主，而非以投资者保护为主；同时，在制度设计上，由于未能形成一致预期，好的政策出发点却常常带来损害市场的客观效果。例如对机构投资者股指期货利用的限制，使股指期货的推出成为一个利空因素。再譬如，股权分置改革以来，资本市场扩容过快，供求严重失衡，作为卖方的产业资本面临的成本约束显著低于作为买方的金融资本，而两者力量对比明显偏向产业资本，这也导致了过去几年市场跌跌不休。预期混乱使投资者对市场创新，例如创业板推出，大多作为利空来理解。

第四，资本市场在金融和经济中的地位不同。在美国是以市场为主导的金融体系，居民更多是以有价证券投资而非储蓄存款的方式持有资产。同时，美国经济又是以消费为主导，而消费源于收入增长，这其中包括资本市场财富增值。因此在美国股票市场对中产阶级消费有重大影响，进而对宏观经济产生重大影响。格林斯潘在《动荡的世界》中指出，股票价格涨跌不但深刻影响金融市场和金融活动，也会对实体经济产生作用。1953—2012 年的数据显示，平均约有 12% 的个人消费支出是由净财富的增加引起的；资产价格上涨不仅对消费支出和私人资本投资具有显著影响，而且关系到财政支出。研究表明，1970—2012 年，美国居民持有的股票、债券、自有住房和其他资产的市值每上涨 10%，实际 GDP 的年度增长速度将提高 1.3%。正因如此，保持美国资本市场长期向好符合美国的国家战略和意愿。

但在中国，我们是以银行为主导的金融体系，社会储蓄主要还是以银行存款为主。在过去十年中国主要的金融改革也是围绕银行改革展开，例如不良资产出表和证券化，银行增资与上市等，资本市场在很大程度上是为银行业改革服务。相比之下，资本市场无论在规模、影响力都处于弱势地位。这种金融发展模式符合政府主导下的投资为主导的经济发展模式的融资需求。经济增长模式与金融发展模式具有内在逻辑的一致性。只要这种局面不改变，证券市场的弱势地位就不会改变，市场存在的一些严重缺陷也就很难得到足够的关注和重视。

上述比较分析有利于我们全面审视中国资本市场以及由此形成的中美投资理

念上的差异。从趋势上看，我们面临的金融生态是否正在发生变化呢？或者说如何看待中国未来资本市场的大局呢？

二、中国证券投资大局观

（一）事情正在起变化

通过上述几章分析，中国资本市场所处的内外环境以及市场自身都发生着重大变化，需要我们厘清思路，把握市场发展的大趋势。

1、从外部环境来看。危机后国际货币领域出现新变化，即各国竞争性贬值或称作货币战争的演变。继美国推出量化宽松政策之后，日、欧也相继推出类似的宽松政策。2013年1月，欧洲央行行长马里奥·德拉吉曾表示，央行独立时代即将结束，各大央行迫于政府压力，陷入竞争性贬值的货币战。英国央行行长也认为，2013年货币战争可能开始激化。在过去两年由于经济复苏不平衡，美国率先走出金融海啸，并开始了货币政策正常化过程，而日、欧仍陷入困局，依靠货币政策刺激经济。由于政策脱钩，资本大量注入美国，美元大幅升值，并对新兴经济体产生了多轮重大冲击。

在这种背景下，有人对中国表达了严重关切，甚至持悲观态度。例如有观点认为强势美元将使中国面临金融危机的风险，因为强势美元将吸引国际资本流回美国，大量热钱流出直接导致人民币贬值，同时国内的金融资本和产业资本也有大幅流出的可能，中国十年高速发展积累的泡沫将被无情戳破。还有观点认为，中美货币战争的爆发越来越成为主导性的因素。能够引爆中国进入危机的手段势必会回归于金融市场的战争。还有人以日元、欧元曾经受到美国货币战争打击导致货币败局的案例警告中国人民币国际化风险。

针对上述观点，我们认为可能夸大了当前中国面临的困难和风险。在"强势美元的挑战与机遇"一节中，我们认为这些观点得不到数据上的支撑，而且作为一种经验总结，在逻辑上也并非存在必然性。

我们的观点是：全球仍处于危机新阶段，一方面全球经济复苏的基础并不坚实，仍存在诸多动荡和风险，甚至有再度爆发较为严重的金融动荡的可能性。另一方面中短期来看，发生新一轮大的金融危机的可能性不是很大。只是一些宏观经济较为脆弱的新兴市场国家存在较大的经济金融风险，值得特别关注。未来美国货币政策正常化可能是世界经济面临的最大风险，特别是美国货币政策操作只考虑内部因素而不关注外部溢出效应，这种政策意图令人担心。

在这种国际经济金融大变局中，中国良好的宏观经济发展趋势，管理层娴熟的政策操作和宏观驾驭能力，较为丰富的政策工具选择和大国经济广阔的战略纵深，都使我们有能力应对可能的外部冲击。尤其是在当今改革是主旋律的背景下，中国再度作为最勇敢的弄潮儿，对改革认识更深刻、策略更完备、决心更大、效果也更明显，这都有利于我们在未来全球经济新发展中抢占先机。

2、双重转型进入下半场

在本章二节我们提到，与国际一般性经验不同，中国经济转型包含经济体制转型和经济发展转型的双重转型，而且是以体制转型带动经济结构转型，带动产业结构升级。从中国探索、建立和完善社会主义市场经济体制的角度，我们认为中共十八大以及中共十八届三中全会的召开和一系列重大改革政策的推出，标志着中国经济转型进入下半场。

在这一过程中，全方面的改革部署使经济体制正不断趋于完善；改革推动着经济结构调整，并使经济结构开始改善。通过新的开放战略，有效地应对美国遏制战略，使中国在中国地缘政治经济博弈中处于较为有利的地位；货币政策全面宽松使我国的货币条件不断改善，这些新变化，有利于我们形成明朗而稳定的预期，有利于提升对资本市场的信心。

通过上述分析，如果说危机后4万亿救市使中国率先走出危机，可谓治标；那么，中共十八大和十八届三中、四中全会推出的全面经济改革方略，可谓治本。标本兼治，有利于化解原有体制性矛盾和经济发展模式缺陷，有利于提升资源配置效率和企业盈利改善，而这些变化无疑是资本市场所期待的。

同时，当前一些危机论，包括投资不可持续危机论、房地产崩溃危机论，以及债务危机论等，都是近年来唱衰中国的陈词滥调，固然揭示了中国经济存在的风险，但夸大了这些问题，而且没有意识到这些问题已引起各方广泛关注，在经济改革、转型过程中，这些问题正不断被消化、化解。

3、金融新政、市场繁荣带来的新机遇

2013年之前中国股市熊冠全球。长期熊市、资本市场与宏观经济严重背离的一个重要因素是，资本市场政策和制度存在严重缺陷。因此加强市场制度建设，完善市场机制，已是投资者普遍的期许。

之前我们也分析了金融制度选择与经济增长模式具有内在逻辑的一致性。未来经济改革的目标已经明确，要提高金融对实体经济服务力度，要发展普惠式金融，就需要发展更加市场化的金融体制。而且，危机后在反思金融机构的作用时，形成了一个普遍共识，即货币非中性，金融机构在经济发展中，在经济模型中也不是中性，而是可以发挥更加积极的作用。美国的经济也表明，强大的资本市场，产生的财富效应，有利于中产阶级提高收入，有利于增加消费支出，进而有利于推动宏观经济健康发展。

2012 年以前，中国金融改革开始由之前的银行改革为中心；之后开始转向以资本市场发展为中心。2014 年新国九条的推出，为未来资本市场发展勾绘了路线图和发展蓝图，确定了具体的改革措施，资本市场迎来了爆炸式发展的新繁荣时期。一系列重大金融改革政策的推出，激活了中国资本市场，增强了对市场发展的信心，激发了各类资金参与资本市场的热情，鼓舞了投资者的士气，这也成为 2014 年下半年这轮强劲上涨行情的重要推动力量。

（二）中国证券投资的大局

通过上述分析，我们认为未来一段时期中国投资的最值得关注的大局是双重经济转型。

从中期到 2020 年来看，建立完善的社会主义市场经济体制，充分发挥市场在资源配置中的决定性作用，将有利于实现优胜劣汰，实现资源优化配置和经济效益的提升。从中短期（3—5 年）中国有望成功实现经济结构调整和产业升级，经济进入质量效益型的新常态。

当前正处于双重转型的下半场，宏观经济和资本市场迎来人口周期拐点、房地产长周期拐点、大宗商品周期拐点，以及中国从货币化走向金融化发展的拐点。以资本市场发展为重要内容的金融改革，尤其是证券法的修改，将进一步为资本市场发展提供强有力的制度保障和法制保障，并推动中国资本市场迎来爆炸式发展新阶段，资本市场在金融体系中也将占有更加举足轻重的地位。

资本市场的成熟和繁荣，将对证券投资产生深远影响：

第一，资本市场的繁荣和经济金融去房地产化，将导致金融资产大类配置实现以房地产为主向以股票、债券等有价证券为主的战略性转移。未来金融投资在居民资产中的比重将显著提升。

第二，随着市场制度完善、市场化和国际化不断深入，有利于投资者重构价值投资理念，从重讲故事转为重讲估值；有利于投资者构建包括相对价值交易在内的更加多元化的投资策略；有利于投资者在全球范围、大名类资产间配置资本和进行风险管理。

第三，随着双重转型的成功，在经济新常态下，投资者的风险偏好有望明显上升，股票投资的吸引力和占比也有望显著上升。在股票投资中，除了投资时钟理论揭示的周期性机遇外，中国还面临新的战略机遇：一是改革释放的红利。这包括新一轮国企改革、土地改革、金融改革等释放的活力。二是在全球新一轮技术革命浪潮中，中国已抢占先机，并在很多领域成为创新领袖和领头羊，创新中必然涌现一大批优秀的企业（中国是否会出现美国上世纪90年代的创新浪潮和资产泡沫值得关注）。三是经济转型升级形成新的投资热点。这些投资机会将伴随整个转型期，热点虽有可能转换，但在未来数年内有望一直为投资者带来不错的投资机遇。

第四，对于债券等固定收益产品投资，由于当前无风险利率相对较低，而且未来进一步较大幅度下降的可能性不是很大，因此未来主要的机会在于：一是在新一轮投融资体制改革中，随着市场效率提高和政策引导，风险利差有望缩小，即在解决融资难、融资贵的过程中，尤其是在资产证券化、债券产品创新的新浪潮中，寻找投资机会；二是进行基础资产的再度结构化设计，通过进行风险—收益的重新组合，提升风险投资收益；三是对于从事债券投资的专业人士而言，还需扩大投资范畴，向广义固定收益类产品投资，即收入型投资产品。未来包括中国在内很多国家将迎来人口周期拐点，收入型投资产品的需求有望引领未来一个时期的投资。收入型投资产品包括了带息银行存款、支付股息的公用事业股、收入导向型共同基金，债券和能够产生收入的房产、优先股等；四是随着金融衍生品市场发展，对于机构投资者而言，构造"资本＋杠杆＋客户"、"交易＋金融工程"为主要特征的资本中介型业务条件逐步成熟。五是未来财富管理将继续迅速发展，具有财富管理能力的机构将迎来重大机遇。"客户为主"、"账户为主"的理念在财富管理中同样适用。

三、投资管理大局观

上述主要是从宏观角度，对未来市场环境变化以及投资理念变化进行了探讨。同时，在投资管理层面也有一些重点问题需要关注和探讨。

1、对市场风险与风险管理的理解

市场发展和危机的反复爆发，深化了我们对现代金融理论的认识。

现代金融理论是以完全有效市场为假设前提的。在该模式下，投资者能够在不产生交易成本的情况下即时买卖资产，而且投资者的买卖行为不会影响价格。根据完全市场理论，市场是高效的，所有信息都包含在市场价格之中，没有交易员能够利用信息赚钱。

以信息流为中心的理论，是对金融市场分析的基础，也是现代金融衍生品定价和各类套利模型的理论基础。但是在现实中，如果信息驱动市场价格，如果交易的唯一目的是更好地配置资源，那么如何解释每日价格大幅波动，超过了人们对信息的理性期望值？

理查德·布克斯塔伯作了一些有意义的探索，他认为价格变化，尤其是短期变化的主要原因在于流动性需求，也就是说，市场的目标远远不是作为信息的传递者，而是提供流动性。正是在流动性泡沫中，人们获取利润，同时培育了市场恶魔，因此，流动性需求不仅会推动价格变动，而且是每日股价波动以及股市崩溃和价格泡沫产生的首要推动力。

在布克斯塔伯的分析中，流动性至关重要。而在现代金融体系中，流动性正变得越来越脆弱（这一点第三章已作了详细分析），而且流动性风险、融资风险和信用风险往往会耦合在一起，加大了问题的严重性，导致了一些看似独立的甚至并不太重要的风险事件产生"蝴蝶效应"，冲击市场并导致危机的形成。这也是为何在过去二十年间，全球经济波动率下降的同时，资本市场波动率反而上升，甚至多次形成严重的金融危机。是市场本身，而非经济基本面，制造了危机"魔鬼"。

根据上述观点，一方面随着市场深化发展，未来投资机会和投资模式会更加多元化，我们必须积极面对这种变化。另一方面，市场往往在给予机会的同时又在制造魔鬼，需要投资者在投资中保持警惕，加大监管力度和提高风控水平也自然成为重中之重了。

从中长期来看，随着我国金融业市场化、国际化步伐加快，也必然会形成一个多层次、庞大的市场体系。借鉴美国近些年危机的教训，在金融创新和发展的同时，应加大金融监管，有意识地降低市场的复杂性和紧耦合性。一方面因为创新对金融系统具有很强的外部效应，应对一些以交易为主要目的的复杂性衍生品创新进行监管和约束；另一方面，应放松市场的紧耦合性。而减轻紧耦合性最简易方式是减缓市场运行的速度，正如布克斯塔伯建议的：在危机时，通过强行实施银行歇业和所谓的断路器来减轻紧耦合。在平常，则要降低杠杆率，因为它是流动性和交易速度制造的最终祸首，也是导致历次危机的重要甚至主要原因。

总之，相对简单避免美式过于复杂的金融工具和相对较低的杠杆率，将有利于创造一个更加强健和更为有生命力的金融市场。华尔街的教训对我们也许有所启迪。

对于风险管理，我们经常会发现，大型机构在应对不可预测事件时显得异常迟缓，尽管有一层又一层的安全和防范措施，但问题仍然层出不穷。问题的根源在于机构本身：架构庞大、管理层级过多、执行目标相互冲突且效率低下。在这样的市场机构中，个体理性的存在显得微不足道。因此问题的根源往往不在于未知风险的复杂性，而是公司架构的复杂性。

鉴于市场和机构的复杂性，风险的不可预知性，布克斯塔伯认为粗略且更为简单的方法或许才是最好的长期风险管理策略，就像蟑螂的粗略反应机制一样。当我们面临甚至无法预期的不可避免事件时，同样的，相对简单的金融工具和较低的杠杆才是一个令人痛苦的良药。

2、局部利益和整体利益关系

在投资中，经常会遇到单一账户与整体账户策略的利益冲突问题、部门利益与公司利益冲突问题。由于交易员和投资经理主要是站在本位立场考虑问题，更注重局部利益，尤其是在不正确的激励约束机制下，局部与整体的矛盾可能就更加激化，甚至导致整体的危机。

对于局部和全局的关系，毛泽东曾有过精辟的论述："战争史中有在连战连捷之后吃一个败仗以致前功尽弃的，有在吃了许多败仗之后打一个胜仗因而展开新局面的。这里说'连战连捷'、'许多败仗'都是局部性的，对于全局不起决定性作用的东西，这里说'一个败仗'和'一个胜仗'就都是决定的东西了。所有这些，都说明关照全局的重要性，指挥全局的人，最要紧的是把自己的注意力摆在照顾战争的全局上面。"对于投资管理同样如此，需要从全局的角度加强协调和控制力。

从国际经验来看，随着证券市场尤其是衍生产品市场的发展，很多投资银行和商业银行明显偏离原有业务，成为大的交易商。在高额奖金的激励下，很多交易员甘冒巨大风险，部门局部风险往往导致公司面临灭顶之灾。例如，1992 年由于里森未经授权大肆炒作衍生品，亏损 10 亿美元，导致拥有 223 年历史的英国最古老的商人银行——巴林银行被 ING 集团 1 英镑收购。在 2008 年的金融海啸中，同样由于交易部门暴露的巨大风险导致贝尔斯登、雷曼等著名投资银行或者破产或者被收购。这些案例一再提醒，在现代金融企业中加大企业控制力的重要性。一个正面的案例是 1997 年旅行者集团收购所罗门兄弟公司，由于所罗门美国固定收益套利交易团队（曾经被称作皇冠上的明珠）从事的高风险自营交易有悖于董事长桑迪·韦尔的原则，因此在 1998 年 7 月，时任所罗门美邦联席执行官的戴蒙强行取消套利交易部门，大规模降低仓位和风险敞口。尽管干涉交易遭到不满，然而随着俄罗斯债务违约，长期资本公司破产，而所罗门躲过一劫，戴蒙赢得了广泛尊重。

谈到局部利益和整体利益的关系，不禁想起三国时关羽失荆州的故事。应该说关羽失荆州不是大意而是必然。他不但违背了诸葛亮联吴抗魏的外交政策，而且关羽伐魏战略意图不明。作为局部战争，固然擒于禁、斩庞德、水淹七军，甚至一度逼得曹操几乎迁都，战功显赫。但是北伐越成功，战线越长，兵力越捉襟见肘，也必然减少荆州守军，为东吴白衣渡江创造可乘之机。也导致兵败被杀、荆州被占，并直接导致张飞被害，刘备夷陵被击溃并身死白帝城，西蜀过早进入弱主刘禅时代，开启了西蜀衰败的序幕。军事上的教训对于投资管理同样具有启发意义。

3、战略坚持与战术灵活问题

从巴菲特投资案例中，我们发现他有极强的战略定力和韧性，即使发现合适的投资标的，若认为价格高估，他宁肯等上几年甚至十几年，也不会贸然投资，例如投资可口可乐的案例。同时，一旦买入他又会坚持相当时间充分享受增值乐趣，不为短期小利小弊所动。巴菲特倡导的价值投资理念又不是机械地遵守"买入—持有"模式。他强调在以下情况下，应该卖出股票：一是股价已达到或超过内在价值评估；二是公司发生了根本性改变，削弱了公司回报股东的能力；三是发现更好的投资机会。

林奇尽管强调长期看好股市，但也并不意味着他持股不变。在上世纪80年代初大规模持有汽车类周期股，但在80年代后期又大规模减仓。从80—90年代投资经历来看，他根据经济周期和市场变化，不断地在周期类股票和成长类股票间切换，基本符合后来总结的美林投资时钟理念，具有极大的灵活性。例如，尽管他一直不看好债券投资，但在80年代初期，他也一度大规模持有长期债券。

总结这些投资名家的投资经验，一方面都有成熟而且适合自己特点的投资理念，在投资过程中，严格遵守投资纪律，具有很强的战略定力；另一方面，具有灵活的战术运用，能够随市场波动起舞。这一点在林奇、索罗斯的操作中反映尤其明显。

4、顺势操作与逆势操作

研读投资经典会发现，有的强调逆势而为，认为只有"别人贪婪时我恐惧，别人恐惧时我贪婪"才能取得高额回报；但也有强调应顺势而为，不应逆势而动，认为"不要伸手接下落过程中的刀子"，如何看待顺势和逆势操作的关系呢？

在老子哲学中，他强调顺势而为。老子认为"天下神器，不可为也，不可执也，为者败之，执者失之，是以圣人无为故无败，无执故无失"，"以其不争，天下莫能与之争"。老子认为万事万物有其内在规律，应顺应自然规律，顺势而为。"无为而无不为"，不应该强势而为，更不应逆势而为。

同时，老子也提到，"为之于其未有，制之于其未乱"。即在事物形成初期，发现问题先兆，把问题和动乱解决在萌芽状态。老子还认为"物壮则损"，因此提出"知止"思想。这些观点表面看似是在逆势而为，但实际上仍是顺势而为，同样强调基于事物变化规律，见微知著，在趋势尚未明朗，或未被大多数人认识之前，通过预判和提前操作在萌芽状态解决问题或争端。同样，当事物发展到鼎盛时期，应有"知止"思想，保住已有胜利果实。

根据老子思想，在一般人眼里的逆势操作，在智者眼里却是顺势而为。这对我们投资同样有启发。有人认为林奇当年购买汽车股是逆势操作的经典，实际上，林奇在购买前进行了深入细致的研究，判断随着经济复苏，汽车销量会大幅上升，汽车公司业绩也会明显改善，基于这种判断林奇才将汽车股作为第一重仓股。同样，索罗斯在上世纪90年代狙击英镑，也是在对英国经济、汇率、利率以及德国政策充分研究的基础上做出的卖空行为。这种看似逆势而为，实际上是"为之于其未有"。当然，由于事物处于初期萌芽状态或只是一种预期时，提前操作也会存在风险。例如索罗斯1999年预言网络泡沫将要破灭，并进行了大规模卖空操作。一个正确的策略，由于时机选择上的失误，导致卖空失败（有时运气也很重要）。

总之，逆势操作并非仅仅由于看到行情大幅上涨或下跌采取反向操作，而是对趋势的认真研究并发现行情可能逆转迹象才采取的行动。所谓"逆势操作"和"顺势操作"在逻辑上是一致的。

5、相对价值投资的魅力与灾难

相对价值交易由于不取决于市场动向，合乎逻辑，风险又似乎可控，因此具有内在固有的吸引力。在20世纪90年代相对价值交易在华尔街大行其道，很多著名的证券公司、对冲基金都加大了模型开发，扩大了交易规模，也取得了丰厚回报。相对交易部门一度成为许多机构重要盈利部门。这其中最受追捧的是由一群天才管理的长期资本管理公司，连续多年回报率超过40%，其模型也被所罗门兄弟、高盛等很多机构所模仿。但是好景不长，1998年俄罗斯违约事件触发了全球性危机，长期资本公司也陷入破产危机。2007年金融海啸中，相对价值交易同样由于陷入致命的变现螺旋，流动性危机使一大批金融机构破产或遭受重创。

从这些事件中，我们或许会受到启发：相对价值交易同样具有巨大风险。首先，相对价值交易要获取高额回报，就必须大规模利用杠杆，仓位变大的一个直接后果是变现困难。这在流动性较差的新兴市场中尤为显著。其次，相对价值交易要求价格收敛，但何时收敛在时间上不可控，因此往往需要长时间持仓。第三，模型风险。市场越复杂，模型可能的误差越大，这也加大了对冲风险。第四，更为严重的是，投资策略同质化导致的流动性危机。在俄罗斯违约之后，许多与长期资本公司持仓类似的公司纷纷抛售，引发了价格螺旋式下降，又诱发更多机构进一步套现，这对长期资本公司带来了灾难性后果。

当前，国内一些投资者也在尝试相对价值交易，这在丰富交易策略、分散风险具有重要意义，也有利于提高市场有效性，因此，这种尝试是很有价值的。只是需要注意的是，随着参与主体增加，交易也会面临同质化和流动性风险等问题，一些看似很有价值的交易策略也可能蕴含着不小的风险。这是在开展类似业务中需要注意的，毕竟，华尔街有太多类似的教训。

（2015 年 2 月）

第六章　债券投资大局观

6.1　融深化与债券投资理念变化

债券投资除了需要跟踪宏观数据变化和金融政策变化等基本面因素外，还需要对市场所处大环境进行分析。当前我国债券市场面临的大环境正在不断发生着改变，这些改变对于债券投资理念、债券投资机会以及风险可能都会产生较大的影响。

一、利率环境变化与债券投资

利率环境大致可以分为市场化环境和利率管制环境，美国属于前者，中国属于后者。由于利率环境不同，政策工具的选择与应用也就不同。在市场化的条件下比如美国，货币政策主要以利率为中介变量，通过利率调整来进行宏观调控，而在非市场化的条件下比如中国，主要采取数量化调控方式（尤其是以准备金政策、信贷政策为主）。这种差异反映在利率波动性存在较大的差异。比如在过去10年尤其是2007年以来，美国通胀率波动情况小于中国，但是利率波动率大于中国。除了对中美进行比较外，在中国国内，同样会发现市场化的互换利率，波动幅度明显大于债券利率波动。

这种差异的一个重要的影响是，非市场化条件下债券投资风险要小于市场化条件下的投资。其原因除了货币操作因素外，在管制利率条件下，政府基本确定了本国利率的上限和下限区间，因此，投资者基本上是在一个利率走廊中进行投资选择。

从中国2002年以来债券投资回报情况来看，尽管经过了三个通胀高峰，但是由于利率波动相对较小，债券投资累计投资收益仍是比较理想的，如表1所示。从表1我们可以发现：第一，过去10年债券投资累计收益率还是比较理想的，达到了40%左右；第二，正收益的年份要多于负收益的年份，在过去10年中，中债财富指数为正的达到了7年，亏损的为3年；第三，正收益水平要高于负收益水平。例如在盈利年份总财富指数上涨了 10.55%，但是收益最差的一年 2004 年为 − 2.42%。第四，如果进一步细分，债券的久期特征确实是影响收益的重要因素，例如 10 年期以上产品在 2005 年收益达到了 23.6%，但是 2004 年最多亏损也达到了 − 14.15%，如表 6-1 所示。

表 6-1　2002—2011 年债券投资回报情况

	总财富指数	固定利率财富指数	1y-3y	3y-5y	5y-7y	7y-10y	10y 以上	浮动利率财富指数
2002	3.74	4.19	3.26	3.59	4.49	3.83	6.19	2.45
2003	0.87	−0.17	2.56	1.91	−0.52	1.02	−0.43	2.37
2004	−2.42	−3.07	1.27	−0.53	−0.68	−6.99	−14.15	−0.28
2005	10.55	12.01	5.71	9.22	13.62	18.2	23.6	6.46
2006	2.62	2.53	1.67	2.29	3.26	4.27	4.76	2.66
2007	−1.81	−2.68	0.65	−2.26	−4.72	−5.51	−10.93	2.5
2008	14.89	17.15	9.43	14.6	18.37	20.23	21.37	6.03
2009	−1.24	−2.32	0.64	−1.09	−2.6	−3.1	−3.82	3.05
2010	1.92	1.69	0.78	1.59	1.54	2	3.69	1.44
2011	5.72	6.9	4.21	5.56	6.29	7.01	8.19	3.95
累计回报率	39.07	40.17	34.17	39.39	43.62	44.45	37.09	34.98

（数据来源：中债登记公司，所用数据为财富指数，与当年的全价收益略有差异）

上述情况表明，在中国尽管面临的宏观环境变化非常大，但是由于利率管制等因素，债券投资的实际风险并不是很大。利率管制成为影响过去数年债券投资的非常重要的因素。

这也是我们为什么在过去 1 年多次讨论利率市场化是否会加快的原因。在过去一段时间相关讨论也不断增多。有认为要加速推动市场化的，例如周小川行长，有持较为谨慎态度的，例如姜建清等商业银行领导。从本次经济工作会议结果来看，似乎并未将利率市场化作为重要的议题，这可能出乎很多人的意料。未来一段时间，由于政府债务负担加重、地方融资平台问题、房地产泡沫问题等集中爆发，保持银行稳定甚至较高收益的情况会持续存在，因此，我们可能仍面临一定利率管制的环境，这种环境下，也意味着债券投资的利率风险可能仍是可控的。

利率环境分析，除了利率是否市场化之外，我们还可以选择一个角度，即利率工具是否丰富。在中国除了互换之外，基本不存在其他有效的衍生工具，因此债券市场只有做多才能盈利，做空动能不强。但是在美国存在非常庞大、丰富的衍生产品市场，因此多空选择都很重要，做多和做空也将放大利率的波动程度。2010年4季度我们拜访了华尔街主要金融机构，当时一个普遍的共识是，美国持续30年的债券牛市可能已经终结，例如高盛、PIMCO等机构都看空了债券（也可能做空了债券），但是2011年事与愿违，10年期国债利率从3.5%以上跌破了2%，成为牛市，对于做空机构而言，可能也是亏损较为惨重的一年。因此，市场工具的差异对投资行为的影响也同样是非常明显的。

二、市场不断深化与债券投资

中国债券市场存在时间较短，随着市场发展加快，投资者对市场的认识也在经历着变化。2011年是对投资理念变化冲击最大的一年，有人认为这一年出现了很多"黑天鹅事件"，实际上很多变化或者是市场发展本应存在的现象，只是在过去几年被我们忽视了；或者是我们对市场变化规律的认识需要一个过程；或者是市场条件下本来就是充满不确定性，只是我们对这种不确定性没有充分的心理准备。

2011年具有典型意义的冲击或变化比较多，这里只列举三个。

其一，城投债价格波动与风险认识深化

上述分析了在利率管制环境下，我们面临的利率风险要低于市场化条件下的风险。但是在这种利率环境下，我们同样要面临信用风险和流动性风险。2011年暴露在城投债身上的故事与美国次贷危机应该是大同小异的。例如，对于城投债尽管上半年大家相信只有局部问题，不会形成系统性问题，但是在流动性紧张的情况下，在6月份对部分城投债的担心开始增加，在此背景下，流动性风险引爆了信用风险。流动性风险进一步受到了交易所放大操作以及强行止损的压力下，就变成了流动性危机，两者互动酿成了中国版的"次贷危机"。这个事件使我们切身感受到债券投资面临的风险不是孤立的，而是相互影响的，很难切分具体影响——这与我们分析金融海啸得到的结论完全一致的。

其二，市场开放条件下境内外观点分歧与利率的纠结走势

2011年境内投资者主要担心的是通胀问题，因此判断利率将主要以上行为主，但是境外投资者却从全球视角担心中国的衰退问题，由此判断利率应该下行。这种认识上的差异导致了在去年上半年境内外投资者在互换市场与现券市场走势的

分析较大。2011年互换市场的变化表明，随着中国金融市场的逐步国际化，不同投资理念的冲击、不同视角研判问题的差异会导致影响市场变动因素更加复杂。

其三，经济周期与信用利差变动

在往年基本上是在经济下行周期，债券牛市，信用差缩窄（尤其是中低信用产品），经济上行过程中，债券熊市，信用差扩大。这一变化与海外是完全相反的。在2011年之前我们讨论这个问题时，也充满困惑，但是2011年"形势比人强"，市场再度教育了我们。当年随着经济下行，信用差没有缩小而是放大了，即低信用产品走势与利率背离、与权益类有些相似了——这与所谓的国际经验是一致的。

三、政策周期特征与债券市场投资

在美国我们知道经济学存在不同的学派，例如凯恩斯主义、货币学派、新古典主义、供给学派等等。这些学派也都形成了各自倾向性的政策建议。因此分析执政领导人对不同学派的重视程度可以大致判断出未来可能的政策导向。例如20世纪80年代和21世纪初期供给学派的减税政策、自由放任；20世纪90年代的新凯恩斯主义的预算平衡；危机之后凯恩斯主义的回归，各国政府采取大量刺激经济措施等。

中国宏观调控是在不断总结历史经验、借鉴国际经验的基础上形成了具有中国特色的务实的调控理念，这是与西方有所差异的。尽管如此，领导人的偏好以及不同时期经济条件差异，可能导致政策偏好是不同的。例如在1997—2002年周期中，由于中国刚从通胀环境走过，又面临东南亚金融危机，因此当时政府整体上采取了"紧货币、宽财政"的政策组合，这种政策导致了实际利率大多时间为正（幅度也不大）、财政赤字较高，但是这种组合一方面有效地控制了通胀，另一方面使中国经济摆脱了金融危机的影响，从财富分配角度来看，似乎对政府构成压力，对居民和企业相对有利（低通胀有利于债权人，不利于债务人）；从债券投资角度来看，由于通胀和名义利率环境较低，因此，风险相对较小。2003年之后尤其是金融海啸之后，政府采取了更多是"宽货币和中性财政"的组合，导致了实际利率为负现象长期存在、货币供给增速较快、通胀压力加大，这种环境一方面导致了居民对政府负债和央企负债的补贴（通胀不利于债权人）。从债券投资而言，通胀环境本来是加大了投资风险，好在利率管制在一定程度上减少了这种压力。

简单回顾过去政策周期变化，我们会发现大的政策环境对投资具有重要的影响，例如货币过剩，明显有利于房地产以及资源价格的上涨，但是对于固定收益性质产品例如存款、债券等，吸引力却在降低。因此，在政府换届前后，研判未来政府可能的政策偏好可能成为投资的一大要事。

总之，上述我们列出了影响债券投资（也同样对其他投资会产生重要影响）的深层次问题。顺着这个思路，我们对未来投资可以关注：第一，未来一段时间仍是利率管制时期，因此投资者面临的利率风险仍是可控的；第二，根据投资时钟理论，如果说2011年前三个季度是"现金为王"，四季度和今年一二季度高信用债券是很好的投资标的，那么在下半年投资风格可能转变到股票等风险资产，相对应的可能进入中低信用产品较好的投资机会。第三，从中期来看，我们需要关注未来政策周期性变化、关注市场深化过程、关注利率市场化进程，随着这些条件的变化尤其是利率市场化的实现，我们现在的很多投资习惯和做法可能就不适用了。那时债券投资可能将面临更多的考验。

（2012年1月，财新博客）

6.2 债券业务模式创新与转型

一、以创新推动债券市场的发展

未来债券市场将面临非常大的发展机遇，这个机遇体现在中国面临的金融深化过程。我们认为，2011年前后中国货币化过程接近尾声，下一步中国很可能进入金融化的过程。这里主要谈以下几点新变化。

第一是金融脱媒。

金融脱媒典型的案例是美国。公司债发行增速非常快，相反贷款增速非常慢，占比也比较低，美国M2占GDP比重不到80%，但各种金融工具加在一块占GDP比重达到600%多，中国要远远低于美国、韩国、日本等国家，金融脱媒会导致直接融资的规模非常大。

2012年7月份数据出来以后，很多人开始关心债券市场。7月份信贷增长5300亿，但是债券增长3000亿。我们在2011年的一项研究中发现，经常发债的26家央企，中长期债券发行量越来越大，从增量看，2009年与中长期贷款持平，2010年远远超过了中长期贷款。这种变化说明由于债券市场的存在，很多央企基本不需要中长期贷款。

第二是利率市场化，突出表现为存款理财化。

在过去几年，在中国债券投资是比较简单的事情，中短期利率的上下限被人民银行政策控制着，波动较小；长期利率波动也比较小。如果中美比较会发现，美国 CPI 波动小于中国，但长期债券利率波动幅度明显大于中国。巨大反差的主要原因是中国利率还没有市场化。

2012 年利率市场化加速以后，如果未来通胀波动较大，中国利率波动将会明显高于此前水平，对此投资者需要有一个充分的认识。我们过去所谓的经验在未来几年都会失效，主要原因是市场化和非市场化背景下，投资人的选择和判断是不一样的。

第三是金融新一轮改革开放需要庞大的债券市场，发展债券市场应该成为金融国策。

当前中国金融正处于转折时期，以外汇占款和信贷为主要特征的时代接近尾声，金融改革在较短的时间内将同时进行利率市场化、汇率市场化和资本项目开放。类似的可借鉴案例是 20 世纪 80 年代的日本。我们认为在新一轮改革和开放中，金融资产的价格波动可能会比较大，这就需要有一个庞大的债券市场来缓冲可能的金融风险，因此，大力发展债券市场成为了一个共识，各方都在注意债券市场。我们曾做过一个模拟，如果未来中国债券发行占 GDP 的比重，达到美国 2011 年 6%—7% 的水平，市场空间将是非常巨大的。

对于未来债券市场的创新，我们认为主要有三个重大的方向：一是与融资相关的创新；二是围绕利率和利率市场化的创新；三是围绕经济周期变动形成的信用风险管理需求。

当前我国整体债务是比较安全的，债务占 GDP 比重还有很大上升的空间，但是企业债务占 GDP 比重是 107%。因此需要考虑未来债券市场的发展方向，即增量空间主要在哪里。

我认为，从企业层面来看，未来资产证券化是一个重要方向；还应该进一步推动债务融资工具产品创新，依托定向发行方式，适时推动私募可转债试点。同时，考虑到债务结构和资产负债率偏高的问题，在债券市场发展同时，我们必须大力发展股票市场，否则杠杆率越来越高，潜在的宏观风险也越来越大。

二、当前我国证券行业面临的困境

1、缺乏创新导致证券行业低水平竞争。

在 2002—2005 年的熊市洗礼中，规范经营成为证券业的生命线，逼迫证券业经营走上保守、被动的通道服务模式。"新兴加转轨"的发展阶段、金融市场发育程度不足、多层面资本市场建设尚未完成、社会对创新及相应风险低容忍度等客观环境，使得证券业既无主动开拓市场的路径，也无创新产品的领域，只能坐等市场繁荣之机、偏安通道服务之利。

在这种商业模式下，就固定收益业务而言，整个行业呈现三个显著的状态，一是资本杠杆几近于无，而美国证券业相当保守的杠杆倍数为 15 倍；二是 114 家证券公司陷入低水平的同质化竞争中，所有的证券公司的主要收入来源均来自传统的"通道型"业务收入；三是产品创新、主动进取的空间有限，压制了证券业最活跃的固定收益领域的创新功能。长此以往，将错失成就具有全球竞争力的本土证券业的良机。

因此，立足于当前时点、抓住机遇、加快创新，形成具有较强竞争力的业务模式和盈利模式是整个证券业唯一的选择。

2、缺乏比较优势，与银行处于不对称竞争状态，并且有被边缘化风险。

当前整体来看，证券公司与银行处于不对称竞争状态。例如，截至 2011 年底，商业银行总资产达到了 113.2 万亿，而证券公司只有 1.57 万亿；商业银行利润总量 1.04 万亿，而证券公司只有 393.77 亿。在债券市场同样如此：商业银行在债券市场承销规模达到 1.68 万亿，而证券公司承销 9357 亿（这其中包含了商业银行次级债 3500 亿）；商业银行债券托管量 14.4 万亿，而证券公司只有 1581 亿。

差距巨大的数据背后反映的是银行和证券公司在金融市场地位悬殊的竞争关系。在银行间债券市场中，商业银行在政策、资金、客户等方面均具有明显的优势，未来证券公司要改变竞争劣势，必须在大力发展交易所市场、大力提升自身创新能力和产品设计能力、大力打造整体竞争平台、全方位参与各类业务等方面做出艰辛的努力，否则证券公司很容易成为未来债券市场发展的"观光客"，而不是积极的参与者。

三、借鉴成熟市场经验，大力发展资本中介型业务。

从美国的经验来看，随着市场快速发展，"华尔街模式"也在不断升华。以机构投资者为主导的债券市场的形成与发展、利率市场化、证券化、经济全球化等，成为固定收益业务演进的主要推动力，也因此在不同时期形成鲜明的业务特征，例如，在 20 世纪 60—70 年代，形成"机构投资者服务模式"，70—80 年代形成"交易驱动模式"，90 年代至今形成"风险套利为主要特征的资本中介模式"。当前以"资本＋杠杆＋客户"、"交易＋金融工程"为主要特征的资本中介型业务成为华尔街固定收益业务主要模式。

当前，从国外成熟经验来看，固定收益业务的增长，主要是创新业务的增长，传统业务如代理买卖手续费、承销费收入的增速低于营业收入的增长。"交易与投资收益"的增长远远高于营业收入的增长，这一块主要不是来源于自营收入的增长，而是来自于做市商业务的增长，对于固定收益业务而言，即利用货币市场形成杠杆化，通过债券市场完成存货的构建，通过加大存货周转率为广泛的客户提供流动性和定制性需求的资本中介服务。

华尔街业务收入结构的变化，可以理解为商业模式转变。即业务发展从手续费为主型向资本中介型的转变。

借鉴国外经验，对我们的主要启示是：一是扩大客户范围，推动构建以多样化机构投资者团队为核心的债券市场的格局，加大客户的覆盖广度和深度，加大业务的周转率；二是提高自身的杠杆率，提高单位资本的业务贡献度，广泛利用货币市场和拆借市场完成自身杠杆化的过程。三是提高产品创新能力，最终的业务制高点，取决于我们能够提供给客户的服务内容和产品适配程度，这要求我们将在全新的监管思路和智力创造中拓展业务。

四、未来证券公司固定收益业务主要模式选择

准确评估证券行业存在的问题、我们与银行等主要对手的比较优势和劣势，以及借鉴发达国家的发展路径和经验，未来我国证券公司固定收益业务要提升竞争力，形成有竞争力的业务模式，就需要逐步从传统的自营、承销等分散竞争、分散管理的模式走向依赖平台、提供综合化服务的资本中介型业务模式。

我们认为，未来证券公司的目标应该是：重点开展以做市商为核心的资本中介型业务，成为市场的组织者、产品的设计者、流动性的提供者、交易的参与者以及风险的管理者。

要实现上述目标，未来主要路径选择就是不断加强创新。

通过创新，形成不同"收入—风险"关系的产品谱系，构建具有一定深度和广度的多层次固定收益市场，满足不同风险偏好的投融资需求。

通过创新，加大对非通道产品的设计、交易、做市力度；加强为财富管理提供广泛而深度的业务咨询和策略服务；通过做强做市业务，实现流动性套利、客户套利、产品套利、创新套利，大力发展资本中介型业务。

通过创新，实现从"以产品为中心"向"以客户为中心"的转变，实现"服务内容"与"服务平台"的进一步融合。未来，以客户为中心意味着：客户将是产品的销售对象、是交易的对手方、是创新的重要源头、也是共同发展的合作伙伴。

（2012年8月，中国债券市场发展高峰论坛以及其他会议发言的汇总）

6.3 投资时钟在债券市场的应用——国际经验与中国实践

海外金融市场长期的资产配置实践告诉我们，经济周期的力量决定了资产价格涨跌的主要趋势，把握了经济周期，也就把握了资产配置。实证表明，资产配置在投资业绩贡献中起到了决定性的作用。

经济周期从衰退、到复苏、繁荣再到萧条的四个典型阶段中，可以看到资产从债券、到股票、到商品、再到现金的轮换规律。除了大类资产配置选择具有明显的轮动规律外，细化到债券资产配置也具有明显的轮动规律，尤其是债券收益率曲线变化、政府债券和信用债券在经济周期的不同阶段都会体现出相应的轮动规律。从长周期来看，资产价格逃不开经济周期，跟随经济的春夏秋冬，也经历相应四季转换。资产价格，特别是债券投资对经济周期的敏感性更值得重视。

一、经济周期的定义

经济周期是指经济运行中周期性出现的经济扩张和经济紧缩的循环往复。谈论经济周期时，最为困难的就在于经济周期的划分，因为经济周期的时间和形式从来都不是固定的。本文主要按照 NBER 的做法，将经济周期划分为四个阶段：复苏、繁荣、萧条和衰退。

经济复苏阶段：经济增长率低于潜在增长率，但呈加速趋势，产出负缺口逐渐减小，随着经济活动的加速，通胀也逐渐从下降转为上行。判断标准：GDP 上升，而 CPI 下降；

经济繁荣阶段：经济增长率超过潜在经济增长率，成加速趋势，产出的正缺口逐渐扩大，经济活动的加速使通胀进一步上升，在这一阶段最容易出现泡沫。判断标准：GDP 上升，CPI 上升。

经济萧条阶段：经济增长率依然超过潜在增长率，但成减速趋势，产出的正缺口逐渐减小，而通胀由于资源价格的高企、货币等因素处在高位。判断标准：GDP 下降，CPI 上升。

经济衰退阶段：经济增长率低于潜在增长率，继续成减速趋势，产出负缺口扩大，通胀回落并触底略有反弹。判断标准：GDP 下降，CPI 下降，如图 6-1 所示。

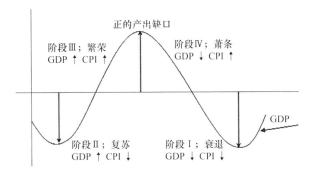

图 6-1 经济周期的划分

事实上，宏观经济始终处于动态平衡中，且根据总供给或总需求循环交替。美国国民经济研究局（NBER）从 1929 年开始对经济周期的"高峰"和"低谷"进行判定，其对拐点的判定一直以来是经济研究和投资决策的重要依据。但委员会的判断一般存在较长的时滞。例如，上一轮复苏发生在 2001 年 11 月，而委员会在 2003 年 7 月才进行宣布，时滞长达 20 个月。参照 GDP，从 1990 年至今可将美国的经济活动划分为完整的 3 个周期：出现了三次顶点和底部，如图 6-2 所示。

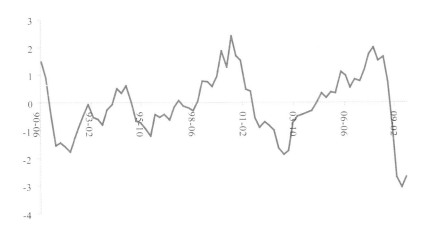

图 6-2 美国 GDP 环比移动平均值
（数据来源：WIND）

二、经济周期与大类资产配置

美林证券基于 1973 年以来美国经济数据的实证研究，将经济周期划分为衰退、复苏、扩张和萧条四个阶段，研究了各个阶段不同类型资产的表现。理论角度看，资产在经济周期各个阶段的表现有很大差异。一般来说，在产出缺口为负且向下，通胀率也向下的经济衰退阶段，债券表现最优；随着产出缺口回升，但通胀率仍向下的经济复苏阶段，股票表现最优；产出缺口继续上升并为正，但通胀率也上升的经济过热阶段，商品表现最优；产出缺口开始向下，通胀率仍继续上升的萧条阶段，在商品前期仍表现不错之后大类资产配置开始转向现金，如图 6-3 所示。

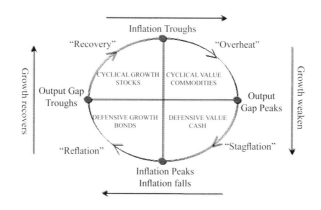

图 6-3 美林证券的美国投资时钟
资料来源：the investment clock，美林证券，2004 年

从实证研究的结果来看，与理论分析非常一致。经济复苏阶段，经济增长率低于潜在增长率，但呈加速趋势，股票是高收益的资产。一旦经济进入过热，即经济繁荣阶段，经济增长率超过潜在经济增长率，呈加速趋势，产出的正缺口逐渐扩大，经济活动的过热以及较高的通货膨胀则使商品资产成为收益最高的资产。但当经济进入萧条阶段，经济增长率虽然超过潜在增长率，但成减速趋势，而通胀由于资源价格的高企，货币等因素处在高位，这时候现金以及债券是最优配置。当经济进入衰退阶段时，经济增长率低于潜在增长率，继续呈减速趋势，产出负缺口扩大，通胀回落，这一阶段债券是最优选择。需要重点关注的是，一般在经济衰退和复苏的阶段，债券类资产的表现都比较好，如表 6-1 所示。

表 6-1 经济周期各阶段大类资产回报

类型	债券 (Bonds)	股票 (Stocks)	大宗商品 (Commodities)	现金 (Cash)
衰退（Reflation）	9.8	6.4	−11.9	3.3
复苏（Recovery）	7	19.9	−7.9	2.1
扩张（Overheat）	0.2	6	19.7	1.2
萧条（Stagflation）	−1.9	−11.7	28.6	−0.3
	3.5	6.1	5.8	1.5

（数据来源：the investment clock，美林证券，2004）

三、经济周期与债券类资产的投资风格选择

1、经济周期驱动国债与信用债之间轮动

除了大类资产的配置选择外，还需要重点考虑债券投资的风格选择，也就是说如果资金必须配置债券，那么在经济周期不同阶段如何轮动选择国债和信用债，才能获得较好的相对收益。图 6-4 是在经济周期不同阶段中美国政府债券、信用债券以及信用利差的动态变化趋势图，从信用利差的变动过程中，可以发现债券投资风格存在明显的轮动。

债券资产在通胀下降的衰退和复苏阶段，呈现收益率下降且陡峭化的特征；在通胀上升的过热和滞胀阶段，呈现收益率上升且平坦化的特征。虽然通常在经

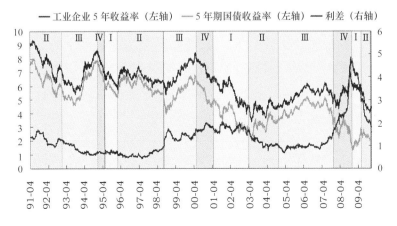

图 6-4 经济周期下政府债券与信用债券的轮替
（数据来源：BLOOMBERG）

济衰退期更有利于债券表现，但如果具体区分，我们发现在经济衰退早期国债表现良好，但到经济衰退晚期信用债就开始领先。

图 6-5 反映的具体经验如下：

经济衰退：随着经济步入衰退阶段，原先预期的企业信用恶化、违约率上升等都慢慢地变成现实，投资者依然选择抛售信用债，因此在衰退阶段的前期信用利差依然是大幅扩大，国债还是优于信用债。但随着经济步入衰退的后期，经过前期信用利差的大幅上升，已经完全消化了之前的悲观预期，甚至已有所过度反应，而投资者开始预期经济复苏已为时不远，认为企业财务和信用状况都会开始好转不再恶化，违约率会停止上升，因此信用利差开始提前经济形势而大幅缩小，此时信用债优于国债。

阶段	增长率	通胀率	收益率	信用利差	运行逻辑	投资策略
萧条（Ⅳ）	↓	↑	上升转为下降	扩大	经济步入萧条，市场从加息周期转入降息周期，导致利率市场拐点出现，但市场往往对经济的悲观趋势过度反应，导致信用利差大幅上升	国债优于信用债
衰退（Ⅰ）	↓	↓	下降	稳定→缩小	降息周期下，国债与企业债表现良好，并且在衰退的后期，市场对信用市场前一阶段的过度反应开始修正，并预期经济复苏的到来	信用债优于国债
复苏（Ⅱ）	↑	↓	下降转为上升	缩小	经济复苏，违约率下降，资金流向风险资产，导致利差缩窄；	信用债优于国债
繁荣（Ⅲ）	↑	↑	上升	稳定→扩大	经济繁荣并趋于过热，出现正的产出缺口，通胀上升，市场进入加息周期较低违约率下较高的票息收入覆盖收益率上行风险	国债优于信用债

图 6-5　经济周期与债券投资风格选择

经济复苏：经济终于从衰退中走出，步入复苏阶段，投资者预期的企业财务和信用好转、违约率下降都逐渐变为现实，更加鼓舞投资者的信心，信用利差依然会明显缩窄，信用债优于国债。

经济繁荣：在经济繁荣的前期，由于经济增长良好、企业财务健康，投资者对信用风险并无任何担忧，信用风险不是考虑的主要问题，此时虽然市场整体收益率在上升，但是信用利差保持相对稳定，而由于信用债的高票息，因此利率保护更强，应该是更好的选择。而到了经济繁荣的后期，市场开始预期未来步入萧条的可能性，开始担心企业财务和信用可能会出现不利的变化，因此在这一时期信用利差开始出现扩大的趋势，此时国债会是更好的选择。

经济萧条：经过了多年的经济繁荣后，市场对经济的任何不利迹象都非常敏感，对经济的任何风吹草动都异常关注，预期企业财务状况会变差，信用会出现恶化，违约率会上升，因此会大量抛售信用债，或要求更高的收益补偿，因此在萧条阶段信用利差会大幅上升，从债券风格选择考虑国债要优于信用债。

2、预期违约率与投资者情绪驱动信用利差变化

经济增长与公司债的历史违约概率几乎是完全一致的。从买入并持有的策略来看，判断经济周期以及行业景气几乎是唯一重要的了。由于违约概率以及回收率决定了最终的损失率，从而决定最终的投资回报，因此，经济周期的往复以及行业的轮动都将对预期违约概率产生影响，进而影响债券的估值。图 6-6 表明，长达 60 年的观察期可以发现，违约概率和 GDP 同比增速有着稳定的负相关性。

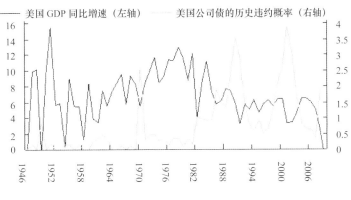

图 6-6　经济增长与信用债的历史违约率
（数据来源：BLOOMBERG）

长期而言，违约概率最终决定信用债投资的收益率，但违约并不总能够解释信用利差的变化，而且违约概率的变化往往滞后于信用利差的变化。如图 6-7 表明，尽管违约概率将最终决定债券的投资回报率，但债券的信用利差并不完全反映违约概率的变化。一方面，信用利差提前反映违约概率的变化，资本市场作为

经济表现的晴雨表发挥着作用；另一方面，信用利差反映了企业信用恶化（不意味着违约）、市场流动性、市场资金流向以及投资者情绪等诸多额外因素。

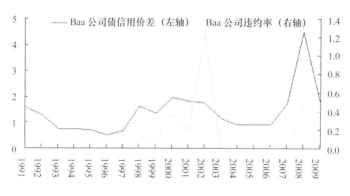

图 6-7　公司债信用利差与历史违约率
（数据来源：BLOOMBERG）

VIX 指标反映了市场投资者风险偏好，并隐含了对经济前景的预期，VIX 指标对与信用利差的变动趋势基本一致表明，投资者的风险偏好与预期因素使得信用利差提前于违约概率变动；反映了信用利差的大多数变化因素，如图 6-8 所示。

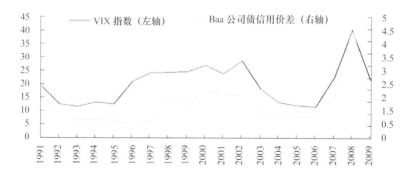

图 6-8　公司债信用利差与 VIX 指数
（数据来源：BLOOMBERG）

四、经济周期与信用债配置选择

1、经济周期中的行业轮动与信用债选择

如图 6-9 表明，不同行业债券回报在经济周期不同阶段下确实存在板块轮动

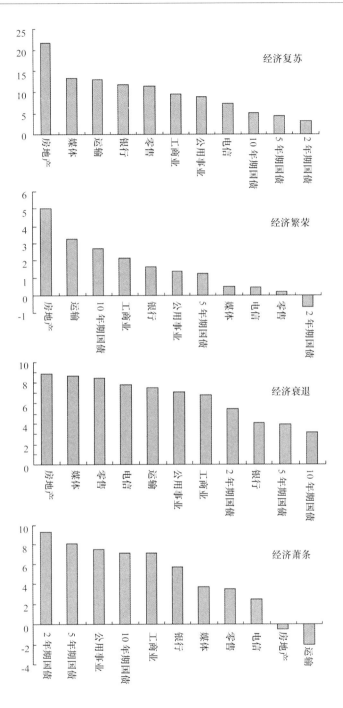

图 6-9　经济周期不同阶段债券表现——不同行业
（数据来源：BLOOMBERG，中信证券整理）

现象，其隐含的是行业景气的不同步，导致不同行业的利润改善、违约率和信用资质变化不同步。

经济衰退：受到大幅降息、修正前期跌幅以及预期经济复苏下，房地产、媒体、零售以及天然气运输开始获得较高超额回报。房地产行业、天然气运输等行业债券由于足够高的票息保护，在多个经济周期表现良好，仅仅在经济萧条下录得负的收益。

经济复苏：基准利率比较低，房地产、媒体、运输以及银行带来较高超额收益，之后随着经济拉动，工业出现轮动效应，此外，工业内部基础原材料、技术以及资本货物等行业也应该存在轮动效应。

经济繁荣：进入升息周期，对所有的债券造成较大的冲击，但是由于房地产等低等级信用债的高票息保护，因此表现相对较好。

经济萧条：国债、公用事业等行业债券会取得超额回报，此时周期性行业的债券受到重创，信用利差大幅扩大。

2、经济周期与信用债期限选择

如图6-10表明，不同期限的债券在经济周期的不同阶段也表现出了明显的轮动特征，表明在不同经济环境下投资者对债券期限选择具有不同偏好。

经济衰退：基准利率通常在下降，长久期的债券对基准利率变化的弹性最大，从基准利率下降中也获益最多，投资者通常偏好长期限的债券。

经济复苏：投资者仍然偏好长久期的债券，但投资逻辑有所不同，在经济复苏阶段，出于对经济复苏的强烈预期，投资者预计中长期的预期违约率下降，因而中长期的信用债表现良好。

经济繁荣：央行处于担忧通胀压力变大和经济过热的考虑，开始加息，长期限的债券受到的影响最大，投资者久期偏好开始由长期限转向短期限。

经济萧条：经济开始下行，但通常仍然维持较高位置，投资者偏好3年左右的中短期限债券。

3、经济周期与信用债信用等级选择

如图6-11表明，不同信用等级的债券在经济周期的不同阶段也表现出了明显的轮动特征，表明在不同经济环境下投资者对债券信用的不同偏好。

经济衰退：衰退的前期，由于各种悲观预期成为现实，违约率、企业信用恶化都更加严重，因此投资者更加偏好高等级信用债。但是到衰退的后期，由于市场已经反映了对经济的各种悲观预期，且预期经济复苏为时不远，投资者更加偏好低信用等级的债券，低信用等级的债券通常会大幅修正前期的过度跌幅，表现

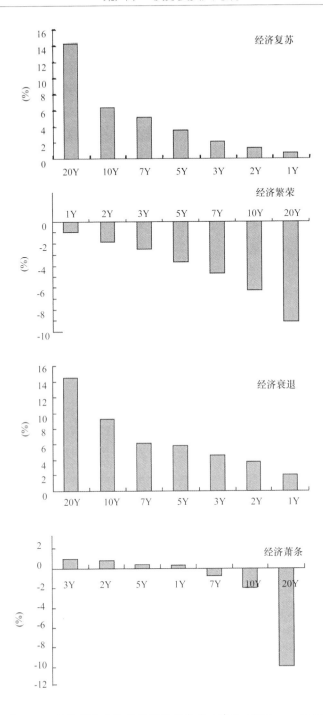

图 6-10　经济周期各阶段信用债券表现（净价回报）——不同期限
（数据来源：BLOOMBERG，中信证券整理）

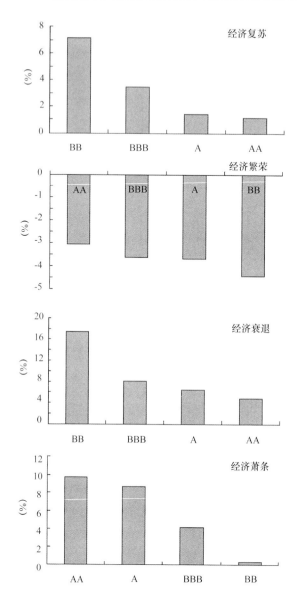

图 6-11　经济周期各阶段信用债券表现（净价回报）——不同信用评级
（数据来源：BLOOMBERG，中信证券整理）

非常好。

　　经济复苏：随着经济复苏真正到来，预期企业信用和财务好转也逐步变为现实，投资者对于中长期期限的违约率的预期出现明显改善，并且经济复苏对低信用等级公司信用改善的边际影响更大，此时投资者的风险偏好也大幅增加，市场偏好低信用等级的债券。

经济繁荣：由于加息周期的开始和通胀抬升，各个信用等级的债券均落得较差的表现。

经济萧条：经济开始下行，但通常仍然维持较高位置，但由于预期经济恶化对低信用等级公司信用恶化的边际影响更大，因此投资者更偏好高等级信用债。

综合上面的三方面分析，我们得到信用债投资的投资时钟。如图 6-12 所示，在经济周期的四个阶段，在行业、期限以及信用等级之间的轮动特征非常明显。

资产类别选择：超配房地产债、银行债

信用选择：中、低信用

期限选择：长久期

资产类别选择：超配工业债与银行债

信用选择：低信用

期限选择：由长久期转为短久期

复苏　繁荣

衰退　萧条

资产类别选择：超配房地产债、共用事业以及消费类债

信用选择：高信用

期限选择：久期由短向长转化

资产类别选择：超配国债、公用事业债，规避房地产债

信用选择：中、高信用

期限选择：短久期

图 6-12　信用债的投资时钟

五、经济周期对中国债券投资的借鉴

中国经济增长虽然也呈现一定周期波动的特征，但要进行经济周期划分比较困难。一方面，我们在原有的计划经济体制下是否能够应用一般的经济周期理论存在疑问；另一方面，中国在 20 世纪 90 年代后经济体制经历较大转变，前后仅仅经过 10 多年的历史。尽管没有稳定的统计结论，但根据中信证券研究部的相关研究，10 年来的中国经济变动仍然体现出了较强的周期性特征，如图 6-13 所示。

美国作为消费驱动的国家，经济复苏和繁荣期总是可选消费和信息技术景气很强。与美国不一样，中国作为投资驱动的国家，同样的复苏和繁荣期，原材料和工业品行业景气将是最强，如图 6-14 显示。根据中信宏观经济预测，2010 年中国经济将由复苏向繁荣过渡，GDP 和 CPI 同比增速将同步向上，第三区间的行业景气较强，应属于首选配置。

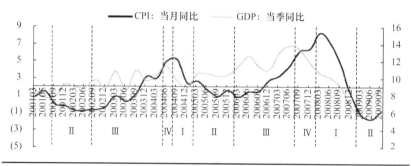

资料来源：WIND，中信证券研究部。注：阶段Ⅰ，增长和通胀同步向下；阶段Ⅱ，增长向上，通胀向下；阶段Ⅲ，增长和通胀同步向上；阶段Ⅳ，增长向下，通胀向上。

图 13　中国经济周期的划分

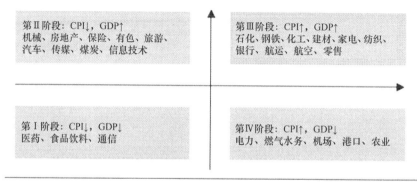

资料来源：中信证券研究部

图 6-14　中国的行业景气轮动特征

由于交易所信用债的交易价格较为连续，远比银行间信用债交易频繁，更便于比较，因此我们以交易所分离债和公司债为例，检验国内是否存在明显的行业轮动现象。尽管中国非银行担保信用债的历史非常短暂，但从短短的观察期间中，仍然能够观察到行业轮动的影子。如图 6-15 中所示，以中高评级信用债为例，消费类的 08 青啤债收益率处于较低位置，而工业类的国安债 1 和 08 葛洲坝债则收益率偏高，另外房地产行业的 08 万科 G2 收益率始终处于低位不是由于行业属性的原因，更多的是由于其期限要大大低于其他债券的原因。图 6-16 则是以中低评级信用债为例，可以发现行业分化非常明显，医药类的 08 康美债和地产类的 08 新湖债分别同同评级中收益率最低和最高，显示出了极为明显的行业属性。有上述分析看出，国内交易所债券市场初步具备了行业分化的特征，但银行

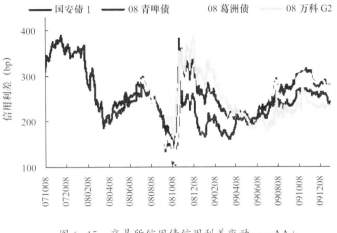

图 6-15　交易所信用债信用利差变动——AA+
（数据来源：WIND）

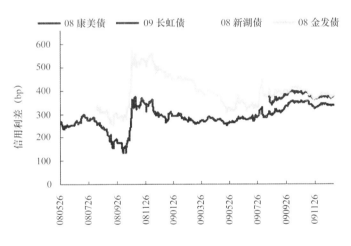

图 6-16　交易所信用债信用利差变动——AA 和 AA-
（数据来源：WIND）

间市场则非常不明显。

　　在国内信用债的发展过程中，除了会出现信用差的行业轮动现象外，还需要重点关注的是信用利差变动的所有制特征，也非常明显。仍以交易所信用债为例，图 6-17 给出了不同所有制企业的信用差的变动趋势，可以非常明显地看到，其中央企信用利差最低，波动率最小；央企子公司和地方国企信用利差居中，波动率相对较大；民营企业则是信用利差最大，波动率也最大。

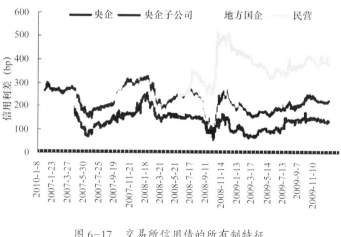

图 6-17　交易所信用债的所有制特征

（数据来源：WIND）

展望 2010 年，考虑中国投资拉动的经济增长模式，各行业处于不同的景气度下，表现出如下诸项特征：

石油石化：油价高位运行，石化市场将受益于经济恢复和需求改善；

房地产：刺激需求政策缓慢复苏，但行业景气仍将持续；

有色金属：基本金属的供求面支撑有所减弱，黄金长期趋势仍然看好；

煤炭：煤价稳中有升、行业并购和产能扩张支撑行业复苏；

建筑工程：经济复苏提升行业景气、国际化扩张趋势将延续；

化工：行业景气在去产能化中复苏；

零售：居民收入上升、城市化进程和人口行里驱动商业零售进入十年黄金周期；

电力：需求回暖供给回落，电煤价格受操纵，整体前景为中性；

港口与机场：受出口复苏与内需双轮驱动，港口行业景气回升成定局；机场产能利用率逐渐恢复，产能扩张逐渐启动；

公路：车流量将与经济同步增长，汽车销量增长也为车流量增长提供一定支持；

铁路：关注运价变革、股票再融资和资产整合；

钢铁：供求形势将明显改善，重组推动企业业绩提升；

汽车：政策仍将宽松、需求维持旺盛、产能仍偏紧、企业盈利能力提升；

机械：受益于国内和全球经济复苏，行业长期发展前景看好；

城投：经济复苏提升地方财政实力，但企业本身盈利和现金获取能力的缺陷限制投资需求。

汽车、煤炭、公路、港口及机场、石化、零售六大行业在经济复苏中受益较明显，行业前景看好，建议高配，地产、城投、建筑工程等行业抗风险能力不强，建议低配，如表6-2所示。

表6-2　2010年中国信用产品的行业配置

行业	配置建议
汽车	高配
煤炭	高配
公路	高配
港口与机场	高配
石化	高配
零售	高配
铁路	中性
机械	中性
有色金属	中性
化工	中性
钢铁	中性
电力	中性
钢铁	中性
电力	中性
建筑与工程	低配
房地产	低配
城投	低配

资料来源：中信证券

六、结论

美国债券市场表明，债券投资的风格选择在经济周期的不同阶段也存在轮动，而不同行业的信用债回报也存在明显的板块轮动现象，其隐含的是行业景气的不同步，导致不同行业的违约率和信用资质变化不同步，由此而来的债券资产投资时钟具有重要意义。

所有制属性是影响我国信用利差变动的最主要因素，而行业属性对信用利差变动的影响力尚未体现出较为明显的特征。

与美国成熟市场相比，虽然实体行业景气程度及股票市场存在明显的轮动，但目前国内信用债市场尚不存在较为明显的随经济周期变动的行业轮动的现象，仅存在一定程度的行业分化，预计未来将会有所改善。

2010 年预计中国将由复苏向繁荣过渡，处于第三区间的行业景气度最高，在信用债配置的行业选择应该属于重点考虑对象。

（2010 年 1 月）

结　语　风雨十年投资路

一、随市场发展起舞

中国银行间债券市场自 1997 年开始形成。2002 年我由投行转向债券部门时，债券市场仍处于发展初期，不但在证券界关注的人不多，即使在证券公司内部，债券部门与股票自营、投资银行等相比，也处于弱势地位，很多公司甚至并没有独立的债券部。

2002 年银行间市场共发行了 15 期国债，企业债、金融债发行量也比较有限。每次新债发行，大家都非常兴奋，提前好几天开始准备：作定价分析报告，联系客户，制作投标书，然后相互竞猜中标利率，市场充满着节日般的喜庆。如今市场每年发行的国债、金融债都在 1 万亿左右，企业类债券也有数千亿的规模，债券发行已成为家常便饭。新工具、新产品等创新不断涌现，市场充满着生机活力。目前债券市场规模超过 30 万亿，年交易量超过百万亿，成为中国资本市场重要组成部分。

刚加入债券行业时，参加讨论比较多的课题是"如何构建中国的收益率曲线"。财政部、人民银行、中央国债登记公司（简称"中债登"）都曾主持过类似的课题。由于债券发行频率低，交易缺乏连续性，也不活跃，模拟的收益率曲线与实际交易利率往往有不小的偏差，也无法通过交易来平滑。因此当时讨论的重点在于理论模型选择，很多讨论的实践意义并不是很大。如今，债券发行频繁，交易比较活跃，交易策略也更加多元化，收益率曲线构建问题随着市场的发展而逐步得到解决。

最近几年我参加了一些更宏观、深入的课题讨论。例如世界银行委托财政部作的关于发展中国债券市场的报告，从宏观层面讨论债券市场在经济、金融发展，甚至金融安全方面的积极作用；如何解决市场存在的制度性、结构性问题；如何提高市场运行效率以及如何加强监管等。研究课题关注内容的变化反映出市场不断深化发展的足迹。

2012年作为特约专家，我参加了一本债券投资方面的教材审稿会议。这是一本由业内专家和一线交易人员撰写的著作，整体质量比较高。但在如何评价市场发展成就方面，作为业内人士，他们更多是以批评眼光，问题罗列较多，成绩描写很少。当时我提出了自己的观点：作为教材应客观看待15年来市场取得的成绩，而且这些成就已是举世瞩目。作为新兴市场，在发展中必然遇到很多问题，有的属于在发展中形成又随着市场发展得到解决的问题，有的则是一些制度性、全局性问题，对这类问题，需要认真讨论并提出建议。随后交易商协会一位秘书长也赞同我的观点，他讲述了协会海外调研的情况，从交易系统、交易制度、统计系统、市场规模、流动性等诸多指标，作了比较分析，指出在很多方面中国已经赶超了一些发达国家。这次讨论使我深刻感受到，过去我们总是不够自信，习惯检讨自己的缺点，以学习的态度，借鉴国外经验。然而，不知不觉中，市场已经壮大，在一些方面已经可以与海外市场相互借鉴。2008年金融海啸更是改变了我们的弱势心态，能够以自信、开放心态看待市场发展的成败得失。

市场发展为从业人员提供了广阔的舞台。同时，随着市场发展，市场成员也经历着认识不断深化的过程。

2003年我曾遇到一个困惑：当时3年期债券利率很高，明显高于2年期，略低于5年期，其中隐含的远期利率水平非常可观。理论上讲应该很有投资价值，但是与交易员沟通，他们认为这个期限不长不短，主流机构并不喜欢。由于无法说服交易员，只好作罢。几个月后在一次研讨会上，与一位外资银行的资深交易员交谈，他们持有大量的3年期债券，理由也是认为隐含的远期利率高。这一下子解开了我的疑惑，不是分析出现问题，也不是产品有问题，只是由于主观认识因素导致其价值被低估了。后来听到一个名词——盲点套利，就是利用大家认识上的漏洞或盲点，挖掘、寻找市场上存在的交易机会。类似的机会在市场发展中经常出现。例如国家开发银行曾经发行的含权债，刚开始5+5投资人选择权债券[①]利率竟然高于普通的5年期纯债，一个奇怪的解释是，部分主流机构由于在账务处理上会遇到麻烦而放弃认购。后来发行的3+7投资者选择权债同样在定价上存在偏差，一些机构抓住了机会，获得了非常理想的投资回报。最近几年，经过市场成员不断地学习，经验越来越丰富，要寻找盲点套利的机会已不是那么容易的事情了。

---

① 即第五年末投资者有权选择是按100元面值卖给国开行，还是继续持有，一般来说，这个期权是正值。

在创新领域同样经过了从尝试到活跃的过程。2003 年公司曾为一家企业发债，由于当时市场环境非常糟糕，债券基本无人问津。我们在与发行人反复研究、沟通的基础上确定了 5+5 投资人选择权的浮息债，这是当时应对市场不确定性最好的方案。但由于熊市恐慌，销售依然困难，这时同事们创造性地建议在原有方案基础上，在债券第二年末再植入一个选择权——投资者可以在两年后选择按面值定向将债券卖给中信证券。这在当时是一个非常大胆的设想，不但引起公司领导高度关注，监管部门也很关注——两年后中信是否有能力买入这么多的债券？评估结果表明，在当时证券行业，只有中信具有实力和魄力进行如此尝试。新方案推出后，产品立刻热销，实行了发行人、投资人和承销商多赢局面。这一模式后来被其他市场成员效仿，成为一种常规方案了。2005、2006 年之后市场创新进入高潮[1]。

谈到中国债券市场的发展，我们不能忽视一类特殊的机构——外资银行的贡献。随着外资行进入债券市场，一批拥有海外经验的交易员回到国内，他们带来了先进的理念和操作技术。当时中银国际的叶长远发表了一系列文章介绍债券分析、投资策略、相对价值交易、套利交易等实用技巧，几乎成为经典，很多分析师和交易员都认真学习过。还有一些优秀交易员尽管没有著书立说，但在研讨和交流中，同样传授了很多很有价值的思想和技术。在 2003 年前后，市场比较多地以外资行为师，效仿他们的策略，并在实战中逐步形成自己的特色。

到 2006 年前后，我们能强烈感到，国内一些优秀交易员，由于拥有良好的理论基础，对中国经济深刻地理解能力、强大的学习能力和灵性，在实践已不输于外资机构。随着市场的发展和实战中的摸爬滚打，一批真正本土化的优秀交易员队伍已经成长、壮大起来。在投资操作模式上，也从早期简单的"买入—持有"模式，到后来交易逐步活跃，出现了一些较为激进的交易机构和交易员。之后，随着货币市场融资便利化，杠杆应用增多，以及利率互换、国债期货等工具的出现，一些相对价值投资开始活跃。同时，随着财富管理需要，很多机构在债券资产基础上再次结构化设计，进行收益——风险重新组合，满足不同风险偏好投资者的需求。未来，随着市场创新发展，投资策略也必将更为多元化，市场也必将更加充满激情。

二、研究和投资成败体会

刚刚进入债券行业时，主要从事市场研判，也作过一些交易；之后主要协助

---

[1] 关于中国企业债创新的具体情况，我们在《中国企业债券创新与方案设计》一书中有详细的分析。

部门领导进行投资管理；此后，作为公司投资小组五人成员之一，为公司资产配置提供建议，同时管理一个专户。在这一过程中，有幸与业内最好的宏观分析师、股票投资专家、风险控制专家、流动性管理专家一起研讨，受益匪浅。

总结过去十年研究和投资的成败得失，失败的教训和痛苦总是印象深刻，也更有个体感悟。有些错误看似简单，但往往在经历之后才发现当时的无知，因此教训意义也就更大。

（一）一些失败操作的教训

1. 知之为知之，不知为不知

我刚到部门时，恰逢债券牛市，部门充满着乐观情绪和成功喜悦。我当时对债券了解的并不多，甚至可以说只是入门水平。但是仅仅由于学历因素，大家给予了不该有的信任，也使自己未能正确地认识自己。2012年5月份部门讨论是否投资一只涨幅已经较大的热门债券。我当时对这只债券的具体情况，例如利率变化过程、主要持有人的动向以及影响其涨跌的主要因素（宏观经济走向、货币政策等）并没有做过研究，只是人云亦云地发表一些"见解"。讨论后部门让我写一份报告，向公司申请2亿资金。仅凭初生牛犊的无知，我便不知深浅地冒然提交了一份报告。分管业务的于总看完申请报告后，沉思片刻，向我询问了几个问题，然后问我："你真觉得这只债还有投资价值吗？"我一怔，当时并无独自见解，迫于形势，只能硬着头皮，鹦鹉学舌般进行了一番辩解。于总最终出于对我们的信任，勉强签字。事后证明，这并不是一次成功的操作，该债后来一直处于调整过程中，最后被迫斩仓出局。尽管这次失利并没有影响到当年良好的投资业绩，但对我触动很大。这是我入行后第一次参与的较大规模的投资，在没有做好研究的前提下，随波逐流，贸然提出建议，很不负责。孔子曰：知之为知之，不知为不知。在投资中，信口开河只能导致失败。同时，市场不相信眼泪，对待市场一定要有一种敬畏之心。老子曰：勇而敢，则亡；勇而不敢，则久。这是我刚刚工作，市场给我上的生动而残酷的一课。此后，无论观点对错，我一直试着坚持研究和判断的独立性。

2. 相信常识，相信"生活中的经济学"

2003年8月，央行上调存款准备金率，10月份加息，整个市场风声鹤唳，下跌行情一直持续到2004年年中。在6月份前后，7年期国债利率达到5%，是近几年最高值。一天中午，公司分管领导黄总来到部门讨论市场。我们给出了市场可能继续下跌的种种理由（也是市场大多数机构的看法），黄总认真听后，说道："你们的分析有些太理论化，如果国债利率继续上升，企业融资成本会有多高？

企业还有没有投资动力？投资减弱，经济就会继续低迷，这是不是政府所希望的？你们在分析时，视野可以再开阔一些，也应多关注一些中国现实。我认为5%左右的国债利率应该很有价值。"当时我们的分析主要偏于技术层面，不像现在对宏观、行业、国内外情况考虑较多。黄总的分析使我们有豁然开朗的感觉。后来部门接受黄总建议，大量购买5—7年期国债。不久，市场开始反转，部门也获利良多。这事促使我不断反思研究缺陷和漏洞：缺乏实践，对社会、经济运行还缺乏了解，过于书生气。记得彼得·林奇在总结投资经验时，反复强调调研和生活常识的重要性。他强调，坐在办公室无法提出好的投资建议。黄总的研判不是建立在深奥的理论基础上，而是建立在多年来对中国经济的整体理解、感觉和经验之上。这种强调常识而非模型的研究方式也使我想到北大的周其仁教授，他也是常常在调研中形成许多独到而深刻的见解。此后，我经常向黄总请教，收获巨大。

一次偶然机会，我了解到，当2004年上半年国内机构不断抛售债券时，外资机构却在悄然买入。他们判断人民币会大幅升值，从汇率—利率套利角度，国债是很好的套利产品。这又是一课！视野决定了高度，同一件事情，换个角度来审视，可能会看得更清楚一些。

3. 不要习惯于坐井观天

2007年与股市大牛市相对应的是债市调整。作为业务部门，我们承受着不小的压力。尽管当年我们在研判和策略上没有大的偏差，也一直苦苦寻求机会，但仍然所获不多。通胀无牛市。股票涨、债券跌的跷跷板效应，使我们很难有太多的机会。我当时也常常以此自我安慰。但是一次与基金经理的聚会改变了我的观点。席间大家讨论2007年投资操作时，焦点并不是纯债，而是可转债。由于可转债具有股性特征，随股市大涨，远远超过了债券调整的损失。一语点醒梦中人。在我们公司，当时可转债一直是股票自营部门的"专利"，我们无权投资。但是，对于股票投资经理而言，可转债明显不如股票刺激，因此他们实际可转债仓位一直很小。这样对于公司而言，可转债成为投资盲点。同时由于我们的客户主要是银行等机构投资者，我们在研究中对可转债关注相对较少，形成研究盲点。而基金公司充分发挥了机构优势，全产品关注，因此在2007年大获全胜。这也使我联想到，国际上很多基金，尤其是对冲基金，往往是全产品、全市场覆盖，他们不在乎是什么产品，只在乎能否赢利。连一贯重股轻债的林奇在上世纪80年代初也曾大规模购买长期债券。后来，我们向公司申请了可转债投资资格，可转债对部门的意义也越来越明显。

4. 投资是一连串的事情

研究对于投资非常重要，准确的研判是投资成功的重要前提。但是，我们也经常看到，作为分析师，可能有一个通病，那就是过于自信，似乎掌握了真理，一副"羽扇纶巾，谈笑间，樯橹灰飞烟灭"的豪迈。但分析师是否真得比别人看得准呢？可能未必。记得华尔街经常统计研究报告的准确度，结果发现准确率实际上并不很高。林奇在介绍他参加巴伦圆桌会议经历时，也强调这些投资大师对行情的研判并不比一般投资人准确。2007年金融危机的一个重大反思是，为何全球那么多顶级经济学家、分析师、投资大家，都没有预测到危机的爆发呢？

投资从研究分析、观点提出、制定策略到策略执行，是一个完整的过程。任何一个环节出现问题，都会改变结果。分析师提出观点、修改观点相对而言较为容易，而投资仓位调整却可能遇到困难，甚至无法操作。回顾长期资本公司破产的案例，尽管当时公司做出了减仓策略，但由于市场缺乏流动性，而且市场策略趋同，一家减仓，会触发另一家触发止损线，被迫卖出，如此螺旋，导致价格大幅调整，最终公司破产。从我自身经验来看，2011年中期，尽管我们较早开始看空市场，并做出减仓要求，但交易员认为减仓难度太大。一个替代方案是，用利率互换对冲风险。尽管这不是最好的选择，但考虑到两者的相关性较为稳定，也有过成功操作的经验，我们就选择了对冲操作。但是我们犯了一个错误——选择了错误的交易品种。该品种在后来缺乏流动性，因此结果非但没有对冲已有的风险，反而增加了新的风险。

这件事情使我深刻反省：研究很重要，但是正确研判只是迈向成功的一步，策略制定和策略执行同样重要，而且这个过程往往更复杂，考验着交易员的执行力、销售部的客户营销能力和投资主管的领导力。

（二）一些较为成功操作的体会

过去十年，我也有过一些比较满意的策略和操作，但仔细一想，这些成功主要是遵循投资大师们反复强调的一些理念，或者说，从我的经验中能够印证一些经典法则的有效性。

1. 独立研究，独立思考。

2008年下半年，市场在经历了长时间调整之后，由于通胀预期下降，长期债券开始上涨，但当时1年期央票利率高达4%，严重制约了市场上涨空间。那么，一年期央票利率是否会下行？我跟业内很多交易员进行了讨论，他们的结论基本是否定的，但是他们的理由又说服不了自己。根据我此前的研究，当时银行系统资金已经很紧张，而且随着危机深化，经济下行压力较大。因此我判断央行有必要调整政策。这样在9月份中信银行组织的会议上，我作了一个专题报告，提出央行可能下调准备金率和降息——这与当时主流观点不同，属于少数派。之后我们进一步研究了债市变化可能的三个阶段：长债先涨—央票上涨—长债再涨，后来市场走势与我们研判基本一致。由于我们的观点得到领导的认同，公司追加了投资，在大家一致努力下，当年实现了很好的业绩。

在资本市场没有必要迷信别人。哪怕是股神，也有犯错的时候。"知其然，知其所以然"，独立研判，哪怕错了，也有利于策略调整。如果一味听信他人观点，失去风控意识，往往会导致惨败。我们常常看到索罗斯、巴菲特、格罗斯等大师，也会出现研判错误，但这并不影响他们伟大的业绩。我想发表观点是一回事，操作是另一回事，他们未必按其观点操作，或者他们对每个观点也会作一个准确率的评估，一旦不对，立刻转向。但作为外人，如果轻信其观点，不知背后的故事，不设防，结果自然迥异了。

2. 民主是个好东西，但在投资方面可能是个例外。

2009年初，大家仍沉浸在市场大幅上涨的兴奋中，从市场表象看也没有调整迹象。但是10年期国债利率一度逼近2.5%，如此低的水平，还有多少下行空间呢？我充满担心。一天晚上我与一位股票投资经理交流，询问股市动向，他告诉我近期公募和私募基金都在加仓，对股市信心在增强，尽管股价尚未做出反应。这提醒了我。我立刻查阅了过去一个月基金债券仓位变动情况，结果发现基金已在大量减持债券。这使我意识到，先知先觉的基金已经开始悄然退出。当晚我电话交易员第二天一早开会讨论。在会上当我提出减仓建议时，并未得到大家认可，交易员提供了一些市场仍走强的信息。而我始终对利率偏低以及基金减仓表达担忧。由于我坚持减仓，最后决定先减仓一半，留一半观望。在减仓不久，市场开始调整，剩余一半仓位在调整中将之前的浮盈也消耗殆尽。

还有一次类似的案例。2009年9月，我与韩冬作了一份报告，我们用多种压力测试，验证市场进入投资区域。我将报告观点与陈总沟通后，建议大规模建仓，但在操作中同样遇到了巨大阻力，一些同事坚决看空。几番争论后，在陈总的支持下，搁置争议，先建仓。建仓不久，市场各类机构纷纷抢购，市场一下被激活，一轮牛市行情就此展开。

回顾这些经历，我想起巴菲特一句名言：民主是个好东西，但在投资方面可能是个例外。投资如同打仗，需要参谋部的方案和各种讨论，但关键需要指挥员的决断，有时甚至武断。如果一味讨论，很可能丧失战机。犹豫是指挥官的大忌，投资也是如此。尽管有时这些决断可能带来亏损，但必须要有这份担当。决断会带来失败，犹豫或随波逐流成功的概率更低。因此，果敢与决断是交易员非常重要的气质。

3. 别人恐慌时，我贪婪

2008年10月前后，一天突然接到多个电话询问对江西铜业债券下跌的看法。由于正在休假，不了解情况，简单交流后，我跟交易员做了沟通。原来江西铜业发布公告，公司在铜期货交易中出现巨额亏损。市场担心公司偿债能力出现问题，纷纷抛售，债券大幅下跌。了解情况之后，我们讨论了几个问题：一是公司期货仓位有多大？进一步亏损的可能性有多大？二是交易亏损是否会导致公司出现利润亏损，或者导致公司出现财务危机？三是作为江西省最大的国企之一，如果出现最坏情况，政府是否会坐视不管？大家分头寻找答案。当我们再次电话讨论时，答案已经非常明显：公司期货仓位不是很大，而且主要是对冲现货风险，并非单纯的投机操作；尽管期货出现亏损，但公司当年度仍会实现盈利；公司有较强的变现能力，不会出现财务危机或流动性危机。基于这些信息，我们判断，市场出现了非理性恐慌，很可能是一个不错的机遇。因此我中止了休假，来到公司与交易员一起讨论了投资策略，同时我给富国基金投资总监饶刚先生电话——他对信用债有很深刻的理解，结果所见略同。这次交易我们在较短时间内实现了可观的回报。至今我仍喜欢与交易员回忆这次交易的细节。这不仅是赚钱的问题，更是因为在恐慌的市场环境中，我们没有被市场情绪左右，能够客观分析，见微知著，敏锐地把握住市场机会。

三、我看风险管理

投资有风险，因此风控的重要性不言而喻，但如何进行风控，则是见仁见智。

1、对信用风险的认识过程

2003年在一次会议上，一位外国债券投资专家在介绍经验时，强调企业债投资应主要遵循自下而上的分析思路，即强调对企业基本面的研究。当时我国企业债券市场规模较小，发债企业主要是国企，而且大多有四大行担保，投资者更习惯自上而下的分析，往往不太注重对企业的研究，因此当时对专家观点并未引起重视。2006年在德意志银行工作期间，发现境外很多资深分析师几乎穷其职业生涯一生对某一行业进行信用研究，研究报告也极其深刻，这时我才有些恍然大悟的感觉。

此后市场发展也不断地教育我们。2006年由于上海社保问题引发的福禧短融信用事件导致该债券从100元跌至60元左右，引发市场恐慌，成为近年来首例信用事件。之后不断有企业信用风险爆发，有的是由于行业不景气、企业经营不善，例如江西赛维；有的是由于交易巨额亏损如江西铜业；有的则属于行业性风险，例如近年来市场对城投债风险的担心导致这类债券价格系统性大幅下跌。这些事件反复告诉我们，随着债券市场发展，信用风险已是投资管理中应高度重视的风险，尤其是在国内投资者普遍大规模利用杠杆操作的情况下，信用风险的威胁更加明显。

金融海啸的爆发进一步提醒我们，风险不是孤立存在的，在现代复杂的金融市场中，各类风险往往是耦合在一起的。检讨评级公司在本次海啸中的推波助澜作用时，会发现他们的分析模型是建立在风险识别相互独立、忽视风险相互影响的的基础上，模型存在重大缺陷，导致其对金融产品的信用评级存在重大误差。

2、对风险管理的一些体会

在工作中，我们经常与风控部门打交道，甚至发生激烈的争论。风控部门主要反映了公司风险文化和风险偏好，有些情况下，这些偏好与部门是有差别的。为了服从公司整体要求，我们只能放弃一些机会，尽管这些操作可能会带来比较好的回报。

在实践中我比较欣赏中信香港公司比较弹性的风控管理方式。一次香港交易员买了一只大陆企业发行的债券，买入价格大致80元左右，后来由于行业恶化，企业经营困难，债券下跌到70元，触发止损线。于是香港风控部召集我们开会讨论平仓问题（有一段时期我与另一位同事一起负责香港固定收益业务）。会上交易员介绍了情况后，谈了自己的判断，认为价格短期内会反弹，建议再持有一段时间。经过讨论，风控部决定最多再持有一周，一周内如无预期中的反弹或出现下跌，必须无条件止损。一周后市场未能如愿，交易员再次找我，希望能再持有一段时间，我的答复是，必须尊重风控部的决定。平仓后这只债又出现大幅下跌。我想这种风格既强调原则，关键时风控保留一票否决权；又出于对交易员的信任，有一定弹性，有利于交易部门与风控部门比较友好、顺畅地沟通。

在部门内我也喜欢相对弹性的风控授权。2010年新年不久，交易员向我汇报说互换业务出现亏损，触及内部设定的止损线。我向他询问如何看待市场走势，回答说市场可能会上涨，但由于刚刚亏了不少钱，信心已不是很强。于是我召集研究团队和交易团队讨论。结果大家一致看多。由于当时部门在现券业务中获利较多，拥有较好的保护垫，最后征得部门领导陈总的同意后，临时调整风控指标（同样强调如果再次触及风控指标就必须止损）。由于有了新的操作空间，交易员卸下了思想包袱，操作比较坚决。经过努力，部门最终在互换业务上大获全胜，取得多年来最好的成绩。

总结个人经验，我很认同王宏远的风控观：交易员应该同时又是最好的风控人员，风控必须前置到一线。只有这样才能更好地预防风险，并在此基础上实现收益的最大化。当然，从公司层面来讲，建立多层次的风控体系仍是非常必要的。

同时，应该看到由于中国债券市场还处于发展初期，风险识别相对容易，风控压力也不是很大。随着市场发展，当金融工具结构越来越复杂，市场复杂性和耦合性增强，风险识别、预防和应对的难度也将增加，这时风控将面临的挑战也就更加明显了。

2010年我们到美国拜访摩根士丹利，其中一个交流议题就是如何加强风控。由于刚刚经历了金融危机，华尔街各金融机构损失惨重，风控成为各方关注的焦点。对方风控负责人为我们提供了一份几十页的风控材料，详细介绍了危机后他们如何改进风控，包括风控组织架构变化、风控与交易如何更好对接、各类风险业务信息如何横向交流、各地风控信息如何向总部汇总、风控负责人如何向公司CEO汇报等，这是一个异常复杂的系统，而且风控人员之多，超出我们的想象。在交流中我提了一个问题：按现有风控体系，如果再次发生危机，能否有效预警和预防？对方沉思片刻，很谨慎地回答：我只能说这个系统比危机前有效多了，但不能保证它一定会有效应对各种危机。我想他的回答是中肯的。道高一尺，魔高一丈。不能以为有了好的系统和软件模型、有了更多的人力安排就万事大吉了。

布克斯塔伯强调过，"风险管理的挑战在于我们处理这些不可预测风险的能力。它不只是一种挑战，更是一个辩证的矛盾体：我们尚不知危险事件是否存在，又如何能够管理风险？答案就是：我们无法直接管理，但是，我们可以识别并加强风险管理的特征，从而提升应对风险的能力。"同时，他也强调，在寻找危机根源时，很容易想到市场缺乏理性，机构效率低下。但这只是问题的一部分，问题的根源恰恰在于机构本身：架构庞大、管理层级过多、执行目标相互冲突且效率低下。在这样的机构中个体理性显得微不足道。因此问题的根源不仅在于未知风险的复杂性，还有公司架构的复杂性。

四、有感于金融创新与市场爆炸式发展

过去几年，从证券公司创新大会到新国九条，从融资融券到沪港通，从国债期货到股指期权，一系列重大金融新政的出台，使证券市场迎来了爆炸式发展的繁荣期。投资者告别了"小米加步枪"的时代，可以在更广阔的海洋中遨游。

每当听到创新政策的新闻，总是喜不自禁。欢喜之余，作了几首小诗以抒怀。

（一）自嘲

洞中仰首观天象，

偶有妙笔著文章。

侥幸猜得风云动，

不敢狂妄作夜郎。

（二）蛟龙出海

——闻沪港通有感

秋水望穿盼三年，

千里姻缘牵一线。

乘风巨龙出沧海，

直入九霄揽星辰。

（三）华尔街赞歌

题记：对标华尔街，做强资本市场，故歌颂之。

浩瀚大洋畔，狭窄小街道。

昔日防御墙，今朝招财猫。

发轫梧桐下，生机若野草。

规则效丛林，强者称英豪。

创新天下先，英才宇内找。

四海有高朋，五湖通商贸。

万人竞风流，无人笑到老。

长江波浪涌，城头王旗换。

风雨历百年，峰高入云霄：

富可敌大国，名亦领风骚。

华府霸天下，小街充利爪。

偶遭风暴袭，根深树不倒。

信徒万方来，铜牛颔首笑。

呜呼！

货币战争硝烟起，
金融强国众人效。
画虎不成莫为犬，
小街精神最精要。

2014 年 11 月